DE VALENCIA A BAGDAD

Eliades Ignacio Acosta Matos (Santiago de Cuba, 1959), se graduó como Licenciado en Filosofía de la Universidad Estatal de Rostov del Don (URSS) en 1982. Ha colaborado regularmente en órganos de prensa cubanos y extranjeros. Ha impartido Ciclos de Conferencias en Cuba y en varios otros países sobre temas actuales de la cultura cubana, filosofía, historia, arte y política. Es Presidente fundador del Ateneo de Santiago de Cuba "Lic. Antonio Bravo Correoso" y desde 1997, Director de la Biblioteca Nacional José Martí. Es miembro y relator de diversas Cátedras y Uniones de intelectuales en Cuba e Inglaterra. Ha sido jurado del Premio Nacional de Ciencias Sociales, entre otros. Fue Presidente del Consejo de Directores de la Asociación de Estados Iberoamericanos para el desarrollo de las Bibliotecas Nacionales (ABINIA). Ha participado en eventos sociales como el Encuentro de Intelectuales en Venezuela (diciembre 2004).

Es autor de cuatro libros publicados en Cuba: "Los Hermanos Santiagueros de Martí" (1995); "El árbol de la discordia" (1997), "El 98: cien respuestas para un siglo de dudas" (1998), y la novela de ficción histórica "Hotel Tampa Bay", publicada en España. Actualmente algunos de sus trabajos están en proceso de publicación en Puerto Rico, como "El 98: la guerra que no cesa". Recientemente publicó su libro "El Apocalipsis según San George".

DE VALENCIA A BAGDAD

Los intelectuales y la defensa de la humanidad

Eliades Acosta

ocean
sur

un proyecto de ocean press

ISBN 10: 1-920888-80-2
ISBN 13: 978-1-920888-80-0
Library of Congress Control No: 2006927091

Primera impresión 2006

PUBLICADO POR OCEAN SUR

OCEAN SUR ES UN PROYECTO DE OCEAN PRESS
Australia: GPO Box 3279, Melbourne, Victoria 3001, Australia
        Fax: (61-3) 9329 5040 Tel: (61-3) 9326 4280
        E-mail: info@oceanbooks.com.au
EEUU: PO Box 1186, Old Chelsea Stn., New York,
        NY 10113-1186, USA
Cuba: Calle 7, No. 33610, Tarará, La Habana, Cuba
        E-mail: oceanhav@enet.cu

DISTRIBUIDORES DE OCEAN SUR
EEUU y Canadá: **Consortium Book Sales and Distribution**
        Tel: 1-800-283-3572   www.cbsd.com
Gran Bretaña y Europa: **Turnaround Publisher Services Ltd.**
        E-mail: orders@turnaround-uk.com
Australia y Nueva Zelanda: **Palgrave Macmillan**
        E-mail: customer.service@macmillan.com.au
Cuba y América Latina: **Ocean Press**
        E-mail: oceanhav@enet.cu

www.oceansur.com
www.oceanbooks.com.au

ÍNDICE

Se dedica este libro, que recoge la cartografía de su retorno a todos los artistas
e intelectuales, a todos los luchadores humildes y anónimos que no desertaron,
ni se rindieron, que no abjuraron, ni se arrepintieron, que no se vendieron,
ni se cansaron, cuando los dioses omnipotentes del Olimpo creían llegado
el tiempo de su reino infinito sobre la Tierra, y así lo proclamaron.
Ahora, para ellos, ya es demasiado tarde.
Para nosotros, los mortales, ha llegado la hora precisa.

Eliades Acosta Matos
La Habana, 24 de diciembre de 2005

INTRODUCCIÓN

Fue una noche especialmente cálida en el Teatro "Teresa Carreño", de Caracas, aquella del 5 de diciembre de 2004. Un concierto de Pablo Milanés, uno de los fundadores del Movimiento de la Nueva Trova cubano, cerraba cuatro días de intensas discusiones y emociones. Intelectuales y artistas llegados de 52 países, en contacto con la Revolución bolivariana, acababan de aprobar el "Llamamiento de Caracas", punto final del Encuentro Mundial de Intelectuales y Artistas en Defensa de la Humanidad.

Las palabras emocionadas de Hugo Chávez, pronunciadas minutos antes de que se escuchasen las canciones de Pablo, expresaban un sentimiento compartido: para las fuerzas progresistas del mundo había llegado el momento de retomar la ofensiva.

Atrás quedaban años de retroceso y derrotas, de confusión y desaliento, de deserciones y desmovilización, tiempos especialmente duros para pueblos o individuos que no claudicaron, no se rindieron, no abjuraron de sus ideas y principios. Muchos de ellos, como un ejército de náufragos rebeldes, se encontraban aquella noche en el "Teresa Carreño". Artistas e intelectuales comprometidos, llegados de todos los continentes, no tenían reparo en suscribir las palabras que cerraban aquel encuentro: "En esta hora de especial peligro renovamos la convicción de que otro mundo no sólo es posible sino imprescindible y nos comprometemos y llamamos a luchar por él con más solidaridad, unidad y determinación. En defensa de la humanidad, reafirmamos nuestra certidumbre de que los pueblos dirán la última palabra".

¿Qué extraordinario proceso comenzaba a sacudir al mundo globalizado, el mismo del pensamiento único, de lo políticamente correcto y del fin de la Historia, gracias al cual retornaba a las discusiones ideológicas el protagonismo de los pueblos, factor imprescindible en los cambios y las revoluciones sociales? ¿Cómo tantos hombres y mujeres pertenecientes al universo de las ideas y la creación artística, por naturaleza un mundo aislado y solitario, acataban la necesidad de la lucha colectiva, superando décadas de discusiones bizantinas que tan astutamente aprovecharon los enemigos del progreso?

El Encuentro de Caracas, ¿marcaba acaso un hito modesto, pero visible, un prometedor punto de inflexión en la comprensión dominante de la ausencia de compromiso de los intelectuales y artistas con las causas justas de su época? ¿Se iniciaba de esta manera la superación de años de notable retroceso, de represión del verdadero disenso y del pensamiento crítico? ¿Habrían los intelectuales dejado de ser, por fortuna, los redactores de la crónica social y los *cheer leaders* del *establishment* para reconstituirse en la conciencia crítica de la comunidad, los gestores de la memoria histórica y uno de los factores dinamizadores de los cambios sociales de su época?

La decadencia que se adivina tras la simple formulación de estas preguntas no había empezado sin anunciarse. A esta triste situación se había llegado por un camino tortuoso, alfombrado de errores, inconsistencias, abjuraciones, divisiones, renuncias y debilidades sabiamente explotado, y jubilosamente fomentado, por quienes siempre se benefician de un pensamiento social eunuco, encadenado y genúflexo. El panorama intelectual de la década de los 80 del pasado siglo, por ejemplo, no podrá ser entendido sin recordar la extraordinaria represión de las ideas que precedió, acompañó y alimentó a la llamada "Revolución conservadora" de Ronald Reagan y Margaret Thatcher, nueva fase de la contrarreforma mundial del capitalismo y el imperialismo, espantados y escarmentados por las décadas del 60 y el 70. Cabe preguntarse, ¿puede preciarse de ser inexorable, natural y espontáneo un proceso que se planifica, se financia, se estimula, se provoca y se recompensa?

El capitalismo, como sistema, no ha tenido escrúpulos en cegar la fuente del pensamiento crítico que liberase y estimulase en sus ya remotos orígenes revolucionarios, no importa si con ello ha condenado a toda la sociedad a vegetar en la mediocridad y la aquiescencia, requisitos insoslayables de lo que cree es su oportunidad de derrotar a sus enemigos de clase y garantizar su propia perpetuación. Su relación con las ideas y los intelectuales es esquizofrénica y ambivalente: los necesita desesperadamente: sin ellos, no es capaz de lograr una reproducción del capital y sus utilidades con la aceleración necesaria y de manera siempre creciente, ni puede prescindir de ellos a la hora de construir y vender sus justificaciones y exégesis; por otro lado, les teme, desconfía como de siervos ladinos y levantiscos capaces de tramar permanentemente su perdición, por lo que no duda en sobornarlos, adocenarlos, vigilarlos, humillarlos y reprimirlos, eso sí, de manera muy peculiar.

Con semejante telón de fondo no es de extrañar que, una vez concluida la etapa clásica de la Guerra Fría con la desaparición de la URSS y el campo socialista, alcance su etapa dominante y su apogeo esta concepción acerca de los intelectuales y su papel social, la negación de una tradición de compromiso que arranca, en su versión contemporánea, en el siglo XVIII, el Siglo de las Luces. No es casual tampoco que Caracas se haya convocado, entre otras cosas, para desmentirla, combatirla y superarla.

La tradición de los intelectuales comprometidos que son convocados, reunidos y movilizados por peligros latentes o inminentes; que discuten colectiva y abiertamente las amenazas que se ciernen sobre la cultura, y los pueblos del mundo, tuvo importantes hitos en el siglo XX, llamado por algunos, con razón, el Siglo de las Revoluciones. Estas estaciones intermedias estuvieron siempre vinculadas a períodos de ascenso del militarismo, el racismo, las guerras de expansión y el fascismo, rostros finales del imperialismo y del gran capital, sepultados bajo sucesivas máscaras de benevolencia, democracia, libertades y derechos ampliamente pregonados, pero jamás garantizados a las mayorías trabajadoras de las naciones desarrolladas, y mucho menos, a los pueblos "periféricos".

Los congresos de intelectuales celebrados en el París de 1935, y el que tuvo por sede itinerante a las ciudades de Madrid, Valencia, Barcelona y París, en 1937, son apenas dos de los antecedentes ilustres de esta tradición. Otras formas similares de declaración de principios, toma pública de partido y movilización ante los males de la época deberán ser inscritas en esta misma lucha, aun cuando no se hayan concretado en una reunión o congreso, como es el caso, por ejemplo, del Tribunal Internacional convocado por Bertrand Russell para juzgar los crímenes de guerra cometidos por los Estados Unidos en Vietnam, o los manifiestos y cartas abiertas que han circulado desde siempre, motivados por las más disímiles causas, desde aquel inolvidable *Yo acuso*, de Émile Zola.

¿Qué lleva a algunos intelectuales a abandonar momentáneamente su creación y salir a la luz pública mediante declaraciones, marchas y manifestaciones que a veces entrañan hasta peligros físicos? ¿Cuál es el motor secreto de esta costumbre que se expresa en la asunción de responsabilidades sociales, de crítica frontal a los poderes constituidos, y que, por sólo citar el caso francés, entre los siglos XVIII y XX tuvo en Voltaire, Víctor Hugo y Sartre tres exponentes señeros?

Y una última interrogante: ¿ha languidecido esta tradición, definitivamente, en el mundo globalizado, de pensamiento único, de predominio del irracionalismo neoconservador, de guerras preventivas, de reformas neoliberales, de Internet, correos electrónicos, *blogs* y de la CNN; un mundo para el cual es tan vital responder a las preguntas filosóficas que resumen su tiempo, versiones postmodernas de los acertijos del Oráculo de Delfos, como las dos formuladas recientemente en *The New York Times:* "¿Fue Lincoln gay?" o "¿Es Google el actual nombre de Dios?".

Desde estas dudas y perspectivas, la significación del Congreso en Defensa de la Humanidad, de Caracas 2004, podría ser un enigma a desentrañar. De la valoración que hagamos dependerá, a fin de cuentas, el lugar histórico que ocupe.

¿Fue un congreso más, sin importancia especial, sin trascendencia ni influencia posterior en las luchas y las ideas del momento, o por el contrario, fue un congreso histórico, decisivo, un parte-aguas, un antes y un después?

A juzgar por el escasísimo espacio, casi nulo, que sus deliberaciones y conclusiones ocuparon en los grandes medios de prensa del mundo, fue un congreso muy importante y peligroso para lo que estos representan. A juzgar por ello, estaríamos ante un hecho intelectual y político que no puede ser subestimado.

Ya se sabe que estos grandes medios de comunicación comparten un infalible olfato clasista con los grandes poderes económicos que les dan vida.

A pesar de ello, busquemos por nosotros mismos las respuestas a las preguntas formuladas.

CAPÍTULO 1

Al concluir la Primera Guerra Mundial quienes habían sobrevivido a la matanza respiraron aliviados, pensando que jamás se podría repetir semejante atrocidad. Millones de personas en todo el mundo creyeron que al cesar el tronar de los cañones, la humanidad se adentraría en una época de paz y felicidad, de florecimiento del comercio, las artes y la cultura. Un singular optimismo impregnó aquellos días, pero la esperanza tuvo corta vida.

Los tratados de paz que debían fijar las relaciones internacionales al fin de la Primera Guerra Mundial, especialmente el de Versalles, firmado en París, el 28 de junio de 1919, no fueron justos. No podían serlo: habían sido redactados y rubricados por los representantes de las potencias imperialistas vencedoras, a costa de las derrotadas. El nuevo reparto del mundo no se basaba en la justicia, ni en el deseo sincero de acometer una obra general de reconstrucción de las relaciones internacionales capaz de conjurar nuevas conflagraciones. No importó, tampoco, la suerte de los pueblos atrapados en aquella vorágine de ambiciones expansionistas y apetitos por colonias y mercados. No primaba el deseo de generar confianza mutua, ni de restablecer los nexos históricos europeos, dañados severamente por la guerra, sino de humillar y castigar a los vencidos y lucrar a su costa, como si sólo ellos hubiesen sido los causantes de la tragedia y no mereciesen existir.

UNA PAZ INALCANZABLE

Al ser firmado el Tratado de Versalles, y entrar en vigor sus 247 cláusulas, el 10 de enero de 1920, los revanchistas y militaristas germanos dijeron a las tropas y al pueblo alemán que sus fuerzas aún estaban intactas, y que si se había llegado a la rendición se debía a la acción desleal y traicionera de ciertas figuras políticas liberales interesadas en poner de rodillas a la nación. De esta manera, la sensación de humillación y los deseos de revancha y venganza anidaron entre los más recalcitrantes exponentes del imperialismo alemán, de sus políticos reaccionarios y de una parte de la población manipulada e ignorante.

Alemania fue obligada a cargar con la culpa de la guerra y a indemnizar a los vencedores con sumas elevadas de su presupuesto nacional, a costa de un drástico aumento de la miseria, el hambre y el desempleo de su pueblo. Sus fuerzas armadas terrestres fueron reducidas a 100 000 efectivos (siete divisiones de infantería y tres de caballería), su fuerza aérea fue desmantelada, sus fortificaciones fronterizas desmontadas y su flota de alta mar, eliminada.

Desde el punto de vista territorial, Alemania fue privada de jurisdicción sobre los siguientes territorios:[1]

- En el oeste, Francia recibió Alsacia, Lorena y el Sarre, mientras Bélgica tomaba Eupen y Malmedy, y forzaba a Alemania a desmilitarizar, por su seguridad, la cuenca del Rhin.
- En el norte, se devolvió a Dinamarca la región de Schleswig del Norte, mientras que Lituania se apoderaba de Memel.
- Polonia recobró su *status* independiente y su acceso al Mar Báltico, a costa de territorios conocidos como Prusia Oriental. La ciudad de Danzig recibió de la Liga de las Naciones el carácter de ciudad libre. Se devolvió a los polacos, tras un referéndum, la región de la Alta Silesia Oriental.
- Alemania perdió todas las colonias que poseía antes de la guerra fuera de las fronteras europeas, entre ellas, las de África central, oriental y occidental, y también en China, Indonesia y Samoa.

En total, Alemania perdió el 80% de su flota, el 46% de su producción de hierro, el 16% de su producción de carbón, el 13% de su territorio, y el 12% de su población. El monto total de las reparaciones que debía pagar a sus antiguos enemigos fue fijado, en la Conferencia de Londres (1920), en la enorme cifra de 140 000 millones de marcos-oro. En otras cláusulas del Tratado Alemania fue obligada a reconocer su responsabilidad por haber iniciado la guerra y por todos los daños derivados de ella, además se le prohibió la entrada en la Sociedad de Naciones y la unión con Austria, conocida como Anschluss.

Mediante el Tratado de Saint Germain, se firmó la paz con Austria; por el del Trianon con Hungría; por el de Neuilly, con Bulgaria, y por el de Sévres, con Turquía. En todos ellos se incluían cláusulas que estipulaban cesiones de territorios, el pago de reparaciones, las limitaciones de sus ejércitos y flotas. De hecho, se efectuó un nuevo reparto del mundo.

El 7 de mayo de 1919, a las tres de la tarde, en el Trianon Palace Hotel, de Versalles, Georges Clemenceau, el representante de Francia en la Conferencia, comunicó oficialmente, con toda crudeza, a Ulrico Graf von Brockdorff-Rantzau, representante de Alemania, los términos de la propuesta de paz. Sobre la acusación de que toda la responsabilidad por la guerra recaía sobre su país, respondió el delegado alemán: "En los últimos 50 años el imperialismo de todos los estados europeos ha emponzoñado, crónicamente, la situación internacional. Las políticas de expansión y de venganza, junto al desconocimiento del derecho de los pueblos a determinar su propio destino, han contribuido a la enfermedad de Europa, cuya crisis final presenciamos durante la guerra mundial".[2]

Sobre los alegados crímenes de guerra cometidos por el ejército alemán, recordó:

> [...] cuando se hable de reparaciones, no debe olvidarse el armisticio. Les ha tomado 6 semanas acceder a ello, y a nosotros, 6 meses para poder conocer las condiciones de paz [...].
>
> Cientos de miles de personas no-combatientes han muerto desde el 11 de noviembre debido al bloqueo, asesinados con fría premeditación, cuando ya ustedes tenían asegurada la victoria. Piensen en ellos cuando hablen de culpas y castigos.[3]

El 15 de mayo, en carta de Brockdorff-Rantzau a la Comisión norteameri-cana que negociaba la paz, se sintetizaba de la siguiente manera lo que el Tratado de Versalles representaría para el pueblo alemán:

> Las obligaciones del Tratado implicarán, por fuerza, la muerte de varios millones de personas en Alemania [...].
>
> La paz implicará para el país muchas más víctimas que una guerra que duró cuatro años y medio (1 750 000 víctimas causó el enemigo, más de un millón, el bloqueo) [...].
>
> Los que firmen este Tratado firmarán una sentencia de muerte para millones de hombres, mujeres y niños alemanes.[4]

Al conocerse en Alemania los términos del Tratado de Versalles, se decretó una semana de duelo nacional y comenzaron las protestas en su contra. El primer ministro, Philip Schedeiman, se vio obligado a dimitir el 21 de junio, y fue sustituido por el socialdemócrata Bauer. La Asamblea Nacional tuvo que aprobarlo por 237 votos a favor y 138, en contra, con dos reservas: Alemania no aceptaba la responsabilidad única de la guerra, y se negaba a entregar a sus ciudadanos acusados de crímenes de guerra.

La economía europea resultó completamente devastada por la guerra, al extremo de que el poder económico mundial se desplazó de Europa a los Estados Unidos, y de Londres a New York. Mientras los capitalistas norteamericanos gozaban de su favorable situación geográfica, alejada del principal escenario bélico, y se constituían en los principales acreedores mundiales, los capitalistas ingleses conocían, por vez primera, las angustias de los deudores.

El capitalismo norteamericano era el único que poseía entonces la capacidad de financiar la reconstrucción europea, y aprovechó semejante oportunidad para penetrar las economías del continente. Por ejemplo, cuando en 1923 Alemania sufrió una inflación masiva, se realizó una reforma financiera que permitió las inversiones norteamericanas. A inicios de 1924, bajo las estipulaciones del Plan Dawes, bonos alemanes fueron vendidos a inversionistas privados de los Estados Unidos.

Mientras la economía norteamericana funcionó, la recuperación europea también lo hizo. Cuando esta colapsó, su reflejo en el continente no se hizo esperar, como ocurrió en 1929.

Versalles no trajo la paz a Europa. Los múltiples conflictos que se sucedieron tras su firma, presagio de las inmensas tragedias que se avecinaban, fueron descritas por el propio Adolf Hitler, en el discurso ante el Reichstag el 7 de marzo de 1936: "En lugar de la cordialidad [tras Versalles] [...] presenciamos el espectáculo de intranquilidad y desorden que no parecen menguar, sino, desgraciadamente, tomar incremento. Recelo y odio, envidia y egoísmo, desconfianza y sospecha son los sentimientos que palpables y visiblemente dominan a los pueblos. Adonde quiera que miremos, vemos desde entonces surgir desórdenes interiores y exteriores".[5]

Más que los diferendos entre naciones imperialistas, más que las propias injusticias y desequilibrios derivados de una guerra de rapiña, más que el nuevo reparto del mundo, más que los tratados incapaces de preservar por algún tiempo la paz, fueron el ascenso de las luchas de clases, la lucha entre explotadores y explotados, entre proletarios y burgueses, los factores que actuaron como los más poderosos catalizadores de las radicales transformaciones experimentadas por el mundo que emergió tras el fin de la Primera Guerra Mundial.

Diecinueve meses antes del momento en que los delegados de las potencias imperialistas, en el fondo, magníficos compadres momentáneamente enfrentados, zanjaban en Versalles sus diferentes interpretaciones sobre lo que debía ser el saqueo y el botín, en la lejana ciudad rusa de Petrogrado, una proclama del Comité Militar Revolucionario adjunto al Soviet de Diputados Obreros y Soldados dirigida a todos los ciudadanos del país, cambiaba la marcha del siglo XX:

> El gobierno provisional ha sido depuesto. El poder del Estado ha pasado manos del Soviet de Diputados Obreros y Soldados de Petrogrado, del Comité Militar Revolucionario que encabeza al proletariado y a la guarnición de Petrogrado.
>
> La causa por la cual luchaba el pueblo: la propuesta inmediata de una paz democrática, la abolición de la propiedad de los terratenientes sobre la tierra, el control obrero sobre la producción, la creación de un gobierno soviético, está asegurada.
>
> ¡Viva la revolución de los obreros, soldados y campesinos![6]

La Gran Revolución Socialista de Octubre, dirigida por Vladimir I. Lenin y el partido bolchevique, había triunfado el 25 de octubre (7 de noviembre) de 1917, derrotando a la reacción encarnada en el gobierno contrarrevolucionario de Alexander Kerensky. Por primera vez en la historia del siglo XX las masas explotadas sustituían en el poder a los explotadores. El socialismo triunfante en la atrasada Rusia, en medio del debilitamiento de los mecanismos coercitivos de los estados burgueses atrapados en la guerra imperialista, y su ejemplo para otros pueblos del mundo, constituyó una importante razón para que las potencias europeas y los Estados Unidos intentaran llegar a un acuerdo con tal de evitar que se repitiese esa experiencia en sus países. Los enemigos de las vísperas, enfrentados por ambiciones hegemónicas, se apresuraron a deponer sus diferencias con tal de conjurar el peligro derivado de las luchas de clases que amenazaban el dominio de sus clases dirigentes.

La revolución bolchevique actuó como un catalizador de las fuerzas políticas en la arena internacional, y también en el interior de cada una de las naciones europeas. Las burguesías nacionales comprendieron, quizás demasiado tarde, que el verdadero enemigo se encontraba dentro de sus fronteras, entre aquellos millones de soldados, obreros y campesinos de la retaguardia a quienes había logrado arrastrar al matadero o a sufrir crecientes privaciones gracias a la propaganda bélica y chovinista. Llegado el momento, era más importante luchar contra el enemigo interno, negación radical de la sociedad burguesa, que buscar una paz de conveniencia y hasta una alianza con las potencias rivales.

Diez días antes de que los bolcheviques tomasen en Petrogrado el Palacio de Invierno, el periodista norteamericano John Reed había entrevistado al importante capitalista ruso Stepán Georgievich Lianózov, conocido como "el Rockefeller ruso", logrando las siguientes declaraciones:

La revolución es una enfermedad. Tarde o temprano deberán intervenir aquí las potencias extranjeras [...] como alguien intervendría para curar a un niño enfermo y enseñarle a caminar. Naturalmente, esto sería algo más o menos impropio, pero las naciones deben comprender el peligro que para ellas mismas representa el bolchevismo y las peligrosas ideas de "revolución proletaria" y "revolución social mundial" [...]. Pero existe la posibilidad de que esta intervención no sea necesaria. El transporte está

desorganizado, las fábricas están cerrando y los alemanes avanzan [...]
Quizá el hambre y la derrota devuelvan al pueblo ruso la razón...[7]

En su libro, Reed demostró también que "Una gran parte de las clases poseedoras prefería a los alemanes a la revolución [...]. Una tarde visité la casa de un comerciante moscovita; durante la hora del té, preguntamos a las once personas que se sentaban a la mesa que a quién preferían si 'a Guillermo [el Kaiser alemán] o a los bolcheviques'. El resultado fue de diez a uno a favor de Guillermo [...]".[8]

Desde 1917 el temor al avance de las ideas revolucionarias será el principal factor que movilizará las energías políticas, militares, diplomáticas, filosóficas y económicas de los estados burgueses. Todo el devenir de la Historia universal, desde entonces, está signado por este temor, incluyendo el ascenso del fascismo en Italia y del nazismo, en Alemania. Agitar el terror ante el avance rojo ha constituido un recurso recurrente cuando un estado capitalista ha necesitado reforzar la unidad nacional o acentuar la represión contra sus enemigos internos o externos. El mismo Hitler no dudaba en apelar a él si le convenía a sus intereses: "Tiemblo por Europa cuando pienso lo que ha de ser de nuestro viejo continente el día en que al imponerse ese concepto asiático del mundo, concepto destructor y revolucionador de todos los valores habidos hasta hoy, se suma en el caos de la revolución bolchevique".[9]

Tanto temor despertaba en los imperialistas europeos y norteamericanos lo sucedido en Rusia, que el asunto no estuvo ausente de las negociaciones de los máximos representantes aliados reunidos en el Consejo Supremo de Guerra realizado en el Quai d'Orsay, París, el domingo 12 de enero de 1919, cinco meses antes de la firma del Tratado de Versalles:

> El Presidente Wilson opinó que no era recomendable discutir detalladamente [el informe sobre el armisticio presentado por el mariscal Foch] porque forma parte de un problema mucho más general, el de la necesidad de vigilar el avance del bolchevismo hacia Occidente. Existen dudas acerca de si es recomendable enfrentar este avance por medio de las armas [...] Antes se debe aprobar una política general sobre cómo enfrentar el daño social del bolchevismo.[10]

Cuando aún no se había producido la rendición total de Alemania, los aliados dedicaban su tiempo a discutir la forma de combatir a un enemigo considerado por ellos mucho más letal que el militarismo germano. A pesar de que se posponía, aparentemente, la toma de decisiones trascendentales, lo cierto es que se barajaban las opciones a la mano para derrotar militarmente al Ejército Rojo y acabar con la revolución. Así se aprecia en otro momento de este Consejo:

> Lloyd George dijo tener información de que aún quedaban 1 200 000 prisioneros rusos en Alemania [...]. Se pregunta adónde debemos enviar a estos prisioneros cuando sean liberados: si a Ucrania, para que se unan al general Denikin, o a Siberia, para que se unan al Almirante Kolchak, al norte de Rusia, o simplemente enviarlos a través de la frontera. Esta decisión forma parte del problema ruso. Si se decide luchar contra el bolchevismo se podrá disponer de alguna de estas variantes. En cualquier caso, se debe actuar de conjunto y de manera eficiente [...].[11]

El llamado de Lloyd George a la eficiencia intervencionista de los Aliados, iba enfilado contra el gobierno de los soviets, y no constituía un argumento retórico: seis meses antes se había iniciado la intervención en Rusia cuando las tropas de más de 18 potencias se lanzaron desde todos los puntos cardinales para impedir la consolidación de los bolcheviques en el poder y apuntalar a las fuerzas reaccionarias blancas que combatían al Ejército Rojo. La convocatoria inicial a la intervención fue realizada por el Consejo Supremo de Guerra, bajo el estímulo directo del mariscal Ferdinand Foch, como se desprende de la lectura del telegrama enviado por el oficial de enlace norteamericano ante dicho Consejo, fechado en París, el 2 de julio de 1918:

> El Consejo Supremo considera que, desde la última reunión, la situación rusa ha cambiado completamente, lo cual hace ineludible y urgente la intervención de los Aliados.
>
> Una fuerza de 50 000 checoslovacos, totalmente desligada de los asuntos políticos internos de Rusia (¡) y decidida a luchar contra los alemanes [...] mantiene el control del ferrocarril en Siberia occidental [...].[12]

La intervención en Siberia es necesaria por tres razones:

1) Para salvar a las tropas checoslovacas [que pueden ser cercadas por fuerzas alemanas] y sacar ventajas de esta oportunidad que se presenta, logrando el control aliado de esta región.

2) Por la situación interna de Rusia, no hay dudas de que el poder de los bolcheviques está decayendo. Cada día todas las clases sociales rusas, incluyendo a los ex soldados, los campesinos y los obreros, aprecian que los bolcheviques no podrían cumplir sus promesas, y que la anarquía, el desorden y el hambre es lo que les espera con ese régimen […]. La única diferencia de opinión estriba en qué tipo de intervención prefieren, si la de Alemania o la de los Aliados.

3) La intervención en Rusia es esencial para poder ganar la guerra. No hay dudas de que si los alemanes no logran recuperar la iniciativa en el frente occidental, en las próximas semanas, intentarán usar todo su poder para paralizar cualquier intento de regeneración nacional rusa, mientras dure la guerra.

   […]

   En resumen, es unánime la opinión del Mariscal Foch y de los asesores militares del Consejo Supremo acerca de que despachar de inmediato una considerable fuerza aliada a Siberia, es esencial para lograr la victoria de nuestras armas.[13]

Un mes después de este "llamado", los Regimientos 27 y 31 de la Infantería del Ejército de los Estados Unidos, a los que se sumaron 500 hombres de la Octava División, en total, 43 oficiales y 1 888 soldados bajo el mando del general William Sydney Graves, partieron de San Francisco hacia Siberia. En 1919, un año después, y transcurrido un mes de haberse firmado el Tratado de Versalles, las tropas norteamericanas que intervenían en Rusia ascendían a 338 oficiales y 8 050 soldados. Ya no existía el pretexto del peligro alemán, pero los soldados interventores se mantuvieron en Rusia hasta el 1ro de abril de 1920.

Tras sufrir cerca de 500 bajas mortales en sus enfrentamientos con los guerrilleros rojos, y cuando comprobaron, según informe de Mr. Lansing, Secretario de Estado, al presidente Thomas W. Wilson, que "[…] el gobierno [contrarrevolucionario] de Kolchak había colapsado, y que el ejército bolchevique avanzaba hacia Siberia oriental [...]",[14] terminó aquella aventura intervencionista norteamericana y de otras fuerzas aliadas, y con ella, sus esperanzas de acabar con el Estado soviético, por la fuerza.

El 15 de noviembre de 1920 se efectuó la primera Asamblea General de la Liga de las Naciones, mecanismo promovido por el presidente Wilson y calificado por este como "[...] el único convenio capaz de garantizar la paz [...]",[15] que tuvo que enfrentar una fuerte oposición interna movilizada por el senador Henry Cabot Lodge bajo consignas aislacionistas y que, al final, impidió la incorporación de los Estados Unidos a ella. A pesar de la creación de la Liga y del optimismo reinante, Wilson caracterizó con tintes sombríos la situación, tras la conclusión de la Primera Guerra Mundial: "Puedo predecir con absoluta seguridad que dentro de una generación estallará otra guerra mundial, si las naciones del planeta no encuentran mecanismos capaces de prevenirla".[16]

La situación política de la Europa de entreguerras corroboraba la predicción de Wilson. Las tormentas sociales estaban presentes también en los Estados Unidos. Así lo apreciaba John Reed en su artículo "Bolshevism in America", publicado el 18 de diciembre de 1918, en *The Revolutionary Age*:

> Nada enseña mejor a la clase obrera norteamericana que los tiempos difíciles y la represión. Los tiempos difíciles se aproximan y la represión está organizada a gran escala. Por mucho tiempo en este país no ha existido tierra disponible, ni oportunidades para que un obrero se convierta en millonario. La clase obrera todavía no lo sabe.
>
> Lo cierto es que durante las próximas décadas los Estados Unidos prometen convertirse en la porción más reaccionaria del globo, y esto, claro está, surtirá efecto.
>
> [...] si los socialistas son arrestados y la bandera roja prohibida, en cinco años tendrá lugar en este país una revolución. Bismarck no la pudo detener en Alemania.[17]

Los acontecimientos políticos europeos, en efecto, no daban la razón a que quienes miraban el futuro con optimismo, o creían que había llegado un milenio de paz para todas las naciones. Así avanzaban las fuerzas políticas reaccionarias, el autoritarismo y la represión en medio de un clima ascendente de irracionalismo y violencia institucional, que alcanzaría su apogeo durante la Segunda Guerra Mundial:

- Por ejemplo, en Albania el 13 de diciembre de 1924, Ahmed Zogu con sus guerrilleros invade el país, derroca al gobierno y se hace elegir presidente con poderes dictatoriales por siete años. En 1928 convierte a la nación en un reino y se corona como Zog I.

- En Austria el partido nazi experimenta en 1932 un fuerte respaldo electoral. El 25 de julio de 1934, Engelbert Dollfuss, el canciller austriaco, es asesinado en medio de un intento de golpe de estado nazi que fracasa. Kart Von Schuschnigg, el nuevo canciller, comienza una política de concesiones a Hitler que lo lleva a legalizar al Partido Nazi, el 12 de febrero de 1938, e incluir a sus representantes en el gobierno. Un mes después las tropas alemanas ocupan Viena.

- En 1924, en Bulgaria, es prohibido el Partido Comunista, de Georgi Dimitrov. En 1932 Alexander Tsankov funda el Movimiento Nacional-socialista Búlgaro, de clara tendencia pronazi. En 1934 el coronel Damian Velchev da un golpe militar de derecha. Kimon Georgiev es nombrado Primer Ministro con poderes dictatoriales. En 1935, el zar Boris III toma el poder y proclama la creación de un reino dictatorial.

- Vochtej Tuka, líder del ala derechista del Partido Populista Eslovaco, conocida como Nastupistas, crea en Checoslovaquia, en 1929, las unidades paramilitares llamadas Rodobrana, manteniendo estrechas relaciones con los nazis. En 1935, el Sudendeustche Heitmanfront se transforma en Partido Alemán del Sudeste, recibe financiamiento de los nazis y obtiene el 60% de los votos en las elecciones de mayo. El 24 de abril de 1938 este partido, en estrecha coordinación con Hitler, solicita la separación de Checoslovaquia de la región del sudeste para incorporarla a Alemania. El 15 de marzo de 1939 las tropas alemanas entran en Bohemia y Moravia, sin encontrar resistencia.

- En Estonia, tras un intento revolucionario fallido del ilegalizado Partido Comunista, en diciembre de 1924, se produce un golpe de estado, el 12 de marzo de 1934, lidereado por Konstantin Pats y J. Laidoner, que pone en vigor una constitución promovida por el veterano fascista Arturo Sirks. El 5 de marzo de 1935 son disueltos todos los partidos políticos. El 28 de abril de 1938, Pats es electo presidente.

- La monarquía es abolida en Grecia en 1923, tras la derrota en la guerra con Turquía. Los años republicanos siguientes son una sucesión de dictaduras y golpes de estado. En 1932, mediante un referéndum fraudulento, se restaura la monarquía. En 1934 se proclama una dictadura monárquica, bajo el mando del general Ioannis Metaxas. El 6 de abril de 1941, Alemania ocupa el país.

- Los comunistas y socialdemócratas toman el poder en Hungría el 21 de marzo de 1919, bajo la dirección de Bela Kun. El 1ro de agosto las tropas rumanas ocupan la capital. En enero de 1920, se restaura la monarquía, y es designado regente el almirante Miklos Horta. En julio se comienza a limitar el acceso de judíos a las universidades. En 1939 se aprueban las Leyes Judías. El 20 de noviembre de 1940 se firma un tratado de alianza con Alemania, Italia y Japón.

- En Letonia, el 15 de mayo de 1934, el primer ministro Karlis Ulmani disuelve el Parlamento y se proclama dictador.

- Los conservadores y militares protagonizan un golpe de estado en Lituania, el 17 de diciembre de 1926, expulsan del Parlamento a los liberales e izquierdistas, e imponen en el poder a Antanas Smetona.

- En 1926, en Polonia, el mariscal Josef Pildsuski toma el mando mediante un golpe de estado militar, estableciendo un estilo de mando autoritario y dictatorial en el país.

- Manuel Gómez da Costa, general portugués, anuncia el 26 de mayo de 1926 que marchará sobre Lisboa, intentando reeditar la Marcha sobre Roma, de Mussolini. El 30 de mayo el presidente Bernardino Luis Machado renuncia y toma el poder el general Antonio Óscar de Fragoso Carmona, quien nombra ministro de Finanzas a Antonio de Oliveira Salazar, que el 30 de mayo de 1930 pronuncia un discurso donde llama a la creación del Estado Novo. El 5 de julio de 1932 Salazar es designado primer ministro.

- En Rumanía, en 1930, el capitán de la Guardia de Hierro, Corneilu Zelea, llama a la guerra contra los judíos y los comunistas, convirtiéndose en el mayor partido fascista de los Balcanes. En 1933 el premier Ion Duca es asesinado por miembros de la Guardia de Hierro. En 1939, el rey Carol deroga la Constitución y proclama la monarquía dictatorial. En septiembre de 1940 una coalición de Guardias de Hierro y militares, dirigidos por el general Ion Antonescu fuerzan al rey a abdicar, imponiendo nuevas restricciones a judíos, griegos y armenios. El 8 de octubre de 1940 las tropas alemanas ocupan Rumanía.

- En España, toma el poder en 1923 el general Primo de Rivera, y disuelve el Parlamento proclamándose dictador. En 1931 cae la monarquía. En 1933 la derecha gana las elecciones, en medio de la crisis económica y la decepción. En 1934 el general Franco reprime una huelga de mineros en Asturias y la autonomía de Cataluña, con 30 000 personas arrestadas. En 1936, con la victoria del Frente Popular se inicia un período de violencia callejera falangista. El 18 de julio comienza el levantamiento militar contra la República española y se inicia la Guerra Civil.

- En 1921 la Asamblea Federal de Yugoslavia prohíbe el Partido Comunista. En 1929, el rey Aleksandar deroga la Constitución, disuelve los partidos políticos y pone en vigor una monarquía dictatorial. En octubre de 1934 es asesinado en Marsella por un miembro de los Ustasis, una organización fascista croata, apoyada por Italia y Hungría. El 25 de marzo de 1941 el gobierno firma un tratado con el Eje.

El panorama europeo, en efecto, jamás dio muestras de estabilidad en los años de entreguerras. La Liga de las Naciones nació sin poder real para mediar y resolver las disputas entre los diferentes estados. En realidad, como se demostró en el caso norteamericano, los monopolios, cuyos intereses representaban los gobiernos burgueses, no estaban interesados en evitar las guerras, porque de ellas obtenían inmensas ganancias, ni en instaurar un clima de respeto a la soberanía y la autodeterminación de los pueblos, porque su auspicio de las fuerzas más reaccionarias les permitía reprimir, sin respetar las fronteras nacionales, a las fuerzas revolucionarias y progresistas, como se evidenciaría con su complicidad ante el rearme alemán y la promoción del fascismo y el nazismo.

La lista de disputas en territorio europeo o relacionadas con algunos de sus estados, en las que la Liga de las Naciones intervino entre 1924 y 1935, es extensa, lo cual demuestra la volatilidad de la región y el predominio en ella de un clima de tensiones y conflictos que no cesaron tras el Tratado de Versalles. El Protocolo de Ginebra, firmado en 1924, establecía que sus miembros debían observar el principio del arreglo pacífico de los conflictos, la publicación de sus tratados y someterse obligatoriamente al arbitraje internacional. Un somero análisis de las disputas así lo corrobora:

- En 1920 la Liga interviene en el diferendo entre Finlandia y Suecia por la posesión de las islas Aaland, y falla a favor de Finlandia.
- En 1921, entre Alemania y Polonia por la Alta Silesia; se sentencia el reparto entre ambas de la región.
- En 1925, entre Grecia y Bulgaria, por problemas fronterizos. Se indicó el retiro de las tropas griegas y el pago de indemnizaciones a Bulgaria.
- Entre Turquía y Gran Bretaña por la región de Mosul, en Iraq, bajo el control británico. Se dictaminó a favor de Gran Bretaña.
- En 1922, entre Polonia y Lituania, por la ciudad de Vilna. Se declaró que no procedía el arbitraje, circunscribiendo la jurisdicción de la Liga a temas relacionados con el Tratado de Versalles.
- En 1923, entre Grecia y Albania, por el incidente de Corfú, en el cual resultó asesinado el general italiano Enrico Tellini, y que provocó el bombardeo de la ciudad ordenado por Mussolini, y el pago de una indemnización. Se falló a favor de Italia.

Aunque no se encontraban directamente en el ámbito europeo, dos incidentes más, la invasión japonesa a Manchuria y la creación del estado satélite de Manchukó, en 1931, y la invasión italiana a Abisinia, en 1935, demostraron la inoperancia de este mecanismo internacional, alentando la impunidad de los agresores y de quienes utilizaban la fuerza de las armas para el logro de sus objetivos. No debe extrañar, en consecuencia, que un historiador de la talla del británico A.J.P. Taylor, en su obra *The Origins of the Second World War* afirmara que el estallido de esa guerra se debió a que Inglaterra y Francia vacilaron entre la política de apaciguamiento promovida por Neville Chamberlain, y el enfrentamiento resuelto a Hitler. La Primera Guerra Mundial, afirmó, causó, inevitablemente, la Segunda.

La política de "apaciguamiento" hacia Alemania e Italia, en el período de entreguerras, no fue, como se intenta justificar, la obra aislada de Neville Chamberlain, el primer ministro británico, ni de un político ingenuo y bien intencionado, cuya miopía no le permitió apreciar la naturaleza del enorme peligro que se incubaba en Europa, y que, en consecuencia, se mostró débil y negligente ante el avance del fascismo y el nazismo.

Chamberlain, representante de los conservadores británicos, ocupó el cargo a partir del 28 de mayo de 1937, cuatro años después de que Hitler hubiese sido nombrado canciller, uno desde que Alemania e Italia comenzasen a apoyar el levantamiento franquista en España, dos desde que Mussolini invadiese Abisinia, dos desde que Hitler, en abierta violación de lo estipulado en el Tratado de Versalles, expandiese las fuerzas armadas de su país hasta alcanzar el medio millón de efectivos, y refundase su fuerza aérea, y uno desde que tropas alemanas reocupasen la región del Rhin. Como puede apreciarse, a Chamberlain le tocó ser actor principal de un drama cuyo inicio había tenido lugar mucho antes.

Los conservadores británicos, al igual que otros políticos burgueses franceses y norteamericanos, no menospreciaron el ascenso del fascismo y el nazismo en Europa, y del militarismo japonés en Asia, sino que lo estimularon, lo protegieron, y en algunos casos, lo financiaron. Creían haber encontrado el antídoto perfecto contra las veleidades revolucionarias de las masas y el avance de la URSS y el socialismo. Hitler y Benito Mussolini no eran el principal peligro a enfrentar, pues, a pesar de autoproclamarse "socialistas", lejos de molestar a los grandes poseedores de los medios de producción, a los banqueros y monopolistas, se aliaban con ellos para propiciar el rearme y la expansión territorial. Eran los soviéticos y el resto de los partidarios del comunismo quienes expropiaban dichos medios, violando los sacrosantos derechos de la propiedad privada, dando poder a obreros y campesinos, defendiendo la revolución proletaria mundial y el internacionalismo. Ante semejante peligro, pensaban, ¿qué importancia podía tener hacer algunas concesiones territoriales, así como recomponer una vez más el mapa geopolítico europeo y mundial?

La burguesía inglesa, no sólo la conservadora, adoptaba por aquellos días la misma actitud de la burguesía rusa ante la amenaza alemana, descrita por John Reed. William Gallacher, un comunista británico, así la describía en *The Chosen Few*, en 1940:

> No es exagerado decir que muchas figuras prominentes del Partido Conservador, voceros de los dueños de tierras y las finanzas del país, darían la bienvenida a Hitler y al ejército alemán, si creyesen que esa fuese la única alternativa al establecimiento del socialismo en Inglaterra.
>
> Su ruidosa aprobación a la ferocidad germana e italiana en España, y su absoluta despreocupación por el hundimiento de buques británicos y el sacrificio de vidas de sus conciudadanos, así lo demuestra.

Los nazis saben que en todo país capitalista hay hombres dispuestos a traicionar a su propio pueblo, si con ello creen salvar sus propiedades y privilegios.[18]

En 1938, renunció el secretario de Relaciones Exteriores de Chamberlain, Anthony Eden, por desacuerdos con el primer ministro en la aplicación de la política de "apaciguamiento", y fue reemplazado por lord Halifax, quien mantenía excelentes relaciones con el gobierno alemán. Concluida su primera vista oficial a Berlín, en 1936, comentó a su amigo Henry Channon, "[…] que le agradaban todos los líderes nazis, incluido Goebbels, y que quedó muy impresionado con lo que vio. Cree que el régimen [nazi] es absolutamente fantástico".[19]

La capitulación ante Hitler, eufemísticamente llamada "política de apaciguamiento", no se debió sólo a la actitud de Chamberlain y su partido, sino que tenía raíces clasistas profundas, las mismas que explican el surgimiento y auge del fascismo y el nazismo, ante la indiferencia de los estadistas de la época. Aquel "dejar hacer" era compartido por todos los partidos burgueses y buena parte de la opinión pública europea, que antes había sido también "apaciguada" al presentarle como "defensa de la paz mundial" lo que era, en rigor, pura complicidad. Escribía por entonces Robert Boothby: "Lo único que importaba al Partido Conservador eran sus propiedades y el dinero. A lo único que realmente temía, era que esos odiados comunistas viniesen a expropiárselo. Los laboristas y los liberales no eran mejores".[20]

No fue tampoco por ignorar las verdaderas intenciones de Hitler que Chamberlain impuso ese rumbo a su política exterior. Una abundante información política, diplomática y de inteligencia disponible entonces, indicaba, sin lugar a duda, que Hitler no se detendría ante nada en sus planes de dominio universal. El 3 de febrero de 1937, por ejemplo, un agente del MI6 británico (Hugh Christie) se había entrevistado en Berlín con Hermann Göering, e informó al gobierno que "[…] Göering reconoció que Alemania se anexaría Austria y Checoslovaquia, y que pedía "manos libres en Europa Oriental".[21] Esto último debió de ser especialmente grato para los estadistas conservadores del gabinete de Chamberlain, pues indicaba una posible agresión contra la URSS.

En un patético intento por presentarse como un esforzado defensor de la paz mundial, cuando su línea política de "apaciguamiento" marchaba en sentido contrario, y alentaba la política guerrerista de los nazis, Chamberlain se entrevistó dos veces en suelo alemán, en el mes de septiembre de 1938, con Hitler: la primera (15 de septiembre, en Berchtesgaden) para tratar el conflicto entre Alemania y Checoslovaquia por la región del sudeste, y la segunda (28-29 de septiembre, en Münich), junto a Daladier (primer ministro francés), y Mussolini, para firmar el Pacto de Munich, que abandonaba parte de Checoslovaquia (la región del sudeste) en manos de Hitler. Seis meses después, violando una vez más lo convenido, los nazis se anexaron el resto del país.

Es interesante recordar la manera engañosa como se presentó al mundo, y en primer lugar, al propio pueblo británico, la política de Chamberlain y sus "triunfos". Así describe Henry Channon la manera en que fue recibido en la Cámara de los Comunes, para informar sobre el Pacto de Munich: "El Primer Ministro llegó y fue ovacionado por los representantes de todos los partidos políticos presentes en la Cámara, que precian el gran esfuerzo realizado [...] [cuando se anuncia la firma del Pacto] se producen escenas de indescriptible entusiasmo: la paz ha sido salvada, y con ella, el mundo".[22]

El historiador A.J.P. Taylor también describe el momento en su obra *English History 1914-1945:*

> Toda la prensa dio la bienvenida al Pacto de Munich, como alternativa a la guerra, con la sola excepción del *Reynold's News,* un semanario dominical del ala izquierda socialista, de pequeña tirada, y, claro, del comunista *Daily Worker.* Duff Cooper, el Primer Lord del Almirantazgo renunció, declarando que Gran Bretaña debía ir a la guerra, no para salvar a Checoslovaquia, sino para evitar la hegemonía en Europa de un solo país, mediante la fuerza bruta. Nadie lo secundó en la Cámara durante el debate que se prolongó del 3 al 6 de octubre [...].[23]

El mundo recordaría después, en medio de la guerra más devastadora que haya experimentado jamás la humanidad, la imagen fotográfica de un sonriente y exultante Neville Chamberlain saliendo del avión donde regresaba de Munich y proclamando solemnemente ante los periodistas, que la hoja de papel que les mostraba, firmada por Hitler y él mismo, entre otras personalidades políticas del momento, demostraba que se había alcanzado "la paz de nuestra época".

LOS HERALDOS DE LA BARBARIE

La época de entreguerras, los 20 años que median entre 1919 y 1939, son conocidos como "La edad de la ansiedad". Fue precisamente este sentimiento de desasosiego e intranquilidad, de tensa espera ante acontecimientos tremendos que se veían inexorablemente venir, lo que caracterizó el pensamiento europeo y mundial, una vez terminada la Primera Guerra Mundial.

Un estremecimiento de duda y recelo, de irracionalismo y descreimiento, recorría a buena parte de una civilización, como la occidental, que había perdido la inocencia y la fe en medio de la carnicería escenificada en los campos de batalla de la Gran Guerra. Nada ni nadie había sido capaz de detener la matanza: ni la religión, ni la política, ni la diplomacia, ni los partidos tradicionales, ni los estados republicanos, ni los monárquicos, ni la filosofía, ni las ciencias, ni la literatura.

Al final de la tragedia, no había hallado Europa, ni el resto del planeta, la paz tan deseada; no eran más estables las sociedades, ni existía un proyecto viable de futuro. Un poeta como Paul Valéry definió así, en 1922, aquel estado de melancolía y desconfianza en el porvenir: "Las civilizaciones modernas hemos aprendido a reconocer, al igual que las anteriores, que somos mortales [...] Francia, Rusia e Inglaterra son sociedades espléndidas, pero ahora sabemos que los abismos de la historia son tan profundos que pueden devorar al mundo entero. Resulta que una civilización es tan frágil como una vida [...]".[24]

Durante estos años Sigmund Freud publicó *Civilization & Die Weltanschaug* (1918), Oswald Spengler *La decadencia de Occidente* (1922), Paul Valéry *Sobre la civilización y el pensamiento europeo* (1919-1922), T. S. Eliot *Gerontion* y *Waste Land* (1922), Franz Kafka *El proceso* (1925) y *La metamorfosis,* James Joyce *Finnegan's Wake,* D. H. Lawrence *El amante de lady Chaterley* (1924), Bertrand Russell *Icaro: El porvenir de las ciencias* (1924) y *The Modern Uncertainity* (1934), Aldous Huxley *Brave New World* (1932), José Ortega y Gasset *La rebelión de las masas,* y W. H. Auden *The Unknown Citizen* (1939).

Era la época en que Calvin Coolidge llegaba a la presidencia de los Estados Unidos (4 de marzo de 1925) e implantaba la Ley Seca, mientras se ocupaba militarmente a Haití, Santo Domingo y Nicaragua, se destacaban Gabriela Mistral y Juana de Ibarbouru entre los poetas latinoamericanos, y H. G. Wells comenzaba a publicar en *The Atlantic Monthly* su serie de artículos "The Idea of League of Nations" (1919).

Dominaba la escena en Inglaterra una generación de autores literarios nada complacientes con la realidad, entre ellos, Henry James, Joseph Conrad, William Butler Yeats, Rudyard Kipling, H. G. Wells, Gilbert Keith Chesterton, Virginia Woolf, James Joyce, D. H. Lawrence, Robert Graves, T. S. Eliot, Aldous Huxley, George Orwell, Graham Greene, Samuel Beckett y Dylan Thomas.

Los dos sucesos decisivos que condicionaron la actitud de los pensadores y creadores europeos de entreguerras fueron la Primera Guerra Mundial y el triunfo de la Gran Revolución Socialista de Octubre. Ambos sacudieron desde la raíz al mundo en que vivían y dejaron un profundo sentimiento de escepticismo y rebeldía ante la realidad y el futuro.

La Primera Guerra Mundial acabó con la fe en los partidos políticos tradicionales, en las monarquías y las repúblicas burguesas. La religión, las ciencias, las universidades, la literatura, basadas en la fe o en la razón, fueron sometidas también a un examen concienzudo, que concluyó en la certeza de que la razón no era capaz de garantizar el progreso de la humanidad, mucho menos cuando la concepción dominante la concebía como un proceso lineal e inexorable. Terminada la carnicería, pocos principios y valores capaces de satisfacer a las mentes más lúcidas de Occidente, quedaron en pie: la gran víctima de la guerra fue la confianza en el porvenir de la civilización occidental.

La Gran Revolución Socialista de Octubre sacudió con similar fuerza a millones de hombres y mujeres del planeta. Por primera vez en la historia humana, las masas desposeídas ejercían directamente el poder, sin necesidad de mediadores, y proclamaban que se aprestaban a construir una sociedad nueva, sin clases sociales, sin explotadores y sin propiedad privada sobre los medios de producción. Una relación inédita se establecía entre la ciudad y el campo, entre los trabajadores intelectuales y manuales, entre los representantes de diferentes razas y nacionalidades. La dialéctica entre lo nacional y lo internacional experimentaba una transformación desconocida, al dejar sin efecto los pretextos utilizados para atizar las guerras imperialistas. Nunca antes los explotados habían intentado construir un mundo nuevo sin los explotadores, ni proclamado que lucharían por el triunfo de la revolución socialista mundial.

Paul Valéry nunca fue neutral, como tampoco lo fueron otros poetas simbolistas, como Baudelaire, Rimbaud, Verlaine, y Mallarmé, siempre inconformes con la sociedad burguesa, siempre críticos, siempre escépticos, sucesores rebeldes del romanticismo y precursores del surrealismo. Miembro del Partido Comunista, a él pertenecen las siguientes palabras sobre esta época:

> La tormenta ha pasado, pero seguimos sintiéndonos como si ella no tomase un descanso, o como si se acercase. Todos los asuntos de los hombres siguen sumidos en la mayor incertidumbre […]. Nuestros temores son más precisos que nuestras esperanzas […]. Somos una generación muy infortunada que ha visto, a través de su paso por la vida, una inmensa cantidad de eventos terroríficos, cuyos ecos nos acompañarán siempre […]. Se puede decir que los fundamentos de nuestro mundo han sido afectados por la guerra […]. Se sabe que ha dañado la situación económica y política de los estados: algo ha sido irremediablemente dañado en lo profundo del mecanismo de la maquinaria. La situación ha provocado un sentimiento universal de inconformidad, excitación y aprehensión. Pero lo más perjudicado ha sido la mente: ya se escuchan las quejas de los intelectuales europeos, que dudan profundamente de todo lo que los rodea.[25]

Oswald Spengler fue aún más categórico al diagnosticar las causas de lo que llamó "la Decadencia de Occidente":

> El siglo XIX fue el invierno de Occidente. En él tuvo lugar la victoria del materialismo y el escepticismo, del parlamentarismo y el dinero. Pero en el siglo XX la sangre y los instintos harán valer sus derechos por encima del poder del dinero y del intelecto. La era del individualismo, del liberalismo y la democracia, del humanismo y la libertad se acerca a su fin. Las masas aceptarán resignadamente la victoria de los Césares, de los hombres fuertes, y los obedecerán. La vida descenderá a niveles de uniformidad general hasta llegar a un nuevo tipo de primitivismo que será mejor para el mundo.[26]

Este belicoso irracionalismo intelectual, heraldo de todas las formas posibles de autoritarismo y dictadura, creció en los años de entreguerras sobre el suelo abonado, y como reflejo de la realidad irracional y de la crisis que dominó en la Europa posterior a 1919. Cuando se ha perdido la fe en la razón y en la propia lógica social; cuando el pensamiento impotente para penetrar los fenómenos sociales necesita aferrarse a alguna certeza, se vuelve la vista a pensadores o teorías precedentes que, en algún momento, hayan expresado semejante crisis de fe. Este mecanismo explica el desmedido interés y la popularidad de que gozó en esta época un filósofo del siglo XVIII como Joseph de Maistre, considerado por Isaiah Berlin muy vinculado a los orígenes del fascismo.

La época en que De Maistre vivió recuerda mucho la de la Europa de posguerra. Al igual que entonces, las revoluciones se perfilaban en el horizonte, y con ellas, la crisis de todas las instituciones precedentes. Su reacción se expresa en la siguiente definición de Berlin:

> […] emergió como feroz crítico de cualquier forma de constitucionalismo y liberalismo, como un legitimista ultramontano, creyente en la divinidad de la autoridad y el poder, y desde luego, como implacable adversario de cuanto habían sostenido las luces del siglo XVIII: el racionalismo, el individualismo, el compromiso liberal y la ilustración secular. Su mundo había sido hecho añicos por las fuerzas de la razón atea y sólo podría ser reconstruido al cortar todas las cabezas de la hidra de la revolución en cada uno de sus diversos ropajes.[27]

De Maistre sacrificó a su intención restauradora y reaccionaria todo lo que se reputaba como señales de avance en el siglo al cual perteneció, como harían luego los ideólogos fascistas. Sobre ello expresó Berlin:

> En lugar de los ideales de progreso, libertad y perfectibilidad humana predicaba la salvación por la fe y la tradición. Reflexionó sobre la naturaleza corrupta e incurablemente mala del hombre y, consecuentemente, sobre la necesidad inevitable de la autoridad, la jerarquía, la obediencia y la sumisión. En lugar de la ciencia, predicó la primacía del instinto […] en lugar de la armonía y la paz eternas, la necesidad […] del conflicto y el sufrimiento […] el derramamiento de sangre y la guerra.[28]

La violencia era para De Maistre la clave para entender al mundo animal y también a la sociedad, por lo que el hombre tenía la obligación de convivir con ella y aun de practicarla, como algo natural e inmutable. Nada podía parecer más atinado tras el fin de una guerra, como la recién concluida:

> No hay momento [en la naturaleza] en que alguna criatura no esté siendo devorada por otra [...]. El hombre [...] mata para comer y mata para vestir; mata para adornarse, mata para atacar y para defenderse; mata para instruirse y para divertirse; mata por matar [...]. El hombre es el encargado de aniquilar al hombre [...]. De este modo se cumple la ley superior de la violenta destrucción de las criaturas vivas.[29]

Lo que Berlin señala en De Maistre como "[...] una afinidad [...] con el fascismo moderno, que es impresionante hallar tan tempranamente en el siglo XIX",[30] se concreta en la definición de los enemigos que se aniquilarán, a los que llama "La secte". Compárese este listado que Berlin cita con los "enemigos" que no tardará en perseguir y aniquilar el fascismo:

> Son los agitadores y los subversivos. A los protestantes y jansenistas, les agrega ahora los deístas y ateos, los francmasones y judíos, científicos y demócratas, jacobinos, liberales, utilitaristas, anticlericales, igualitaristas, perfectibilistas, materialistas, idealistas, abogados, periodistas, reformistas civiles e intelectuales de toda laya; todos los que apelan a principios abstractos que depositan su fe en la razón o en la conciencia individuales; quienes creen en la libertad individual o en la organización racional de la sociedad, los reformistas y los revolucionarios: estos conforman el enemigo del orden establecido que debe ser exterminado a toda costa.
>
> Este es un catálogo que [...] reúne por vez primera y con precisión, la lista de enemigos del gran movimiento contrarrevolucionario que culminó con el fascismo.[31]

Y concluye Berlin el análisis de De Maistre como precursor del fascismo con un resumen de sus "aportes" que luego se encontrarán entre los artículos de fe de este movimiento:

> La doctrina de la violencia que habita el corazón de las cosas, la creencia en el poder de las fuerzas oscuras, la glorificación de las cadenas como lo único capaz de refrenar los instintos autodestructivos del hombre y de modificarlos para lograr la salvación, la apelación a la fe ciega contra la

razón [...] la doctrina de la sangre y la autoinmolación, del alma nacional [...] del absurdo que significa el individualismo liberal, y por encima de todo la influencia subversiva de los críticos intelectuales que se hallan fuera del control [...].[32]

Otro de los precursores fue Oswald Spengler, pensador caracterizado por su exaltación constante del vitalismo radical de raíz similar a la de De Maistre, que consideraba el culto a la violencia como la fuerza secreta de la naturaleza; por su defensa del destino heroico de la nación alemana, y en consecuencia, promotor del pangermanismo; por su enfrentamiento a lo que llamó "ideologías decadentes del pasado", expresiones de la misma burguesía que desterrase los valores eternos de un ayer aristocrático al que se debía retornar; detractor furibundo de la democracia y la fuerza corruptora del dinero, a la que oponía el carisma y la energía reformadora de las personalidades fuertes, así como de los jefes o grandes conductores de masas. De más está decir que Spengler fue un enemigo visceral del socialismo.

Ecos de Spengler y de sus concepciones sobre al arte, el estado y la política, expresadas en *La decadencia de Occidente,* se encontrarán en la futura postura de los nazis hacia estos mismos temas. Quizás el concepto de "arte degenerado", que estos últimos acuñarían luego para reprimir toda creación que no defendiese sus puntos de vista y valores, proviene de ideas similares a las que Spengler formulase en la obra citada: "Lo que se practica hoy en el arte, tanto en la música posterior a Wagner, como en la pintura después de Cézanne, Leible y Menzel, es expresión de impotencia y falsedad [...]".[33]

Cuando se estudian otras concepciones de Spengler acerca del arquetipo del estadista y la predestinación de la nación alemana, en el contexto de la historia europea y mundial, se comprende la influencia que estas ejercerían sobre el movimiento nacionalsocialista. Un adelanto de lo que sería la imagen mística y todopoderosa del führer puede hallarse en el siguiente texto de Spengler, extraído de *La decadencia de Occidente:*

El verdadero estadista surge como una encarnación de la Historia; su voluntad individual marca la dirección en que esta se mueve, y su carácter expresa la lógica interna que la anima [...] Se distingue del vulgar político [del arribista], y también del teórico de las ideas, porque le es dado demandar y obtener el sacrificio [de las masas], pues siente que es imprescindible, en ese momento, para la supervivencia de la nación, apreciación que es compartida por miles. Eso lo transforma en el núcleo central de todo. [En contraposición], el dinero es lo que ha destruido a la democracia y al intelecto.[34]

Spengler, al igual que De Maistre, encarnó una especie de protofascismo filosófico reverenciado por los nazis en el poder, y asumido como fuente originaria de muchas de sus ideas, a pesar de que, a partir de 1933 y hasta su muerte, fue condenado al ostracismo y algunos de sus libros prohibidos por no compartir la política racial de los nazis. No es de extrañar esta filiación inicial cuando, en las conclusiones de *La decadencia...*, lanza al futuro la siguiente predicción de inexorable cumplimiento, y que sería bien aprovechada por la propaganda nazi para legitimar su ascenso al poder: "Para nosotros [los alemanes] es el Destino quien ha dispuesto que tengamos nuestra cultura, precisamente en este momento, cuando el dinero celebra su victoria postrera y el Cesarismo que le sucederá se acerca a paso lento, pero seguro [...]. Tenemos ante nosotros la libertad de escoger qué hacer, pero las tareas surgidas de necesidades históricas se cumplirán con nosotros o contra nosotros".[35]

Entre los pensadores alemanes de entreguerras, junto a Spengler, se destacaron también otros que abonaron con sus ideas el camino al fascismo: Carl Schmitt, Martin Heidegger, Ernest Junger, Ernest Niekisch, y Arthur Moelle van der Bruck. Pero la influencia más reconocida y pregonada provino de la filosofía de Federico Nietzsche.

Lo que propició que la filosofía de Nietzsche fuese tan útil para la fundamentación de la cosmovisión y la política de los nazis fue su interés en iluminar las esencias ocultas del hombre, traspasando el umbral fijado por las convenciones de la civilización burguesa. Allí donde otros pensadores anteriores se detuvieron, Nietzsche vislumbró el carácter violento, implacable de los instintos animales que pervivían en los seres humanos, a pesar de las capas exteriores de cultura, educación y creencias religiosas. Haciendo de ellos el eje de su concepción, llamó a la liberación de esas fuerzas oscuras como deber de la humanidad y, en consecuencia, promovió la necesidad de superar el último proyecto humano fallido, la sociedad burguesa con su falsa piedad y su hipocresía basada, como todas las demás, en la violencia, la barbarie y el despojo, y avanzar hacia la creación del Superhombre, o la Bestia Rubia, como los llamó indistintamente.

La idea del Superhombre como producto y soporte de un nuevo tipo de sociedad y fruto de una organización social y educacional inédita, seduciría a los líderes e ideólogos del movimiento que aspiraría a crear lo que Schmitt llamó "el Estado total". Organizaciones como el futuro Partido Nacional Socialista Obrero Alemán (NSDAP), y sobre todo las SA y las SS, necesitaban de militantes imbuidos en una férrea disciplina y una ciega lealtad a la causa, que combinasen la cultura de la nación germana con la aplicación despiadada de la represión y la violencia contra los enemigos del Estado nazi y contra las razas "inferiores", sin experimentar remordimiento alguno.

Para Gianni Vattimo, la concepción nietzscheana del superhombre expresa: "[...] el ideal desesperado de la conciencia pequeñoburguesa la cual, frustrada, con el triunfo de la organización total capitalista, en su esfuerzo por permanecer fiel a modelos tradicionales de tipo humanista, busca compensación en una visión trágica de la vida, en una perspectiva de ilusoria autoafirmación donde esos valores resultan sumergidos por el resurgimiento de la violencia que se encuentra en la base de todo llamado al restablecimiento del orden y la 'jerarquía'".[36]

El ideal desesperado de la conciencia pequeñoburguesa, la cual, frustrada, con el triunfo de la organización total capitalista, en su esfuerzo por permanecer fiel a modelos tradicionales de tipo humanista, busca compensación en una visión trágica de la vida, en una perspectiva de ilusoria autoafirmación donde justamente esos valores resultan sumergidos por el resurgimiento de la violencia que se encuentra en la base de todo llamado al restablecimiento del orden y la "jerarquía". La contradicción, el carácter "excesivo", la locura misma de Nietzsche filósofo y hombre, son expresión de todo esto.

Pocos como Carl Schmitt supieron expresar en sus obras los aires antidemocráticos y dictatoriales que posibilitaron el ascenso del fascismo en Europa. Sin duda, como concluye Aníbal Romero en su ensayo del 2004 *La ruta hacia el nazismo: Carl Schmitt, la democracia y el "Estado total"*, "[...] nos hallamos ante brillantes intelectuales cuya mentalidad conservadora, antiliberal, antidemocrática y antimoderna les hizo identificarse con aspectos decisivos del movimiento nazi, su ideología y los propósitos enarbolados por su líder".[37] A lo que debemos agregar que no sólo se identificaron, sino que contribuyeron decisivamente a su triunfo.

Cuando Hitler llegó al poder se afirma que Schmitt declaró que "Hegel había muerto", significando que había concluido el período de predominio de la razón burguesa, del Estado liberal, del parlamentarismo y los partidos políticos tradicionales. Comenzaba una era en que, al fin, se podría deslindar con exactitud a los amigos de los enemigos, capacidad que la República de Weimar, tan odiada por Schmitt, no podía ejercer. En rigor, toda su obra se puede definir como un intento por demostrar la profunda crisis del liberalismo burgués y la imperiosa necesidad de construir una alternativa basada en un Estado fuerte, en un Estado de nuevo tipo al que califica como "Estado total".

Pero a este concepto no arribó Schmitt de golpe, sino tras cumplir una dilatado peregrinar ideológico a través de las obras que escribió entre 1921 y 1933, adelantándose al triunfo del movimiento nazi, y entregándole una concepción coherente y orgánica que legitimaría su accionar.

Desde 1921, en su obra *La dictadura*, Schmitt propone la creación de una dictadura "comisarial" basada en la experiencia romana, que no estuviese reñida con la constitución, pero que fuese capaz de "[...] suprimir al enemigo político"[38], sin contemplaciones. En *Teología política*, de 1922, proclamó que se vivía en tiempos tales que "se hacía necesario tomar una decisión". En 1923, en *Catolicismo romano y forma política* declaró que es imposible hacer política sin autoridad, y que el liberalismo provocó la despolitización, que deberá ser superada mediante la toma de partido. En otro ensayo de 1923, *La crisis de la democracia parlamentaria*, Schmitt indicó la necesidad de eliminar el tratamiento igualitario y justo a quienes no lo merezcan, a los extraños o elementos foráneos que, a la larga, "amenazan su homogeneidad", por lo que "[...] es válido concebir una dictadura que suspenda la democracia en nombre de la verdadera democracia".[39] A esto es a lo que Schmitt llamó "Estado fuerte". En su obra de 1927, *El concepto de lo político*, esboza el concepto de "Estado total", resultante de la ruptura de la diferencia existente entre Estado y sociedad, lo cual le confiere el carácter de proveedor de bienestar, seguridad y paz, y provoca la toma de partido de cada ciudadano. Con el surgimiento del "Estado total", se pone fin a las debilidades del parlamentarismo burgués y del Estado de Derecho.

En 1932, Schmitt publica *Legalidad y legitimidad* que sirve para establecer las diferencias entre un Estado fuerte y uno débil. Para el primero es necesario legitimar las decisiones que tome logrando el apoyo de un pueblo unido, motivado por el bien común. En enero de 1933, el mismo mes en que Hitler es nombrado canciller, Schmitt publica su obra decisiva, *Evolución del Estado total en Alemania,* donde indicó un grupo de medidas concretas que deberán ser puestas en práctica por los nazis en el poder, entre ellas, la necesidad de que el Estado controle los medios de comunicación, limite la libertad de expresión, concerte con el gran capital la promoción de los intereses nacionales, y reprima a sus enemigos. El 1ro de mayo de ese mismo año, Schmitt se hace miembro del NSDAP.

Arthur Moeller van den Bruck, otro de los heraldos del nazismo, fue autor de una obra profética, *El Tercer Reich,* publicada en 1923, la cual "[...] es una mezcla de filosofía de la historia, de sociologismo, de literatura visionaria con fuertes tonos romántico-irracionalistas, y a menudo también de auténtico charlatanismo, donde la crítica y la autocrítica del pasado alemán pretendía patrocinar la causa de una auténtica revolución alemana que volviera a nutrirse en los manantiales de los valores ancestrales del primer Reich germano.[40]

Semejante mezcla se completaba con las consabidas acusaciones contra los judíos, el Tratado de Versalles, el marxismo, el parlamentarismo bur-gués, y los llamados ultranacionalistas que construirían el Tercer Reich capaz de permitir a la nación asumir su destino como "último baluarte de la civilización occidental",[41] en vías de desaparecer.

Ernst Jünger fue otro de los precursores con obras como *In Stahlgewittern,* de 1920, *Die totale Mobilmachung* (1930), y *Der Arbeiter* (1932), expresiones de los ideales de los militares germanos que regresaron del frente sintiendo la necesidad de reformar al Estado mediante la fusión de la disciplina prusiana insuflada al cuerpo social, la despersonalización de los ciudadanos, la implantación de una jerarquía racial y el uso de los adelantos técnicos.

En la línea de la exaltación del ideal corporativo, capaz de superar las diferencias y la lucha de clases bajo los estados totalitarios, y de los valores y virtudes de la raza germana se destacaron autores menores como Gottfried Feder, redactor de documentos programáticos del partido nazi; Walter Darré, quien sería ministro de Agricultura nazi entre 1933 y 1941, y Alfred Rosemberg, quien llegaría a ser el redactor jefe del *Völkischer Beobachter,* órgano oficial del NSDAP, desde 1921. En todos era apreciable un antisemitismo visceral, condensado en un libelo apócrifo publicado por Rosenberg en 1923 (*Los protocolos de los sabios de Zión o El gobierno mundial invisible*), que serviría para exaltar las pasiones de las masas alemanas ignorantes y manipuladas, dirigiéndolas contra los judíos, a quienes se acusaba de poner en práctica un plan de dominación mundial, del cual la revolución bolchevique, el Tratado de París y la Liga de las Naciones eran apenas los primeros pasos.

Por supuesto que el listado de los que prepararon el camino para el advenimiento de los estados totalitarios en la Europa de entreguerras, no se limitó a los autores germanos, sino que incluyó a italianos, como Gabriel D'Annunzio, Gentile y Marinetti; a franceses como Charles Maurras, George Valois, Louis Ferdinand Celine, Jules Romain, Robert Brasillach, Pierre Drieu La Rochelle y Jacques Doriot, e ingleses, como Roy Campbell, Henry Williamson, Ezra Pound y Percy Wyndham Lewis, como señala Alaistar Hamilton en su libro *The Appeal of Fascism.*[42]

Algunos autores posteriores a la Segunda Guerra Mundial, como Hermann Rauschning, citado por Colloti, pretendieron "[...] subrayar el carácter mixto y ecléctico del pensamiento nacionalsocialista y la carencia de una elaboración metódica y original de su filosofía política, definiéndolo como una revolución sin doctrina".[43]

Pero el sistema coherente, implacable y asfixiante que implantaron los fascistas en sus países, y en los territorios conquistados, no deja lugar a duda: este movimiento sacó su inspiración de una atmósfera social, política e intelectual precedente que lo dotó de las características posteriores que asumió. No fue una casualidad, ni un accidente en el devenir de las culturas europeas, sino una tendencia acumulativa que expresaba la necesidad de una clase social reaccionaria y espantada en tiempos de revolución, y que se impuso por la violencia, el engaño y la represión.

Según nos recuerda Hannah Arendt en *Los orígenes del totalitarismo:*

> [...] la dominación totalitaria, lejos de ser "ilegal", se remonta a las fuentes de la autoridad de las que las leyes positivas reciben su legiti- mación última, que, lejos de ser arbitraria, es más obediente a esas fuerzas suprahumanas de lo que cualquier Gobierno lo fue antes y que, lejos de

manejar su poder en interés de un solo hombre, está completamente dispuesta a sacrificar los vitales intereses inmediatos de cualquier ejecución de lo que considera ser la ley de la Historia o la ley de la Naturaleza.[44]

No fue una revolución. Mucho menos carente de doctrina.

REFERENCIAS

1. Interview Years. En: http://www.angelfive.com/ct/ww2europe/prewar.html
2. Presentation of the Peace Treaty Terms to the German Designation on May 7, 1919, 3 p.m.
   En: http://www.nv.cc.va.us/home/cevans/Versailles/archives/
3. Ídem.
4. Brockdorff-Rantzau Reply Memorandum. May 15 1919.
   En: http://www.nv.cc.va.us/home/cevans/Versailles/archives/
5. Hitler, Adolf. Discurso ante el Reichstag. 7 de marzo de 1936. pp. 5-6.
6. Lenin, Vladimir Ilich. *Sobre la Gran Revolución Socialista de Octubre*. La Habana: Editora Política, 1964. pp. 17-18.
7. Reed, John. *Diez días que estremecieron al mundo*. La Habana: Editorial de Ciencias Sociales, 1974. p. 34.
8. Ídem, p. 35.
9. Hitler, A. *Op. cit.* (5). p. 19.
10. Meeting of the Supreme War Council, January 12, 1919.
    En: http:// www.nv.cc.va.us/home/cevans/Versailles/archives/
11. Ídem.
12. The Diplomatic Liaison Officer, Supreme War Council (Frazier), to the Secretary of State [Telegram]. París, July 2, 1918, Midnight, and July 3, 1918, 1 a.m.
    En: http://secretwar.hhsweb.com/swc.htm
13. Ídem.
14. The Secretary of State to President Wilson. Washington, December 23, 1919.
    En: http://secretwar.hhsweb.com/lansing122319.htm

15. Woodrow, Wilson. Appeal for Support of the League of Nations.
En: http://www.mtholyoke.edu/acad/intrel/ww40.htm

16. Ídem.

17. Reed, John. Bolshevism in America.
En: http://www.marxist.org/archive/reed/wrks/1918/bols.htm

18. William Gallacher was a strong advocate of a military alliance with the Soviet Union... He wrote about these views in *The Chosen Few* (1940).
En: http://www.spartacus.schoolnet.co.uk/2wwappeasement.htm

19. Channon, Henry (Chips). Diary Entry. 5th December, 1936. Ídem.

20. Boothby, Robert. Boothby: Recollections of a Rebel (1978). Ídem.

21. Christie, Hugh. Ídem.

22. Channon, H. Ídem.

23. Taylor, A.J.P. English History 1914-1945. Ídem.

24. Valéry, Paul. On European Civilization and the European Mind (1919-1922).
En: http://www.fordham.edu/halsall/mod/valery.html

25. Ídem.

26. Modern History Sourcebook: Oswald Spengler: *The Decline of the West,* 1922.
En: http://www.fordham.edu/halsall/mod/spengler-decline.html

27. Berlin, Isaiah. Oseph de Maistre y los orígenes del fascismo. *Vuelta* (México) (177):11; ag. 1991.

28. Ídem, p. 12.

29. Ídem, pp. 12-13.

30. Ídem, p. 13.

31. Ídem, p. 14.

32. Ídem, p. 17.

33. Spengler, Oswald. *La decadencia de Occidente* / versión inglesa Arthur Helps. New York: Oxford Press, [1926, 1928, 1932].

34. Ídem.

35. Ídem.

36. Vattimo, Gianni. Nietzsche, el superhombre y el espíritu de la vanguardia.
En: http://www.nietzscheana.com.ar/vanguardia/htm
Ver también: *Pensamiento de los Confines* (9-10):172-18; 1er. Semestre 2001.

37. Romero, Aníbal. *La ruta hacia el nazismo: Carl Schmitt, la democracia y el estado total.* p. 30.

38. Ídem, p. 10.

39. Ídem, p. 14.

40. Colloti, Enzo. *La Alemania nazi*. Madrid: Alianza Editorial, 1972. p. 22.

41. Ídem, p. 24.

42. Hamilton, Alastair. *The Appeal of Fascism: A Study of Intellectuals and Fascism, 1919-1945*. London: Editorial Blond, 1971.

43. Colloti, E. *Op. cit.* (40). p. 31.

44. Arendt, Hannah. *Los orígenes del totalitarismo*. Madrid: Alianza Editorial, 1987. Parte 3, p. 684.

CAPÍTULO 2

El I Congreso Internacional en Defensa de la Cultura se celebró en el Palais de la Mutualité, de París, entre los días 21 y 25 de junio de 1935. Como es obvio, no fue convocado para estimular el arribo de turistas a la ciudad, sino por el creciente peligro que representaba el avance del fascismo para la humanidad, y en primer lugar, para la cultura.

Los antecedentes del Congreso están condicionados por las necesidades de la lucha antifascista, y por el destacado papel jugado en ella por pensadores, escritores, periodistas y artistas en general. Todo lo que de totalitario, represivo y espiritualmente asfixiante portaba esa ideología y su plasmación por los regímenes de Alemania e Italia, motivaba un vivo rechazo en los hombres más avanzados de la época. Como siempre, la conflagración que se avecinaba, que se precipitaba a pasos agigantados, estaba precedida por la más feroz batalla en el terreno de las ideas y la cultura.

Nunca antes, como en aquellos años, los intelectuales del mundo se habían visto obligados a pronunciarse y tomar partido de manera tan clara y apremiante. Y no podía ser de otra manera: estaba en juego la supervivencia de las civilizaciones y las culturas que se habían acumulado durante siglos, amenazadas por fuerzas bárbaras que planteaban su demolición para sustituirlas por un Nuevo Orden basado en la aniquilación de pueblos enteros a los que consideraban inferiores, y la esclavización de otros "asimilables".

Ni la Revolución francesa, ni las guerras napoleónicas, ni las revoluciones del 48, ni la Comuna de París, ni el *affaire* Dreyfuss, ni la I Guerra Mundial, ni las aventuras coloniales, ni otras contiendas locales lograron la polarización, la toma de conciencia y la activación política de pensadores y creadores de todos los continentes, como la que resultó del avance del nazi-fascismo en Europa y, muy especialmente, de la defensa de la República española.

Unidos por amenazas y peligros comunes, los mejores hombres de la época, los creadores de vanguardia, dejaron a un lado todo lo que podía separarlos (credos religiosos, ideas estéticas, pertenencia a escuelas filosóficas diversas, militancia política, intereses nacionales, lenguas diferentes) para construir un frente común en defensa de la cultura amenazada. Nunca antes, y escasamente después, se dio semejante conjunción de las vanguardias políticas y las vanguardias artísticas alrededor de la causa de los pueblos, y contra sus más feroces enemigos.

El fascismo italiano y el nazismo alemán brotaron de las ruinas de la I Guerra Mundial, del orden injusto que se instauró tras el reparto territorial protagonizado por los imperios vencedores, y de la miseria y las humillaciones con que aplastaron a los pueblos de las naciones vencidas. El espanto que la Revolución de Octubre, en Rusia, provocó en las burguesías de Europa y los Estados Unidos, y el temor ante el avance de las luchas obreras y los partidos comunistas y socialistas, catalizaron el clima intelectual e ideológico, que si bien ya existía en estado larvario en ciertos estamentos sociales, vinculado a la obra de políticos, pensadores y filósofos ultranacionalistas, racistas e irracionalistas, desembocó en una visión del mundo inhumana y agresiva que no tardaría en cobrar millones de víctimas.

UNA CAMISA NEGRA PARA ITALIA

En Italia, desde la década de los 10, había surgido un tipo de nacionalismo autoritario y antiliberal expresado en las obras de Gabriele D'Annunzio, Enrico Corradini y los futuristas que aspiraban a la creación de un Estado fuerte, capaz de superar la impopularidad y falta de autoridad de las oligarquías liberales en el poder. El Tratado de Versalles no hizo más que acelerar las contradicciones latentes en el país y mostrarlas a la luz con la crudeza de una fotografía, empujando a las masas a irrumpir en la vida pública con fuerza y turbulencia.

El fracaso del régimen político tradicional, la crisis económica, la exaltación del nacionalismo, la agitación laboral y social y la decadencia moral actuaron como telón de fondo del mitin celebrado el 23 de marzo de 1919 en un local de la Plaza San Sepulcro, de Milán, organizado por un oscuro agitador de 36 años, maestro de profesión, llamado Benito Mussolini. La asistencia a esa reunión fue de apenas 119 personas, lo que limita la valoración histórica que de ella podría haber hecho cualquier contemporáneo: ante aquel escaso auditorio cobró vida el movimiento fascista. Allí quedaron organizados los "Fascios italianos de combate", unidades de ex combatientes, sindicalistas radicales y futuristas que proclamaban la necesidad de defender los valores nacionalistas, al margen de la política tradicional y las vías constitucionales.

Los fascios, a los que se remitía Mussolini para identificar a su naciente movimiento, fue uno de los principales símbolos del poder imperial romano, un haz de ramas que representaba la unidad cívica y la autoridad de los oficiales para castigar a los delincuentes. Era evidente que al elegir este símbolo de la antigua grandeza romana para identificarse, los fascistas proclamaban que la unidad, espontánea o forzada, daba igual, era para ellos una necesidad vital y la impondrían al costo que fuese. En consecuencia, no era casual que declarasen también que se consideraban herederos de aquellos oficiales romanos encargados de castigar, implacablemente, a quienes considerasen delincuentes.

Aquel Manifiesto-Programa aprobado el 23 de marzo era ilustrativo de la ambigüedad y demagogia de los objetivos que decía perseguir el movimiento: reivindicaba su espíritu "revolucionario", exigía la abolición de distinciones sociales, mejorar la asistencia social, la supresión de bancos y bolsas, la confiscación de bienes eclesiásticos y de las ganancias obtenidas por la guerra, la creación de un impuesto extraordinario sobre el capital, a la vez que exaltaba la grandeza del destino que aguardaba a Italia como nación. El chovinismo extremo del movimiento se complementaba con la constante apelación a la violencia, vía idónea para imponerse a cualquier precio.

Reconoció Mussolini en 1932: "El fascismo nació de la necesidad de acción, y fue acción".[1]

A falta de un elaborado cuerpo doctrinal, el fascismo de Mussolini apeló a métodos violentos, de lucha callejera, para darle coherencia al naciente movimiento: se organizó bajo una estructura paramilitar con amplio uso de banderas, marchas, insignias y grados jerárquicos, uniformes negros, saludo imperial romano, consignas y culto al jefe. Todos estos rituales unidos a un discurso demagógico y populista, la usurpación de la retórica anticapitalista y los métodos revolucionarios, y las promesas de orden, justicia y grandeza, en medio del caos, la miseria y la frustración, lograron engañar a amplias masas.

Los dirigentes del movimiento procedían de diferentes clases sociales, pero eran mayoritarios los ex combatientes, los pequeñoburgueses urbanos y rurales, y los intelectuales, fundamentalmente jóvenes. Se destacaron, desde el primer momento, Mussolini, Michele Bianchi, Dino Grandi, Ferruccio, Vecchi, Roberto Farinacci, Italo Balbo, Bottai, Curzio Suckert Malaparte, Giovanni Gentile, Caesare De Vecchi, DeBono y Carli.

El crecimiento del fascismo fue arrollador, alimentado por las contradicciones sobre las que parasitariamente surgió. En julio de 1920 había ya 108 fascios con un total de 30 000 afiliados. A fines de 1921 existían 830 fascios, con 250 000 miembros. En 1939, el fascismo contaba en Italia con 2 633 millones de afiliados al movimiento.

Intolerantes, fanáticos, y convencidos de que mediante la violencia se puede imponer la ideología de una minoría al resto de la sociedad, los fascistas comenzaron por agredir a los obreros y sindicalistas socialistas que participaban en una huelga en Milán, y asaltaron y destruyeron los locales del diario socialista *Avanti*, apenas un mes después de haber dado a conocer su Manifiesto-Programa. Era el inicio de la concreción de las ideas, los planes y el espíritu de aquel documento.

El 24 de abril de 1919 los delegados italianos se retiraron de las conversaciones de paz de París, lo cual provocó grandes manifestaciones nacionalistas de apoyo en las principales ciudades del país, rápidamente capitalizadas por los fascistas. Algo similar ocurrió cuando D'Annunzio y 2 000 legionarios tomaron y mantuvieron bajo su poder a la ciudad de Fiume, durante 15 meses (septiembre de 1919-diciembre de 1920), en abierto desafío al gobierno central encabezado por Francesco Saverio Nitti, y al Tratado de Versalles. A pesar de estos golpes teatrales de mano, los fascistas sufrieron un estrepitoso fracaso en las elecciones de noviembre de 1919, en Milán, pues apenas obtuvieron 4 000 votos y no lograron que fuese electo ningún diputado del movimiento. Esta derrota, lejos de desalentarlos, los convenció de que de las urnas no saldría nada útil para lo que ellos representaban.

Las escuadras y tropas de choque fascistas recrudecieron su accionar contra los comunistas, liberales, socialistas y católicos. En Bolonia, en noviembre de 1920, aprovecharon un incidente que provocó la muerte de un concejal nacionalista para desatar una ola de terror. Al año siguiente los muertos provocados por esta violencia ciega alcanzaron la cifra de 500.

Ante la desunión de las filas de la izquierda y la escisión del Partido Socialista en enero de 1921, del cual surgió el Partido Comunista Italiano, liderado por Antonio Gramsci en Turín, y Bórdiga, en Nápoles, y el creciente debilitamiento y descrédito de los liberales, los fascistas agitaron el temor a "la ola roja", girando abiertamente a la derecha, y ganando el decisivo apoyo de las corporaciones patronales y agrarias. De esta manera, en las elecciones de mayo de 1921, los fascistas fueron a las urnas formando parte de una extraña coalición junto a liberales y nacionalistas consiguieron que se eligieran 35 diputados del movimiento, entre ellos, el propio Mussolini. Su primer discurso parlamentario, pronunciado el 21 de junio de 1921, fue sorprendentemente moderado para un político como él, estridente, extremista y apocalíptico.

Tras un decisivo congreso celebrado en Roma, entre el 7 y el 9 de noviembre de 1921, se fundó el Partido Nacional Fascista (PNF), un verdadero partido político que dejaba atrás las indisciplinas de sus jefes locales, sometiéndolos al férreo mandato de un jefe único. La meta del naciente partido era gobernar a corto plazo. En el propio congreso, uno de los jefes de escuadras locales, de apellido Grandi, se pronunció abiertamente por la creación de un "estado nacional-sindicalista". El programa aprobado fue notablemente moderado: aceptaba a la monarquía y reconocía la función social de la propiedad privada.

Al momento de crearse el Partido Nacional Fascista este tenía 320 000 afiliados. Como primer secretario resultó electo Michele Bianchi. No tardó en darse cuenta Mussolini de que ahora contaba con una fuerza formidable y organizada con la cual podría dar la arremetida final contra el tambaleante poder del Estado liberal.

Durante 1922 se sucedieron las demostraciones de fuerza del PNF. Una de las más utilizadas formas de desafío a las autoridades fueron las "marchas" sobre las ciudades. Esta táctica fascista consistía en agrupar fuerzas de sus partidarios, traídas de todas las regiones del país, e inundar con ellas una localidad determinada. Estas concentraciones de hombres perfectamente organizados, uniformados y armados, desfilaban haciendo ondear sus banderas y símbolos, ocupaban edificios públicos y disolvían los ayuntamientos constituidos, expulsando a las autoridades. Ciudades como Cremona, Rímini, Andrea, Viterbo, Milán, Ferrara, Ancona, Brescia, Novara, Bolonia, Rovigo y Rávena, entre otras, sufrieron las consecuencias de este tipo de agresión fascista. El 20 de septiembre, en Udine, Mussolini consideró que el momento decisivo había llegado, y que no tenía sentido continuar ocultando el objetivo final de su partido: "Nuestro programa es simple: queremos gobernar Italia".[2]

Los fascistas comenzaron a preparar la Marcha sobre Roma desde mediados de octubre. Para ensayar y amedrentar al gobierno y a sus oponentes, se realizó un gran acto público en Nápoles, el 24 de septiembre, con la participación de 40 000 "camisas negras". La acción definitiva sobre la capital fue fijada para cuatro días después. A pesar de sus declaraciones y alardes, el PNF sólo logró hacer marchar sobre Roma a cerca de 26 000 "camisas negras", que no llegaron a chocar contra los 28 000 soldados que la defendían. A pesar de eso, dos días después, los fascistas eran llamados a formar gobierno.

En *La historia y sus protagonistas* puede leerse: "Llegó [...] al poder pero no mediante la conquista revolucionaria, [...] sino como resultado de oscuras combinaciones políticas, de intrigas palaciegas".[3]

Fue Balandra, líder conservador, junto a otros personeros del propio gobierno, quienes aconsejaron al rey Víctor Manuel III que no declarase el estado de guerra, y que, lejos de eso, propusiese a Mussolini la formación de un gobierno. El 30 de octubre de 1922 este aceptaba formalmente la encomienda, y creó un gabinete de coalición con cuatro ministros fascistas, cuatro liberales, dos populares, un nacionalista y un independiente. "Ese mismo día miles de 'camisas negras' desfilaban por Roma proclamando el triunfo del fascismo".[4]

LA SOMBRA DE LA SVÁSTIKA

A inicios de 1918 fue fundado en Bremen, Alemania, un partido llamado Comité Libre por la Paz para los Trabajadores Alemanes. Una filial, dirigida por Antón Drexler, fue creada en Munich, el 7 de marzo de 1918. Al año siguiente Drexler, junto a Gottfried Feder, Dietrich Eckart y Karl Harrer cambiaron el nombre del partido por el de Partido Obrero Alemán (DAP), considerado como el antecedente directo del Partido Nacional Socialista Obrero Alemán (NSDAP), o Partido Nazi.

En la Alemania de post-guerra, país vencido y humillado mediante el Tratado de Versalles, abundaban las organizaciones secretas de ex militares, ocultistas y reaccionarios inconformes, entre ellas la Viking Bund, la Liga Oberland, la Sociedad Thule y la Liga Pangermana. De esta manera el Partido Nazi fue, en sus inicios, uno más dentro de esta tendencia.

Un joven cabo perteneciente a la Inteligencia Militar fue asignado para investigar el DAP. Adolf Hitler cumplió la tarea encomendada, pero resultó impresionado por este movimiento y sus objetivos, al extremo de que terminó involucrado de corazón en las actividades políticas que se suponía controlaba, recibiendo el carné número 555. El 24 de febrero de 1920 el DAP fue rebautizado como NSDAP, y Hitler dio a conocer el que luego se conocería como Programa de los Veinticinco Puntos del Partido Nazi.

Entre los dirigentes iniciales del Partido estaban también Rudolf Buttman, director general de la Biblioteca Estatal de Baviera, y Hermann Esser, editor del *Völkischer Beobachter*. El 29 de julio de 1921 Hitler llegó a la presidencia del partido, con lo cual se creaban las condiciones para la radicalización de las tácticas y la estrategia de los nazis. Mediante la creación de las Tropas de Asalto (SA) se logró desatar el terror contra los miembros de los partidos políticos rivales.

Es interesante conocer las principales demandas y objetivos que se planteaba el NSDAP en aquel temprano Programa de 1920:[5]

1)   Creación de la Gran Alemania [...] para lo cual debe procederse a su unificación con Austria.

2)   Abrogación de los Tratados de Versalles y Saint Germain.

3) Expansión territorial que garantice el espacio vital [*Lebensraum*] mediante la ocupación de colonias que respalden el crecimiento de la población y su reasentamiento.

4) La ciudadanía alemana sólo se concederá a los alemanes. Ningún judío será considerado miembro de la raza alemana.

5) Sólo los alemanes podrán vivir en el país. Expulsión de los extranjeros.

6) Exclusivamente los ciudadanos alemanes tendrán derecho a elegir el gobierno y determinar las leyes del Estado.

7) El gobierno asegurará una vida decente a sus ciudadanos, por lo que los extranjeros deberán abandonar el Reich.

8) Prohibición de la emigración a Alemania, especialmente de los judíos.

9) Todos los ciudadanos deben gozar de iguales derechos y deberes.

10) Obligatoriedad del trabajo.

11) Abolición de los ingresos que no provengan del trabajo.

12) Confiscación de todas las ganancias derivadas de la guerra.

13) Nacionalización de todos los *trusts*.

14) División de las ganancias de las grandes industrias.

15) Aumento de las pensiones.

16) Creación y mantenimiento de la clase media y la inmediata nacionalización de los grandes almacenes de víveres.

17) Reforma agraria y prohibición de la especulación con la tierra.

18) Aplicación de la pena de muerte a los que causen daños al bienestar del pueblo, como los usureros, traidores, etcétera.

19) El Código Romano debe ser sustituido por el Código Germano.

20) El Estado debe garantizar la educación del pueblo.

21) El Estado debe elevar las tasas de salud pública.

22) Sustitución del ejército regular por un ejército nacional.

23) Someter a juicio a quienes difundan mentiras a través de la prensa. Todos los editores y asistentes de periódicos que se publiquen en alemán deben ser ciudadanos alemanes.

24) Libertad de culto, siempre que estas religiones no ofendan la moral o el sentido ético de la raza germana.

25) Para el cumplimiento de este Programa demandamos la creación de un Estado con una fuerte autoridad central.

Confinado inicialmente a Baviera, y especialmente a la ciudad de Munich, el Partido Nazi intentó en 1923 copar el gobierno local mediante un golpe de mano conocido como "el putsch de las cervecerías", que intentó reeditar la Marcha sobre Roma de Mussolini. Tras dos días de choques y la muerte de varios de sus militantes, Hitler y otros dirigentes del Partido fueron juzgados por traición y condenados a penas de cárcel que oscilaban entre los 12 y los 18 meses. Entre 1923 y 1925 el Partido Nazi cesó sus actividades, pero fue el tiempo utilizado por Hitler para escribir *Mein Kampf,* una visión de las tareas que su movimiento debía acometer una vez que reanudara la lucha.

En 1925 el Partido Nazi fue refundado y Hitler recibió el carné número uno. Ese mismo año se fundaron las SS, inicialmente, un cuerpo de elite procedente de las SA, destinado a la protección de los jefes nazis. La ideología del Partido se fue componiendo con la mezcla de los aportes económicos de un teórico como Gottfried Feder, de los puntos de vista sobre política exterior de Hitler, y del antisemitismo de Julius Streicher.

Entre 1925 y 1929 el desempeño electoral de los nazis fue mediocre. En 1928, por ejemplo, el voto nazi sólo representaba el 2,6% de los votos, en general. Esta situación experimentó un cambio radical en 1930, cuando la crisis económica y el ascenso de las luchas sociales que estas siempre traen consigo provocaron que la gran burguesía alemana se decidiera a financiar y apoyar masivamente al NSDAP, como última barrera de contención entre las masas y sus intereses. Con los dos millones anuales que garantizó la gestión de Fritz Thyssen, rey del acero alemán, entre los grandes capitalistas de las industrias del carbón y el acero, se logró hacer de los nazis la segunda fuerza política del país.

Es importante ubicar al nazi-fascismo dentro del panorama de las luchas de clase de la época, sin lo cual no podría comprenderse, cabalmente, su origen, éxito, y significado. Una cita del libro de Rob Sewell *From Revolution to Counter-Revolution* lo explica:

A diferencia de otras formas de reacción, el fascismo es un movimiento de la clase media arruinada utilizada como ariete contra el movimiento obrero. La crisis del capitalismo arruina completamente a la pequeña burguesía y la conduce a un frenesí. En el desempleo Alemania llegó a cuatro millones en 1931; [en 1933], más de seis millones. […]. Un profesor cobraba menos que un trabajador ordinario […]. Después de 1923, el 97% de los alemanes no tenían ningún capital, resultando una polarización sorprendente de la riqueza.[6]

Sewell cita a Trotsky para establecer la vinculación entre aquellas opresivas condiciones sociales de la Alemania de post-guerra y algunas de las características de la pequeña burguesía que posibilitaron la aparición de un movimiento como el nazismo: "[…] la desesperación del pequeñoburgués, su anhelo de cambio, la neurosis masiva del pequeñoburgués, su presteza a creer en los milagros, su presteza para las medidas violentas; y el crecimiento de su hostilidad hacia el proletariado, ha decepcionado sus expectativas".[7]

No es casual, como acota Sewell, que en medio de un ambiente social tan degradado, caracterizado también por una profunda crisis de confianza hacia los partidos políticos tradicionales, de todas las tendencias, y por el debilitamiento visible del propio Estado burgués, el gran capital espantado haya puesto sus esperanzas en la pequeña burguesía, no menos espantada, y haya financiado, promovido y protegido a una figura mesiánica como Hitler. Fue escogido, entre otras características personales, por ser capaz de engañar a las masas con promesas de un futuro luminoso, utilizando consignas, estilos de lucha, apelaciones y hasta el nombre de un partido que recordaba a los movimientos obreros, socialistas y comunistas contra los cuales, precisamente, enfilaba su acción. La necesidad de un liderazgo carismático para el movimiento quedaba establecida: "Necesitamos un Führer"[8] —pone Sewell en boca de Moeller van den Bruck, en 1923.

En 1932 el NSDAP obtiene 13 750 millones de votos gracias al terror, la campaña demagógica que siempre lo caracterizó, la división de los partidos y sindicatos de izquierda, y el generoso apoyo material y financiero del gran capital, convirtiéndose en la fuerza dominante dentro del Reichstag.

Las elecciones presidenciales de 1932 mostraron la dramática división existente en las filas de las fuerzas políticas alemanas que debía frenar el avance del fascismo, entre ellas, el Partido Comunista, de Ernest Thaelmann, y los socialdemócratas. Estos últimos brindaron su apoyo al militarista Hindenburg, considerándolo "el mal menor", garantizándole de esta manera la victoria, con el 53% de los votos. En segundo lugar resultó Hitler, con el 36,8% de los votos, y en tercer lugar, Thaelmann, con el 10,2%.

A pesar de la campaña de terror de las SA y las SS contra los obreros y sus organizaciones políticas y sindicales, incluso, a pesar de las capitulaciones de los socialdemócratas, y de la ceguera política de los líderes del Partido Comunista que consideraban a estos, y no las nazis, como sus principales enemigos, en las últimas elecciones libres de la República de Weimar de haberse unido los votos de unos y otros habrían derrotado al NSDAP, pues dos terceras partes de los electores lo hicieron contra los nazis.

Tras una crisis política, el 30 de enero de 1933, Hindenburg nombra canciller a Hitler, al frente de un gabinete de coalición, en la cual figuraban personajes de la talla de Alfred Hugenberg, el zar de la prensa alemana, en representación del ala derechista del Partido Nacionalista, y Franz von Papen, quien fuera representante del Partido de Centro, como vicecanciller.

Seguro de que podía llegar al poder absoluto por medios constitucionales, Hitler convenció a Hindenburg para que fuesen convocados nuevos comicios en marzo. Teniendo en sus manos la cancillería, aun cuando el NSDAP sólo disponía de tres carteras ministeriales en el gabinete de coalición, Hitler desató una campaña represiva contra comunistas y socialdemócratas, sus más peligrosos adversarios, utilizando para ello una combinación de medidas legales e ilegales, y la acción terrorista de las SA y las SS. Cincuenta y un antifascistas fueron asesinados durante aquella campaña electoral.

Desde el gobierno, los nazis se apoderaron de todos los medios legítimos del Estado y los aprovecharon para sus fines partidistas. Así figura en un diario personal de Joseph Goebbels, en la entrada correspondiente al 3 de febrero, citada por Sewell: "Ahora será fácil seguir la lucha, pues podemos usar todos los recursos del Estado. La radio y la prensa están a nuestra disposición. Escenificaremos una obra maestra de la propaganda. Y esta vez, naturalmente, no hay falta de dinero".[9]

Con Hermann Goering como ministro del Interior, se desató una purga dentro del ejército mediante la cual se expulsó a centenares de oficiales republicanos, reemplazándolos por cuadros de las SA y las SS. El 24 de febrero, cumpliendo sus órdenes, fue asaltada la sede del Comité Central del Partido Comunista Alemán, supuestamente en busca de pruebas que involucrarían a ese partido en un intento de golpe de Estado. Tres días después ardía el Reichstag, y los comunistas eran culpados del crimen, cometido, en realidad, por los propios nazis.

El 28 de febrero, un Hindenburg dócil y aterrado firma los decretos que, de antemano, Hitler le tenía preparados. La significación de aquel autogolpe de Estado, orquestado y ejecutado desde la propia cancillería, y su influencia sobre los acontecimientos venideros, quedó recogida en los documentos acusatorios del Proceso de Nuremberg, específicamente en los que respaldaban la acusación número uno sobre la conspiración de los nazis para adueñarse del poder por medios anticonstitucionales:

> Tras el incendio del Reichstag [...] fueron suprimidas las cláusulas de la Constitución de Weimar que garantizaban el derecho a la libertad personal, libertad de expresión, de asociación y de reunión. Los conspiradores nazis lograron que el Reichstag aprobara la Ley para la Protección del Pueblo y del Reich, la cual concedía poderes legislativos al gabinete de [diez] ministros que Hitler encabezaba. Los conspiradores nazis retuvieron esta facultad, aun cuando los miembros iniciales del gabinete habían sido sustituidos, provocando la prohibición de todos los demás partidos, excepto el NSDAP. Esta decisión hizo de este una organización paragubernamental, concediéndole extraordinarios privilegios.[10]

Como resultado de la represión que siguió a esta autoagresión, los nazis encarcelaron a más de 4 000 dirigentes y miembros del Partido Comunista, junto a socialdemócratas y liberales. Una ola de terror, allanamientos, torturas y destrucción de sedes de partidos políticos completó la obra "legislativa" del canciller y su gabinete. A nadie debe extrañar que en los comicios del 5 de marzo, el NSDAP lograra el 43,9% de los votos, que representaban la preferencia de 17 millones de personas, mientras que los socialdemócratas apenas obtenían el 18,3% de los sufragios, y los comunistas, el 12,3%. El Partido del Centro, por su parte, obtuvo el 11,7%, y el Nacionalista, el 3,8%.

Es significativo que los nazis no lograran obtener la mayoría absoluta de las votaciones, aun cuando tenían de su parte los recursos del Estado capaces de facilitar "la obra maestra propagandística", que tanto entusiasmaba a Goebbels, así como toda su maquinaria coercitiva. Para imponer definitivamente el poder totalitario al que aspiraba, Hitler no tuvo más remedio que hacer aprobar en el Reichstag, 18 días después de las elecciones, una Ley Habilitante que le concedía poderes de emergencia, la cual fue aprobada por 441 votos a favor y los 81 votos en contra de los socialdemócratas. Debe tenerse en cuenta que los representantes del Partido Comunista que no estaban en prisión, habían sido obligados a pasar a la clandestinidad. Los representantes del Partido de Centro, de Ludwig Kaas y los del ala derecha del Partido Nacionalista sumaron sus 31 votos a los de los nazis.

La Ley Habilitante aprobada concedía a Hitler y a su gabinete las siguientes prerrogativas contenidas en varias cláusulas: al gobierno, la facultad de introducir cambios en la Constitución; al gabinete, la facultad de promulgar leyes sin requerir la aprobación legislativa correspondiente, y de concertar tratados internacionales; y al Canciller, el derecho de proponer proyectos de leyes.

El resultado de esta acción "legislativa" fue desastroso para la democracia alemana, y para el resto del mundo. El 22 de junio, apenas tres meses después, el Partido Socialdemócrata fue prohibido en Alemania como lo había sido el Partido Comunista. El 14 de julio de ese mismo año también lo fue la formación de nuevos partidos políticos en el país. Como los existentes ya habían sido declarados "ilegales", o habían sido presionados hasta su "autodisolución", con la única excepción del NSDAP, Alemania pasó a ser un Estado de partido único.

Adolf Hitler se convertía así en el Führer, en el dictador absoluto de Alemania.

En los documentos acusatorios del Proceso de Nuremberg se describe de la siguiente manera el mecanismo establecido para la consolidación del poder absoluto en manos de los nazis:[11]

- Los conspiradores nazis redujeron al Reichstag a un cuerpo compuesto por sus propios nominados, coartando la voluntad popular en las elecciones. Convirtieron a las gobernaciones provinciales y las municipalidades en meras oficinas administrativas del poder central. Unificaron las prerrogativas del presidente y el canciller en la figura de Hitler tras la muerte de Hindenburg, en agosto de 1934, además abolieron la independencia del poder judicial y ampliaron extraordinariamente el Estado y el Partido. En consecuencia, la vida social alemana resultó penetrada y dominada por la doctrina y la práctica nazi, y fue progresivamente compelida a movilizarse para el cumplimiento de sus objetivos.

- Para instalar el miedo en los corazones de los alemanes, los conspiradores nazis establecieron un régimen de terror contra sus oponentes y los sospechosos de serlo: arrestaban a personas sin mandato judicial, instalaron campos de concentración; por órdenes de Goering, desde 1933, apelaron a las persecuciones, la degradación, la esclavización, la tortura y el crimen, impunemente.

- Los conspiradores nazis destruyeron los sindicatos alemanes, confiscaron sus fondos, persiguieron a sus líderes, y prohibieron sus actividades. En la esfera empresarial introdujeron el "Principio del liderazgo", mediante el cual los empresarios debían ser obedecidos por sus empleados.

- Persiguieron a la religión cristiana porque su doctrina era incompatible con la ideología que profesaban. Los nazis implantaron su propio credo, fundamentalmente entre los jóvenes. Persiguieron también a los grupos pacifistas, incluidos los movimientos religiosos dedicados al pacifismo.

- Para implementar el dominio de la "raza dominante", los nazis declararon al antisemitismo como parte de la política oficial del Estado alemán, lo cual incluía confiscaciones de propiedades, esclavización, deportaciones, trabajos forzados, crímenes masivos, etcétera.

- Para preparar a la población con vista a las guerras que desatarían, los conspiradores nazis transformaron los programas educacionales destinados a la formación de las nuevas generaciones, incluyendo en ellos el "Principio de liderazgo", que otorgaba al Partido la facultad de supervisar las escuelas. Esta imposición se hizo también sobre todas las actividades culturales con el control de la diseminación de cualquier información y de las opiniones dentro del país, y de todo movimiento intelectual en el interior o el exterior, creando para ello una inmensa maquinaria de propaganda.

- Militarizaron a casi todas las organizaciones existentes en el país, con el objetivo de que estuviesen listas para cuando llegase el momento de la guerra.

- Eliminaron los derechos a la libre asociación económica o laboral, y usaron a las organizaciones empresariales alemanas como instrumentos de movilización militar, para ello controlaron las finanzas, las inversiones y el comercio exterior. Como consecuencia de estas medidas, desarrollaron un amplio programa de rearme que posibilitó llevar a cabo sus agresiones contra otros países.

Sin duda, las noticias que por entonces llegaban al exterior desde Alemania e Italia, eran nada tranquilizantes. El desborde del Nuevo Orden fuera de sus respectivas fronteras, del cual fue antecedente la invasión italiana a Abisinia, y la injerencia de alemanes e italianos en la Guerra Civil española, causaron honda conmoción en los círculos de intelectuales, revelando los enormes peligros que se cernían sobre la humanidad. La II Guerra Mundial se adivinaba ya en el horizonte, y también la imposición, a escala mundial, de regímenes despiadados, enemigos de la cultura, las ideas, las artes, la libertad, la democracia y el pensamiento.

¿Cuáles fueron las políticas culturales, educacionales y científicas, implantadas por estos regímenes, que tanto rechazo provocaron en los intelectuales de la época, obligándolos a movilizarse?

UN ITINERARIO DEL ASALTO A LA RAZÓN

En 1927 un tal doctor Gottfried Feder, cumpliendo un encargo de Hitler, publica un panfleto titulado *El Programa del Partido Nacional Socialista Obrero Alemán*. Junto a las máximas del partido, el doctor Feder incluye sus propios comentarios. Vale la pena analizar aquellos que se relacionan directamente con el mundo de la cultura, la educación y las ideas, según la apreciación nazi.

El punto de partida de los razonamientos y de los planes ideológicos del nazismo es extremadamente sencillo, como se puede apreciar en la siguiente cita del Programa: "Los canallas no respetan a sus compatriotas ni al prójimo, no tienen ética alguna. El más brutal poder, el del dinero, es el que rige hoy, y ejerce su influencia destructiva sobre los gobiernos, las naciones, las sociedades, las costumbres, las culturas, la literatura y cualquier otra institución civilizada. En esta lucha titánica no puede haber vacilaciones, ni compromisos, ni retirada, sólo la victoria o la derrota".[12]

Partiendo de esta apocalíptica apreciación, no debe asombrarnos que en el acápite titulado "Las ideas básicas", se vuelva sobre la caótica situación existente en el mundo de las artes y las ideas, según los nazis, como reflejo de un caos mayor que domina sobre las demás relaciones sociales de la Europa de posguerra. De esta descripción se deriva la misión sagrada y mesiánica, que los seguidores de Hitler concebían para el movimiento al que pertenecían:

> El mismo horrible caos se percibe en las demás áreas de la vida pública: en las artes, la literatura, el teatro, el cine, la radio, las iglesias o las escuelas.
>
> Los grandes expoliadores y destructores, los judíos y los francmasones, se hacen visibles en las más destacadas posiciones, y también pasan por invisibles, mientras manipulan los hilos de sus marionetas [...]. La voluntad de restaurar las formas [perdidas], la determinación de descifrar el caos, el deseo de restaurar el orden mundial y servir como centinelas, en un sentido elevado y platónico, son las tareas gigantescas que tiene ante sí el Nacional-socialismo.[13]

Para enfrentar estos desafíos y construir el Nuevo Orden, que sería implantado por la fuerza en el resto del mundo, los nazis apelaron a todas las medidas gubernamentales que les podían garantizar la represión de otras ideas, principalmente liberales o socialistas, la censura del espíritu crítico y democrático, y la persecución de los creadores artísticos, literarios y científicos que no aceptasen los cánones del régimen totalitario. La manera en que fueron tejiendo esa tupida red represiva en el campo de la cultura ilustra, de manera ejemplar, el rechazo que provocaban en los sectores intelectuales progresistas de la época.

Según Umberto Eco, la cultura del fascismo se caracterizaba por los siguientes rasgos:[14]

1) Culto de la tradición, de los saberes arcaicos, de una revelación recibida en el alba de la historia humana. Se alimenta de elementos tradicionales, sincréticos, ocultos.

2) Rechazo del modernismo. La Ilustración y la Edad de la Razón se ven como el origen de la depravación moderna. Puede definirse como una teoría y una práctica irracionalista.

3) Culto de la violencia. Pensar es una forma de castración, por eso la cultura es sospechosa, en la medida en que se la identifica con actitudes críticas.

4) Rechazo del pensamiento crítico. El espíritu crítico opera distinciones, y distinguir es señal de modernidad. Para el fascismo, el desacuerdo es traición.

5) Miedo a la diferencia. El primer llamamiento de cualquier movimiento fascista es contra los intrusos. Por definición, el fascismo es racista.

6) Apelación a las clases medias frustradas.

7) Nacionalismo y xenofobia. Obsesión por el complot.

8) Envidia y miedo al "enemigo".

9) Llamados a la guerra permanente, por lo que se opone radicalmente a cualquier expresión de pacifismo.

10) Elitismo, desprecio por los débiles.

11) Culto a lo heroico y a la muerte.

12) Machismo y sexismo rampante.

13) Populismo, oposición a lo que llama "podridos gobiernos parlamentarios".

14) Uso de la neolengua. Todos los textos escolares fascistas poseen un léxico pobre y una sintaxis elemental con la finalidad de limitar el razonamiento complejo y crítico.

La cultura fascista se fue modelando poco a poco, tanto en Italia como en Alemania. Los rasgos que Eco enumera fueron asentándose y decantándose en la misma medida que avanzaba el dominio totalitario sobre la sociedad. Tanto Hitler como Mussolini basaron sus políticas culturales en la instrumentalización de ciertas tendencias estéticas y filosóficas que existían en el seno de sus sociedades, y que, en alguna medida, anunciaron el advenimiento de los regímenes que simbolizaron. En consecuencia, la cultura fascista surgió para acompañar, justificar, promover, imponer y defender al Estado fascista. De hecho, fue una cultura intolerante desde y para el poder absoluto, no pensada para debatir sus postulados, ni razonar con sus oponentes, sino para aplastarlos mediante la represión, la imposición y la violencia.

La cultura fascista es impensable si se la deslinda de los valores fascistas que se intentaban imponer, de ahí que el arte que la encarnó haya sido eminentemente didáctico, propagandístico, sin independencia ni vida propia, servilmente sometido a las causas política y geopolítica que ostentaban la centralidad indisputada en esas sociedades. En realidad, el arte del fascismo no estaba basado en la individualidad del creador, en su genio o maestría personal, sino en el servicio que prestaba al Estado.

La conformación de la cultura fascista recorrió un largo camino, desde sus atisbos y esbozos primigenios, cuando Mussolini y Hitler luchaban por el poder, hasta el momento en que lo asaltaron definitivamente e hicieron una razón de Estado de sus concepciones estéticas.

En el caso italiano, la Subsecretaría de Prensa y Propaganda del gobierno fascista, que se convertiría en 1937 en el Ministerio de Cultura Popular, utilizó ampliamente al arte y el deporte como vehículos de adoctrinamiento de los jóvenes y de la sociedad italiana, en su conjunto. "Los dos ejes de su actuación fueron la exaltación de la romanidad y la italianización. En línea con la incorporación de toda clase de símbolos y referentes del Imperio romano a los rituales y nombres oficiales (Duce, Fascios, Lictores, la Loba, Legiones, etcétera) [...]. El arte oficial volvió hacia los modelos renacentistas y romanos".[15]

El 9 de abril de 1927, por ejemplo, Benito Mussolini pronunció un discurso en el Palacio de la Vallicella, de Roma, al recibir el Diploma de Miembro de la Real Sociedad Romana de Historia, donde expuso el programa de investigaciones arqueológicas en Herculano y de recuperación de dos naves romanas hundidas en el lago de Nemi. Mussolini llamó a estos planes "[...] cuestión de ciencia y de decoro nacional [...] deuda de honor con la cultura clásica y la dignidad nacional, [pues] estas dos empresas caracterizan al régimen fascista, que saca del pasado y del presente las energías para salir al encuentro del futuro".[16]

La exaltación del modelo artístico romano sirvió para fijar los paradigmas estéticos de una sociedad que aspiraba a reeditar las glorias imperiales, y que necesitaba, en consecuencia, un tipo de ciudadano penetrado de las virtudes guerreras, la disciplina y la lealtad incondicional al Estado fascista. El análisis de las obras de creadores fascistas de esta época así lo demuestra:

- La obra del pintor muralista fascista Mario Sironi exaltaba una visión del mundo "[...] ascética, viril, vigorosa y heroica, particularmente idónea para los objetivos del régimen".[17] El muralismo, por las características propias de esta técnica, resultaba especialmente útil como vehículo didáctico para mostrar la grandeza del pasado imperial y del presente fascista, resaltando la necesidad de vivir una vida heroica al servicio de ese ideal.

- Las 60 esculturas de mármol de atletas desnudos realizadas por Enrico del Debbio para el Foro Mussolini de Roma, buen ejemplo de retorno a la estatuaria clásica.

- La obra de arquitectos fascistas como Pier Luigi Nervi en la estación de Florencia, y de Marcello Piacentini expuesta en el Palacio del Trabajo durante la Exposición Universal de Roma, conjugaban los aportes de las vanguardias modernistas con el clasicismo.

Las instituciones que se crearon y las iniciativas tomadas para la organización y promoción de la cultura fascista fueron numerosas en la Italia de Mussolini:

- En Boloña, el 30 de marzo de 1925, había tenido lugar el Congreso de la Cultura Fascista, en el cual se definieron las pautas esenciales del desarrollo del arte y la cultura dentro de las coordenadas del Estado fascista. Con la participación de Filippo Tommaso Marinetti, fundador del movimiento Futurista, así como de uno de los precursores del movimiento fascista, Giovanni Gentile y de Sergio Panunzio, en el Congreso de la Cultura Fascista se declaró la adhesión a las ideas estéticas del primero, tales como el reconocimiento del valor social y artístico de la violencia. En la clausura Gentile declaró: "Nos encontramos en el inicio de una nueva vida, y nos alegra sentir la oscura necesidad que de ella experimentan nuestros corazones, esa que es nuestra inspiración, el genio que nos gobierna y nos conduce".[18]

• En 1925 se había creado, por iniciativa del filósofo Gentile, el Instituto de Cultura Fascista, para llevar "el fascismo a la cultura". Gentile estaba fuertemente influido por las escuelas de pensamiento alemán, principalmente de Nietzche, de cuyo Superhombre extrajo su "Uomo Fascista". Fue quien en realidad escribió *La doctrina del fascismo*, que se atribuye a Mussolini. Se desempeñó como Ministro de Educación y Miembro del Gran Consejo fascista. A él pertenecen obras cardinales para la comprensión de lo que fue la cultura fascista promovida por el Estado italiano, como por ejemplo *Cultura fascista* (1926), *La filosofía del fascismo* (1928), *Origen y doctrina del fascismo* (1929) y *La filosofía del arte* (1931).[19]

Después de Gentile asumió la dirección del Instituto de Cultura Fascista el romanista Pietro de Francisci, y finalmente, Camillo Pellizzi. A este pertenecen las siguientes declaraciones, del 17 de abril de 1943, a un periodista del semanario *El Español,* cuando procedente de Portugal estuvo de paso por Madrid para impartir la conferencia "Orientaciones de la cultura italiana contemporánea":

> [...] nuestra cultura [...] está en auge [...]. En Electricidad y en Medicina en cambio se observa una vitalidad notable. Lo mismo ocurre en ciertas ramas de la Química aplicada. Y eso, principalmente, por una razón política: "la autarquía". Recuerde que esta palabra y la idea [...] fueron inventadas por Mussolini. La autarquía, en último término, no es más que el arma y la fuerza de los pobres contra los ricos, y ha promovido [...] los estudios agrícolas. En lo que se refiere a las Ciencias Morales y Políticas, de tanta tradición en Italia, siguen floreciendo [...]. Esto mismo se da en Filosofía, Literatura, Crítica de Arte, Arqueología.[20]

Al preguntársele por las misiones del Instituto que dirigía, Pellizzi declaró:

> El Instituto hace, principalmente, estudios de divulgación. Trata de ser, y lo es de hecho, centro de ideas y de corrientes de pensamiento, sobre todo en ideas "generales". Sus actividades responden a las órdenes directas del Duce, se concretan en los que llamamos "grupos científicos", que existen en todas las ciudades de Italia. Estos grupos científicos invitan a los intelectuales, aun a los no fascistas, y les sugieren argumentos, temas, de carácter más particular, por ejemplo, "programas económicos

provinciales"; otros, por el contrario, de tan profundo alcance filosófico como "la personalidad del hombre en el Estado moderno", "la idea de Europa", o "economía dirigida", temas de interés amplio e inmediato, de cuyo enfoque depende la actitud que hayamos de adoptar frente a una serie de cuestiones de cada día.[21]

- En 1926 se crean la Real Academia Italiana y el Instituto Dante Aligheri, con la misión de "[...] promover los estudios de la cultura nacional y de velar por la pureza de la lengua".[22] A estas instituciones se uniría el Instituto Internacional de Cinematografía Educativa, creado el 5 de noviembre de 1928, en cuyo acto inaugural Mussolini definió la importancia propagandística del cine: "La cinematografía, que está aún en el primer período de su desarrollo, presenta gran ventaja sobre el libro y el periódico, pues habla a los ojos, o sea, habla en un lenguaje comprensible a todos los pueblos de la tierra; de ahí su carácter de universalidad y las numerosas posibilidades que ofrece para una colaboración educativa de orden internacional".[23]

Las instituciones destinadas a promover y dirigir el proceso de penetración de la ideología fascista en el arte, la cultura y la educación de la sociedad italiana, así como de efectuar la más efectiva propaganda mundial de esta, se aprovecharon de la existencia de un pensamiento fascista que se había venido expresando en las obras de pensadores de la talla de Vilfredo Pareto y Julio César Andrea Evola, por sólo citar dos ejemplos destacados.

De Pareto, importante autor en las ramas de la Sociología, la Filosofía moral y la Economía, Mussolini tomó sus aportes al estudio de la disparidad de ingresos en el país y la microeconomía, importantes pilares de sus campañas demagógicas.

De Evola, pintor y filósofo procedente del Futurismo de Marinetti e influido por Spengler, Nietzche y Jünguer, la cultura fascista italiana tomó la aplicación a los saberes ocultos procedentes del Oriente, la importancia de los textos esotéricos y la exaltación de las castas guerreras, desde el punto de vista de un tradicionalismo arcaico que tendría en la Alemania nazi su equivalente en la exaltación de la herencia rúnica de los antiguos germanos. Entre las obras más destacadas de Evola, en este sentido, se encuentran *El imperialismo pagano* (1928), un llamado al fascismo para encabezar una revolución pagana contra el cristianismo; *La revuelta contra el mundo moderno* (1934); *El misterio del Grial y la tradición gibelina del imperio* y *El mito de la sangre: génesis del racismo,* ambas de1937 y, *La doctrina aria de lucha y victoria* (1941), conferencia pronunciada en alemán, en el Palacio Zuccari, de Roma, el 7 de diciembre de 1940.

Los puntos de vista de Evola sobre la guerra y el heroísmo fueron extensamente difundidos y formaron parte de la doctrina fascista, no sólo en lo tocante al arte y la cultura. Una tardía sistematización de estos se muestra en el ensayo "Metafísica de la guerra", aparecido en *Il Conciliatore* del 15 de marzo de 1969, y permite imaginar cómo debieron ser sus ideas, en medio de la embriaguez de los fascistas en el poder: "El principio general al cual apelar para justificar la guerra en el plano de lo humano es el 'heroísmo'. La guerra, según esto, ofrece al hombre la ocasión de redescubrir al héroe que anida en él [...]. Esto es lo que compensa, en términos espirituales, los aspectos negativos y destructivos de la guerra que el paternalismo pacifista pone unilateral y tendenciosamente de relieve".[24]

La concepción de Evola al servicio del fascismo se hizo creíble mediante el uso erudito de citas de los libros sagrados de las religiones orientales, y también de la historia de Roma. De esta manera se presentaba el ascenso y dominio de Mussolini sobre Italia, y su expansión territorial como el cumplimiento de un destino inexorable, que tarde o temprano han de recorrer las naciones predestinadas y triunfantes. La filosofía imperialista del fascismo quedaba así justificada y consagrada como natural y necesaria: "[...] el punto donde la vocación guerrera aspiraba realmente a una altura metafísica, reflejando la plenitud de lo universal, es aquel en que una raza tendía a una manifestación y a una finalidad igualmente universales. Lo que significa que no pueda sino predestinar a esta raza o Imperio. Pues sólo el Imperio como tal es un orden superior donde reina la 'Pax Triumphalis', reflejo terrestre de la soberanía del supramundo [...]".[25]

- En 1927 se había nacionalizado la radio, convirtiéndola en un vehículo idóneo para la propaganda fascista.
- "Desde 1934 se organizaron los Lictoriales de la cultura y el arte, especies de congresos sobre cuestiones políticas, literarias y artísticas que pretendían actualizar el espíritu de los juegos greco-romanos y que eran meros fastos propagandísticos".[26]

A pesar de la coherencia aparente de los postulados fascistas en la Italia de Mussolini, lo cierto es que no lograron constituir un corpus acabado en el terreno del arte y la cultura, en la cosmovisión del régimen, ni en la racionalidad del propio Estado italiano, lo cual sí ocurrió en Alemania. Las razones de este fracaso las explica Eco de la siguiente manera:

> El fascismo [italiano] fue, sin lugar a dudas, una dictadura, pero no era cabalmente totalitario, no tanto por su tibieza, como por la debilidad filosófica de su ideología. Al contrario de lo que se puede pensar, el fascismo italiano no tenía una filosofía propia: tenía sólo una retórica [...]. El fascismo era un totalitarismo *fuzzy*. No era una ideología monolítica, sino más bien un *collage* de diferentes ideas políticas y filosóficas, una colmena de contradicciones".[27]

La Alemania nazi logró llevar más lejos la aspiración de crear una cultura del fascismo, para lo cual apeló a la racionalización y reglamentación de la represión y la aplicación de la censura intelectual hasta extremos inéditos, unido a la organización y promoción de aquellas expresiones artísticas que convenían a su concepción del mundo y a la política de Hitler. Fue en Alemania donde la cultura del Nuevo Orden alcanzó su esplendor trágico, convirtiéndose en la prefiguración de la transformación radical a que sería sometida la cultura universal, de haber triunfado ese movimiento.

El profundo interés que, desde el principio, mostraron los nazis por el arte y la cultura se explica por su apremiante necesidad de disponer de herramientas propagandísticas modernas y seductoras capaces de arrastrar a las masas tras los objetivos que perseguían. Pero el enfoque utilitario que signó las primeras relaciones entre cultura y nazismo no sería capaz de explicar el grado de elaboración y sofisticación que alcanzó la cultura del Tercer Reich, y mucho menos, su perdurabilidad a través de una especie de cultura alternativa *underground,* postmoderna, que subsiste hoy rodeada de una notable aureola de modernidad y *glamour kitsch* bajo capas de aparente democracia liberal, pluralidad y tolerancia estética de las grandes urbes capitalistas de Occidente, aun cuando han transcurrido 60 años de su derrota militar.

Doce años antes de ser Canciller de Alemania, Adolf Hitler enunció algunas de las ideas programáticas de su movimiento en el terreno de la educación y la cultura. El 27 de abril de 1921, en un discurso pronunciado en Munich, Hitler expresó:

> Más delante deberemos transformar nuestro sistema educacional. Sufrimos hoy por un exceso de cultura. Sólo el conocimiento es apreciado, pero la sabiduría es enemiga de la acción. Lo que necesitamos [en esta época] son los instintos y la voluntad. La mayoría de la gente pierde ambos a través de la "cultura". Tenemos, es cierto, una clase intelectual de elevado nivel, pero carente de energía. Gracias a nuestra sobrevaloración de los conocimientos, y a ese perjuicio popular, los judíos hallaron fácilmente, como lo han hecho, la manera de llegar a nuestro pueblo. Lo que necesitamos es promover un relevo intelectual salido del propio pueblo [...]. El pueblo alemán está tocado por el genio, no necesita a los hebreos.[28]

Las misiones culturales del movimiento nazi, según Hitler, debían abarcar también los campos de la prensa y el arte, de evidente importancia ambos para la labor de adoctrinamiento de las masas, en la que depositaban tantas esperanzas los ideólogos fascistas:

> Necesitamos también reformar la prensa. Una prensa que divulgue principios antinacionales no debe ser tolerada en Alemania [...]. La prensa debe convertirse en un instrumento de auto-educación [...]. Por último, necesitamos una reforma en el campo del arte, la literatura y el teatro. El gobierno debe velar porque el público no sea envenenado. El principio superior a todos los demás es que todo lo que dañe al pueblo, debe cesar [...].[29]

Las herramientas principales en manos del movimiento encabezado por Hitler para copar primero el poder, y construir el Estado nazi al que aspiraban, fueron el NSDAP, las SA, las SS y las Juventudes Hitlerianas. Veamos cómo se realizaba el adoctrinamiento de sus miembros, y cómo este se fue extendiendo, consecuentemente, a todo el tejido social alemán, apagando toda expresión de disenso, de espíritu independiente o crítico, y modelando la ideología, la cultura y la vida cotidiana de toda una nación.

- De las cualidades, deberes y tareas de los miembros del NSDAP, según el Reglamento del Partido, editado en 1936 por la Imprenta Central del NSDAP, bajo la dirección del doctor Robert Ley (Edición de Munich):

> Cualquier persona perteneciente a la nación alemana, de reputación intachable, que no haya estado afiliado a ninguna Logia masónica, ni a sus organizaciones subsidiarias, y que arribe a la edad de 18 años, puede ser miembro del NSDAP [...]. Convertirse en miembro del Partido no significa unirse a una organización, sino convertirse en un soldado del Movimiento por la Liberación de Alemania [...]. Quien lo hace se encuentra obligado a poner a un lado su persona y renunciar a sus posesiones por la causa de su Pueblo [...]. La selección al Partido se hará entre aquellos que demuestren tener espíritu de combate, espíritu de sacrificio y fortaleza de carácter [...].[30]

El juramento de admisión al Partido es el siguiente: "Juro lealtad a mi Fürher, Adolf Hitler. Prometo mostrarle siempre obediencia y respeto, así como a cualquier jefe que me designen".[31]

Los deberes de cada miembro del Partido o mandamientos nacional-socialistas son:[32]

1) El Fürher siempre tiene la razón.

2) Nunca cometer indisciplinas.

3) Jamás malgastar el tiempo en chismes o quejas, mientras se deba poner manos a la obra.

4) Mostrar orgullo, pero no vanidad.

5) Tomar como un dogma el Programa del Partido, lo cual exige la mayor entrega al Movimiento.

6) Cada representante del Partido debe comportarse y mantener una apariencia acorde con esa responsabilidad.

7) La lealtad y el desinterés constituyen los principales deberes a cumplir.

8) Para ser un buen nacional-socialista se debe primero ser un camarada leal.

9) Tratar a los compatriotas como se desea ser tratado.

10) En los combates mostrar entereza y serenidad.

11) El valor no es sinónimo de brutalidad.

12) Es correcto cualquier acto que sea útil al Movimiento, y por ello a Alemania.

- De las funciones del Director Nacional de Propaganda del NSDAP:

> La Oficina Central de Conferencistas agrupa a todos los conferencistas del NSDAP y de las organizaciones y cuerpos afines […] Estos conferencistas deben ser continuamente abastecidos con materiales del Buró de Información, y materiales de propaganda del Partido.
>
> […]
>
> Sólo serán considerados como conferencistas políticos los miembros del Partido, anteriores a la Toma del Poder, o aquellos que provengan de las SS, las SA o las Juventudes Hitlerianas.[33]

- Misión de:

Oficina Fílmica del NSDAP: "Organizar regularmente exhibiciones fílmicas que sirvan para ilustrar y educar al pueblo, y que difundan la ideología del nacional-socialismo".[34]

Oficina de Radio del NSDAP: "Es su deber controlar constantemente las emisiones de radio alemanas, para velar por su desarrollo conforme con los principios del nacional-socialismo".[35]

Buró para la Cultura del NSDAP:[36] Es deber del Buró para la Cultura estimular y supervisar todas las actividades artísticas de acuerdo con las expresiones educativas de la ideología del NSDAP, y utilizarlas en la labor de propaganda del Partido y de las organizaciones afines. Los siguientes departamentos servirán a esos propósitos:

1) Oficina Central para la Arquitectura: Emitirá directivas e instrucciones concernientes a problemas vinculados con el diseño de monumentos y edificios para fines oficiales del Partido.

2) Oficina Central para el Diseño Artístico: Emitirá directivas e instrucciones concernientes a todos los problemas vinculados con el diseño de símbolos y artefactos utilizados en las actividades oficiales

del Movimiento. También emitirá directivas para la organización artística de las demostraciones públicas y el contenido artístico de las ceremonias nacional-socialistas.

3) Oficina Central para la Selección: Entre las tareas de esta oficina se encuentra el examen y la selección de obras poéticas y musicales útiles para las demostraciones públicas y funciones del Movimiento.

4) Oficina Central para el Diseño de Programas: La misión de esta oficina es preparar programas [artísticos] específicos para funciones auspiciadas por el Movimiento y preservar el diseño de las demostraciones públicas que se desarrolló durante los Años de Lucha, lo cual incluye:

La exclusión de diseños indeseables que elementos no autorizados intenten aportar.

La lucha contra imágenes inútiles y pretenciosas.

La preservación de la lucidez nacional-socialista en el diseño de las funciones.

La prevención de falsificaciones místicas o seudorreligiosas de la ideología mediante tortuosas imágenes o el culto enfermo a los apóstoles.

Hacer encargos a artistas calificados, según las directivas ya mencionadas.

Recomendar personalidades útiles para cumplir tareas específicas que encomiende el Director Nacional de Propaganda, o colaborar con el Buró para la Cultura.

Organizar cursos prácticos para la promoción del canto, con el objetivo de descubrir talentos para las unidades artísticas del Movimiento.

- De las funciones del Director Nacional de Prensa: "Son de su incumbencia las tareas vinculadas con la política editorial. Se le encomienda la creación de una prensa que sea responsable y preocupada por el Pueblo alemán, y que refleje la vida y los acontecimientos que tengan lugar en el país [...]. Es responsable de la publicación de todos los escritos significativos para el Movimiento".[37]

- De las misiones de la Oficina de Política Racial del NSDAP:

  Tiene la misión de unificar y supervisar todo el trabajo de propaganda y adoctrinamiento en el campo de las políticas raciales y de población [...].

  Todo trabajo periodístico que se realice en el campo de las políticas raciales y de la población, sin excepción, requiere de la aprobación de esta Oficina, antes de ser publicado.[38]

- De las SA:

  Mientras que la Organización Política del NSDAP lleva a cabo las labores de dirección, las SA son el instrumento del Partido para el entrenamiento y la educación [de sus miembros].

  [...]

  Consecuentemente, en las SA cada joven alemán será fortalecido en su ideología y su carácter, y moldeado como un difusor del pensamiento nacional-socialista. Adicionalmente, es responsabilidad de las SA fortalecer su espíritu militar mediante el cultivo de virtudes marciales.[39]

- Oración creada por Baldur von Schirach, jefe de la Juventud Hitleriana, que debía ser pronunciada por cada miembro antes de las comidas:

  > Fürher, mi Fürher enviado de Dios
  > Preserva y protege mi vida.
  > A ti, que salvaste a Alemania de su profunda miseria.
  > Agradezco el pan de cada día.
  > Acompáñame por mucho tiempo, no me abandones
  > Fürher, mi Fürher, mi fe, mi luz.
  > Heill, mi Fürher.[40]

- Discurso de Heinrich Himmler sobre la moral de los SS: "Todos los hombres del SS deben tener un solo principio moral válido: hay que ser honrados, leales, fieles y buenos compañeros respecto a los miembros de nuestra propia raza, pero no respecto a nadie más. Cómo les va a los rusos o a los checos, es algo que me tiene sin cuidado".[41]

- De la Ley de la Cámara Cultural del Reich, del 22 de septiembre de 1933:[42]

El Ministro de Propaganda recibe poder para organizar […]:

I) una Cámara Literaria del Reich,

II) una Cámara de Prensa del Reich,

III) una Cámara Radiofónica del Reich,

IV) una Cámara de Teatro del Reich,

V) una Cámara de Música del Reich,

VI) una Cámara de Artes Plásticas del Reich.

[…]

Las corporaciones mencionadas […] y la Cámara Fílmica Provisional […] del Reich formarán juntas la Cámara Cultural del Reich. La Cámara Cultural del Reich estará sujeta al control del Ministro de Propaganda del Reich y tendrá su sede en Berlín.

No es de extrañar que, partiendo del continuo adoctrinamiento y las normas disciplinarias a que se sometían las organizaciones de base del movimiento nazi, y del escrupuloso trabajo de construcción de una red que llenaba hasta el menor resquicio de la vida social del país, el resultado obtenido haya sido la creación de una cultura totalitaria asfixiante y extraordinariamente instrumentalizada.

La cultura nazi surgió sobre la base de la satanización y demolición de toda la cultura precedente, en particular de la que se consideraba ajena a las tradiciones del pueblo alemán. Se afincó en una sólida tradición nacional de pensamiento irracionalista, reaccionario, militarista y xenófobo que caracterizó a diversos pensadores como reacción espantada ante la Revolución francesa, primero, la sociedad capitalista, después, y finalmente, las revoluciones proletarias y el avance del comunismo.

El miedo a la razón es el punto de partida de la cultura del nazismo. A la pequeña burguesía arruinada, que integraba a sus filas, le aterraban las sociedades surgidas del Siglo de las Luces, en primer lugar, la sociedad capitalista, con sus crisis, sus guerras, su afán de internacionalización, su constante movimiento, su culto materialista al dinero y las ganancias, su irreverencia en materia religiosa, su rechazo de lo local, de lo nacional, de los valores y de la placidez de lo tradicional. Más adelante se sumaría a esta fobia el avance de la cultura proletaria que intentaba también transformar radicalmente a la sociedad burguesa, por medios revolucionarios, con el objetivo de construir una nueva sociedad, aún más hostil a su ideal de felicidad.

Señala Mark Antliff en su ensayo "Fascism, Modernism, and Modernity":

> El ascenso del fascismo en Europa responde a la búsqueda de valores espirituales e instituciones "orgánicas" capaces de oponerse a lo que se considera como los efectos corrosivos del racionalismo y el capitalismo sobre el cuerpo social [...]. Los marxistas Robert Sayre y Michael Löwy han definido al fascismo como "un anticapitalismo romántico, la oposición al capitalismo en nombre de valores pre-capitalistas".[43]

Lo que Sayre y Löwy llaman "nostalgia por un pasado precapitalista", incluye el sueño fascista de construir una sociedad más allá del capitalismo. No debe extrañar que la cultura que promovió haya sido "[...] hostil al 'mundo moderno' y restauradora, por su orientación".[44] Pero la relación entre el nazismo y la modernidad es mucho más compleja de lo que se ha considerado hasta el presente.

Aunque la cultura nazi se opuso a los ideales de la Ilustración, lo cierto es que también buscó una alianza con su estética, al menos con aquella que pudiese ser asimilada dentro de su concepción nacionalista. Según el historiador Jeffrey Herf "[...] los nazis aceptaban los aportes del industrialismo y del diseño moderno hasta el punto que se les puede definir como "modernistas reaccionarios"[45] —apunta Antliff. En su opinión, los rasgos distintivos de la cultura del movimiento nacional-socialista fueron los siguientes:

1) La regeneración como meta de todas las acciones del Movimiento, incluidas las culturales.

2) El espiritualismo.

3) El primitivismo.

4) El vanguardismo.

5) La noción del nazismo y su cultura como "religión secular".

Bajo la influencia de la filosofía de George Sorel (1847-1922), los ideólogos nazis utilizaron con mucha efectividad el carácter movilizador de los mitos.

En su obra de 1908 *Reflexiones acerca de la violencia,* Sorel afirma que "[...] las transformaciones revolucionarias instigadas por las sectas religiosas y los movimientos políticos surgen del impacto emotivo de sus mitos esenciales, que son los principios visionarios que inspiran a la acción inmediata".[46] Entre los mitos nazis más utilizados está el de la lucha sin cuartel que la cultura alemana debía entablar contra la penetración y conspiración judía, el de la lucha del pueblo alemán contra la plutocracia mundial, especialmente contra la plutocracia inglesa, y el de la palingénesis, o renacimiento nacional tras una crisis o declive similar al Segundo Advenimiento para los cristianos.

La combinación, por ejemplo, de "lo ultramoderno con lo ultrahistórico" se encuentra en la base de los planes de reconstrucción arquitectónica de Berlín promovidos por Albert Speer. La aspiración a un arte sublime, capaz de ofrecer una imagen de poder y eternidad, caracterizó estos empeños alentados y supervisados directamente por Hitler. Era frecuente la utilización de símbolos artísticos en las ceremonias y rituales nazis, que aspiraban a reconstruir la unidad de la nación amenazada por el capitalismo y su sistema parlamentario. De esta manera, la cultura contribuía a la acción de esta "religión laica", nuevo factor de unidad nacional en la Alemania del Tercer Reich.

La nueva percepción nazi del tiempo y el espacio en las creaciones artísticas caracterizó también la estética de este período. Recuérdese que el Movimiento aspiraba a la transformación radical de la vida social, lo cual incluía cambios en la significación de los días del calendario, de acuerdo a las nuevas conmemoraciones aportadas por la historia política reciente, y a la luz de la duración eterna del milenio nazi que se iniciaba.

La política nazi en el campo racial tuvo su expresión artística como resistencia a los efectos uniformadores del capitalismo, como acentuación de las diferencias. La exaltación por los nazis de que la actividad humana tiene más significado épico que la que expresa su medición cuantitativa, característica del capitalismo, sirvió a los fines de exaltar el sentido heroico de la vida que el nuevo arte debía reflejar.

La filosofía que sustenta la estética del nazismo y su concepto del arte como herramienta de propaganda y regeneración nacional delimitó el tipo de creación promovida durante el régimen y también aquel que se prohibió, censuró y persiguió.

REFERENCIAS

1. "El fascismo italiano". En: *La historia y sus protagonistas.* Ediciones Dolmen S. L. Ver en: www.artehistoria.com

2. Ídem.

3. Ídem.

4. Ídem.

5. The Program of the N.S.D.A.P.: The 25 Points. En: http://www.adolfhitler.ws/lib/nsdap/docs/25_Points.html

6. Sewell, Rob. "El ascenso del fascismo". En: *From Revolution to Counter-Revolution.* Ver en: http://www.marxist.com/germany/index.html

7. Ídem.

8. Ídem.

9. Ídem.

10. *The Avalon Project at Yale Law School.* Nuremberg Trial Proceedings. Vol. 1. Indictment: Count One, the Common Plan or Conspiracy. En: http://www.Yale-edu/lawweb/avalon/imt/proc/count1.htm

11 .Ídem.

12. Feder, Gottfried. "The Program of the National Socialist German Workers Party, and the World Views it's Based on (1927)". *Op. cit.* (5).

13. _____. The Basic Ideas. En: http://www.adolfhitler.ws/lib/nsdap/doc/basic_ideas.html

14. Citado por Pablo E. Roca en: Mafia gremial y fascista en procura de la toma del poder. En: http://www.nacioncamba.org/articulos/mafia_gremial.htm
   Ver también: Eco, Umberto. *Cinco escritos morales.* Barcelona: Editorial Lumen, 1998.

15. El régimen fascista. En: http://www.artehistoria.com/historia/contextos/3080.htm

16. Mussolini, Benito. *Escritos y discursos.* Barcelona: Bosch-Casa Editorial, 1935. t. 6, pp. 29-30. (Edición definitiva)

17. *Op. cit.* (15).

18. Filippo Tommaso Marinetti. En: http://www.what-means.com/encyclopedia/

19. Giovanni Gentile. En: http://en.wikipedia.org/wiki/Giovanni_Gentile

20. Torreduero, Agustín. Universalidad de la cultura latina. Declaraciones del presidente del Instituto de Cultura Fascista. En: http://www.filosofia.org/hem/194/esp/9430417a.htm

21. Ídem.

22. *Op. cit.* (15).

23. *Op. cit.* (16).

24. Evola, Julius. Metafísica de la guerra.
En: http://www.juliusevola.it/documen/print.asp?cod=240
Ver también: *Il Conciliatore,* 15 mar. 1969.

25. Ídem.

26. *Op. cit.* (15).

27. Eco, Umberto. El fascismo eterno.
En: http://www.solotxt.com/valverde/eco03.htm

28. Hitler, Adolf. Discurso del 27 de abril de 1921, Munich.
En: http://www.adolfhitler.ws

29. Ídem.

30. Ley, Robert, ed. "The Party Member". En: *Organization Book of the NSDAP.*
Munich: Central Publishing House of the NSDAP, 1936.
Ver en: http://www.adolfhitler.ws/lib/nsdap/docs/02.html

31. Ídem.

32. Ídem.

33. _____. "The Reich Director of Propaganda of the N.S.D.A.P.".
En: *Op. cit.* (30). Ver en: http://www.adolfhitler.ws/lib/nsdap/docs/26.html

34. Ídem.

35. Ídem.

37. _____. "The Reich Press Director". En: *Op. cit.* (30).
Ver en: http://www.adolfhitler.ws/lib/nsdap/docs/27.html

38. _____. "The Office for Racial Policy of the N.S.D.A.P.". En: *Op. cit.* (30).
Ver en: http://www.adolfhitler.ws/lib/nsdap/docs/29.html

39. _____. "The SA". En: *Op. cit.* (30).
Ver en: http://www.adolfhitler.ws/lib/nsdap/docs/35.html

40. Balder von Schirach.
Ver en: http://www.spartacus.schoolnet.co.uk/GERschirach.htm

41. "De un discurso del caudillo del SS del Reich. Heinrich Himmler, sobre la moral
del SS". En: Hofer, Walter. *El nazismo 1933-1945.* México, D.F., 1966. p. 122.
Discurso pronunciado en la Convención de Oficiales del Estado Mayor del
SS, el 4 de octubre de 1943, en Posen.

42. "Ley de la Cámara Cultural del Reich (Reichkulturkammergesetz), del 22 de
septiembre de 1933". Ídem, p. 101.

43. Antliff, Mark. Fascism, Modernism, and Modernity.
En: http://www.findarticles.com/p/articles/mi_mo422/is_1_84/ai_8472

44. Ídem.

45. Ídem.

46. Ídem.

CAPÍTULO 3

EL ARTE GENERADOR Y EL ARTE DEGENERADO

Quien imagine a los nazis en el poder como a una banda de brutales asesinos sólo motivados por descubrir judíos, enviarlos a los campos de concentración, invadir a sus vecinos con divisiones acorazadas, y reprimir conspiraciones masónicas y bolcheviques en el seno de su propio pueblo, pierde de vista el extremadamente eficiente y sofisticado sistema cultural y educacional que implantaron para garantizar el adoctrinamiento de las nuevas generaciones y la promoción de su ideología.

Quien piense de esta manera jamás ha leído la literatura escrita por los más importantes jerarcas nazis vinculados con la cultura, la propaganda, la educación y las artes, como por ejemplo, el doctor Goebbels, Walter Funk, Otto Dietrich, Hans Hinkel, el doctor Robert Ley, Alfred Rosenberg, Bernhardt Rust, Baldur von Schirach, Robert Scholz, Albert Speer, Julius Streicher, Wilhem Weiss y Adolf y Hans Ziegler, entre otros.

Los ideólogos del sistema derivaron sus puntos de vista de los documentos programáticos del NSDAP, los cuales muchas veces contribuyeron a redactar, y también de los lineamientos e ideas formuladas por el propio Adolf Hitler. En *Mein Kampf*, por ejemplo, Hitler definió exactamente cómo debía ser la propaganda nazi, y a qué rasgos de la psicología popular debía apelar: "La facultad perceptiva de la gran masa es muy limitada: su inteligencia es mínima y pronto se le olvidan las cosas. Debido a esto, cualquier propaganda eficiente ha de limitarse a muy pocos asuntos y tiene que repetirlos, formulados a la manera de lemas, hasta que se esté seguro de que aun el ser más inferior pueda entender nuestra palabra en el sentido que nos convenga [...]".[1]

Los que crearon la política cultural nazi no olvidaron tampoco el desprecio que el fundador del Movimiento sentía por las facultades intelectuales del pueblo al que decía predestinado a conducir a la conquista del resto del mundo:

> La amplia masa de un pueblo no está constituida por profesores ni diplomáticos. El escaso y abstracto conocimiento que posee dirige sus sentimientos más bien a lo emocional [...]. Por otra parte, su opinión emocional es extraordinariamente estable: la fe resulta menos destructible que el saber, el amor es menos cambiable que la estimación, el odio persiste más que la antipatía [...], no le es afín a los conocimientos científicos, sino al fanatismo animador y, tal vez, a una histeria que sí hace marchar a las masas.
>
> El que quiera conquistar a las amplias masas, ha de tener la llave que abra la puerta de sus corazones; y esta llave no es objetividad, o sea, debilidad, sino voluntad y fuerza...[2]

El 30 de enero de 1933 Hitler se convirtió en Canciller del Reich. A partir de ese momento comenzó, a escala nacional, la puesta en práctica de los planes previstos para iniciar el mayor experimento de transformación cultural que jamás hubiese tenido lugar en una nación. El antisemitismo se convirtió en la política oficial del Estado alemán. De inmediato, "[...] los nazis celebraron su victoria con atropellos y ataques antijudíos, siendo sobre todo las víctimas de la agresión, personas que integraban los círculos intelectuales".[3]

Los decretos del 4 y el 6 de febrero limitaban el derecho de reunión y la libertad de prensa. El 28 de febrero la Ley para la Defensa del Pueblo y el Estado limitaba las libertades personales, de expresión, el secreto epistolar y la inviolabilidad de domicilios. El 23 de marzo el Reichstag legalizaba la dictadura absoluta del NSDAP. Al siguiente día se otorgaron plenos poderes a Hitler. El 1ro de abril fue declarado un boicot contra los judíos alemanes, alentado por la prédica de Julius Streicher, director de *Der Stürmer*, y garantizado por piquetes de las SA y las SS. El 10 de mayo, apenas tres meses después del ascenso de Hitler al poder, tuvo lugar uno de los actos "culturales" más bárbaros de toda la historia nazi: la quema de libros "judíos" o "anti-alemanes" en Berlín, preludio de la "nueva cultura".

Desde el 6 de abril, la Oficina de Prensa y Propaganda de la Asociación Alemana de Estudiantes había convocado una campaña nacional "Contra el espíritu no-alemán", que consistía en la purga de libros indeseables mediante el fuego. A partir de ese momento, importantes figuras del NSDAP publicaron artículos y utilizaron la radio para exacerbar los ánimos. El 8 de abril la Asociación emitió una declaración con doce tesis, que evocaban las de Lucero, reclamando el rescate de la pureza del lenguaje y la cultura alemana ante los efectos del "intelectualismo judío", y proclamando a las universidades como centros del nacionalismo.

La gran quema de 25 000 libros que tuvo lugar el 10 de mayo en la Opernplatz de Berlín fue la etapa inicial de una práctica aberrante que se prolongó durante un mes teniendo como escenario a otras 34 ciudades del país. En cada una de estas "ceremonias" se efectuaron marchas de antorchas y las autoridades nazis pronunciaron discursos.

Para ser leído durante cada quema de libros, la Asociación de Estudiantes envió a las universidades el llamado Juramento del Fuego, el cual pautaba el orden en que se debían lanzar a las hogueras las obras escogidas. Vale la pena citarlo para entender el alcance de la ideología nazi en lo tocante a la literatura:[4]

1) *Contra la lucha de clases y el materialismo. Por una comunidad nacional y un estilo de vida idealista:* Marx y Kautsky.

2) *Contra la decadencia moral:* Heinrich Mann, Ernst Glaeser y Erich Kästner.

3) *Contra el oportunismo y la traición política. Por la devoción a la nación y el estado:* F. W. Föster.

4) *Contra la disolución espiritual resultante de la sobrevaloración de lo sexual. Por la nobleza del alma humana: La escuela freudiana y la revista* Imago.

5) *Contra la falsificación de nuestra historia y el descrédito de su grandes figuras. Por la reverencia a nuestro pasado:* Emil Ludwig y Werner Hegemann.

6) *Contra el carácter democrático-judío del periodismo ajeno a nuestra nación. Por una colaboración responsable con el trabajo de reconstrucción nacional:* Theodor Wolf y Georg Bernhard.

7)   *Contra la traición a los soldados de la Guerra Mundial. Por la educación de la nación en un espíritu de combate:* Erich María Remarque.

8)   *Contra la corrupción de la lengua alemana. Por el cultivo de la más preciosa posesión de la nación:* Alfred Kerr.

9)   *Contra la arrogancia y la presunción. Por la veneración y la reverencia al inmortal espíritu alemán:* Tucholsky y Ossietzky.

Una lista de 110 autores de todo el mundo cuyas obras fueron quemadas incluye, entre otros, a Carlos Marx, Ernest Hemingway, Stefan Zweig, Émile Zola, H. G. Wells, Marcel Proust, Sinclair Lewis, Lenin, Heinrich Heine, Albert Einstein, Jack London, Bertolt Brecht, Henri Barbusse, Sigmund Freud, Franz Kafka, Thomas Mann y Robert Musil.[5] No en vano uno de ellos, Heine, había profetizado: "Allí donde se empieza quemando libros, se termina quemando hombres".

Presidiendo el aquelarre de la Opernplatz, se encontraba el doctor Goebbels, ministro de Propaganda del Reich, quien pronunció un discurso programático sobre la forma en que los nazis en el poder pretendían dirigir la cultura:

> La época del refinado intelectualismo judío ha llegado a su fin, y la revolución alemana ha clarificado el camino. La revolución viene desde la base, es el cumplimiento de la voluntad popular […].
>
> En los pasados catorce años, camaradas, hemos sido obligados a sufrir en silencio la vergüenza y la humillación [...] mientras las bibliotecas se llenaban con basura de la literatura judía.
>
> […]
>
> Cuando el movimiento ha llegado al poder, el espíritu alemán ha alcanzado nuevas potencialidades […].
>
> Las revoluciones genuinas no se detienen ante nada […].
>
> Por eso Ustedes han hecho bien, en esta hora, al condenar al fuego el espíritu oscuro del pasado […] De las cenizas brotará un nuevo espíritu, como ave fénix, que nosotros promoveremos y haremos notar […].
>
> […]
>
> ¡Que nuestro juramento sea iluminado por estas llamas![6]

El 15 de noviembre de 1933, durante la ceremonia de constitución de la Cámara Alemana de Cultura, Goebbels pronunció otro discurso esclarecedor para entender la esencia de lo que llamó "la revolución total":

> La revolución hecha por nosotros es una revolución total. Ella se extendía a todos los terrenos de la vida pública y los transformaba desde sus cimientos […].
>
> El sistema vencido tenía en el individuo su característica más notable […].
>
> […]
>
> Ningún individuo, sea quien fuere, tiene derecho a hacer uso de sus libertades a costa de la libertad nacional [...]. Cuanto más libre esté la nación, tanto más libres podrán moverse sus nacionales […].
>
> Esto se refiere también al artista creador; el arte tampoco es un concepto absoluto, sólo tiene razón de ser dentro de la vida de una nación […]. Al separarse del pueblo, el artista perdía también los manantiales de su creación. Esta es la raíz de la crisis vital del hombre creador de cultura en Alemania […]. Si el artista pierde una vez el firme suelo racial en el que debe pararse con pies firmes y huesudos para poder resistir las tempestades de la vida, se habrá rendido a las tentaciones de la civilización que le vencerán más tarde o más temprano […].[7]

En ese mismo discurso, Goebbels dejó establecido los objetivos que perseguía la constitución de la Cámara Cultural del Reich, la que se creaba apenas 10 meses después de que los nazis llegasen al poder:

> Ella representa la cooperación de todos los creadores en una sola comunidad cultural espiritual. Ella elimina los residuos de las organizaciones de la vieja época […]. No queremos limitar el desarrollo cultural y artístico sino, al contrario, fomentarlo: el Estado extenderá su mano protectora sobre él. Que se sientan seguros los artistas alemanes bajo su patrocinio y que recuperen la feliz conciencia de que son tan indispensables para el Estado como los que están produciendo las bases materiales de su existencia.[8]

Esto lo proclamó Goebbels cuando han transcurrido apenas dos meses de la gran quema de libros en Alemania, sin duda, una curiosa manera de brindar seguridad a los creadores del país.

Las bibliotecas y librerías alemanas, a partir de este momento, son sometidas a un control constante y a purgas radicales, como se refleja en un artículo del *Ostdeutsche Morgenpost,* del 20 de abril de 1937, luego reeditado en la revista *Razas y Racismo:*

> Una inspección realizada [...] a las bibliotecas públicas del distrito de Hannover del Sur, muestra que aquellas que no se encuentran directamente subordinadas al control del Estado o del Partido continúan ofertando obras prohibidas [...]. A manera de ejemplo, en una colección examinada de 500 libros se encontraron 40 de autores judíos o de arios emigrados como Vicky Baum, Félix Hollander, Thomas Mann, Heinrich Mann, Jacob Wassermann, Stefan Zweig, Karl Ettlinger, y hasta de Máximo Gorki [...]. En Alemania, los libros de la época de la decadencia no tienen ningún valor, y no se pueden vender ni prestar, y en consecuencia, deberán ser destruidos [...].[9]

Esto ocurría, a pesar de que se habían emitido por parte de la Cámara Literaria del Reich, listas detalladas de los libros y autores prohibidos, como se desprende de la siguiente Ordenanza del 25 de abril de 1935: "La difusión de estos libros y publicaciones mediante bibliotecas públicas o el comercio del libro en todas sus formas (depósito, venta, envíos, préstamos, etcétera) queda prohibida".[10]

Un importante grupo de escritores, periodistas, artistas, maestros y científicos alemanes, de primer nivel, se vio obligado a huir del régimen que a tan bárbaras restricciones sometía la libertad de creación e investigación en su país. Un listado provisional de ellos recoge cerca de 50 nombres, entre ellos Joahnnes Becher, Walter Benjamín, Bertolt Brecht, Lion Feuchtwanger, John Heartfield, Alfred Kantorowicz, Emil Ludwig, Heinrich y Thomas Mann, Willi Münzenberg, Erich María Remarque, Ludwig Renn, Anna Seghers, Friedrich Wolf y Stefan Zweig.

La llamada "reforma universitaria", proceso mediante el cual se depuró a todos los profesores y estudiantes "indeseables" por razones políticas, ideológicas o raciales, fue otro instrumento en manos de Hitler y los nazis para consolidar la dictadura, en el terreno de la cultura y las ideas. Esta reforma formó parte de un proceso más amplio que incluía, por ejemplo, la Ley de Simplificación del Servicio Social, del 7 de abril de 1933; las dos leyes que establecían los juramentos de fidelidad al Reich, la primera (2 de diciembre de 1933), y a Hitler, la segunda (22 de agosto de 1934); la Ley del 14 de julio de 1933 que despojaba de su nacionalidad a los emigrantes llegados al país durante la República de Weimar (9 de septiembre de 1918–30 de enero de 1933); la Ley de Ciudadanía de Nuremberg, del 15 de septiembre de 1935, y por último, la Ley Estudiantil, del 12 de abril de 1933, ampliada mediante la nueva Ley del Reich del 2 de febrero de 1934.

Semejante entramado de leyes y disposiciones nazis dirigidas a reglamentar y ordenar la vida académica según los cánones del Nuevo Orden, hicieron que "[...] las universidades se convirtieron, rápidamente, en instituciones estatales, como ya lo eran las oficinas de correo. Los estudiantes fueron exitosamente incorporados a los planes de los dirigentes nacionales".[11]

Para ilustrar lo que tales leyes significaron para la represión, sirven las siguientes estadísticas de "bajas" entre los profesores asistentes "indeseables", sólo en el curso de invierno 1934–1935:[12]

Academia Médica de Dusseldorf: 50%

Universidad de Berlín: 32,4%

Universidad de Frankfurt del Meno: 32,3%

Universidad de Heidelberg: 24,3%

De esos profesores cesantes que en todas las universidades alemanas en ese período sumaban 1 684 personas, 821 emigraron al extranjero, repartiéndose entre 43 países, de ellos, por ejemplo, 412 eran médicos, 173 de Ciencias Sociales, 132 profesores de Leyes, 106 físicos, 95 filólogos, 60 historiadores, 60 matemáticos, 33 filósofos, 32 teólogos, 50 especialistas en Historia del Arte, etcétera.[13]

Las razones de la cesantía de algunos de ellos son también ilustrativas:[14]

Por ser "no arios": 230 profesores

Por no ser "políticamente confiables": 18 profesores

Por ser, a la vez, judíos y no "políticamente confiables": 500 profesores

Se estima, en sentido general, que estas políticas represivas causaron daño al potencial científico alemán ascendente a un 15-20% del total, lo que sumado a "[...] altos niveles de hipocresía, engaño y compromisos"[15] entre los profesores y alumnos que no fueron reprimidos, derivados de la necesidad de sobrevivir en condiciones hostiles al desarrollo científico, crearon un panorama espiritual tan asfixiante que certeramente definió Edward Yarnall Hartshorne, en fecha tan temprana como 1937: "Ninguna grandeza verdadera (en el campo de las ciencias) puede emerger de semejantes pequeñas revanchas ni de la opresión desalmada que pende hoy sobre las universidades alemanas".[16]

A este sistema de censura nazi y represión bárbara contra la cultura y los creadores debe sumarse el uso que del lenguaje hicieron Hitler, Goebbels y otros líderes del frente cultural y de la propaganda del Tercer Reich. Así lo definió Lukács, citado por Pere Bonnin en el libro *Así hablan los nazis:*

> Según Lukács, la originalidad de Hitler consistió en haber sido el primero a quien se le ocurrió aplicar la técnica de la publicidad norteamericana a la política y propaganda alemanas, proponiéndose con ello aturdir y seducir a las masas. Hitler utilizó la manipulación lingüística para disolver la realidad en su propia voluntad del poder. El falseamiento de la realidad funcionaba como soporte indispensable de su éxito político. El lenguaje nacional socialista dejó de ser un medio de comunicación y de entontamiento de las masas. Las palabras perdieron la propiedad conceptual para adquirir cualidades mágicas al tiempo que el nivel intelectual del lenguaje se iba degradando hacia un primitivismo instintivo.[17]

Conceptos como "sistema" o "filosofía" en la jerga de la propaganda nazi se redujeron a designar peyorativamente, el primero, al sistema parlamentario "decadente" de la República de Weimar, y el segundo para ser sustituido por el concepto de "Weltanschaunng", o sea, la germanización de la ideología, entendida esta como "[...] una serie de dogmas a los cuales se somete el individuo para alcanzar determinados fines, [...] a partir de la voluntad de acción".[18] La misma suerte corrió el concepto de "nación", sustituido por el de raza. Con su ayuda, según Hitler, "[...] podrá el nacional-socialismo llevar a cabo una revolución y poner al revés al mundo".[19] Esta tarea transformadora fue publicitada por los nazis como mesiánica, y también como "sagrada misión", constructora del "reino" y "bandera de sangre del martirio".[20]

> El lenguaje de los nazis implicaba la militarización de muchos términos de la vida cotidiana para familiarizar a las masas con la agresividad del régimen. También el empobrecimiento de la lengua, incorporándole términos frívolos e incluso deportivos para designar situaciones trágicas, y el uso de insultos y calumnias contra sus oponentes y enemigos como recurso habitual de su discurso político. Ampliamente utilizada por ellos fue la "monumentalidad idiomática" o gigantismo, para exaltar el sentimiento chovinista, y la seudolegitimación científica e histórica, para lo cual se apeló al uso de conceptos del léxico alemán arcaico y la glorificación de los campesinos, la exaltación de la vida patriarcal, uso de antiguas leyendas, mitos y romances históricos, así como de nombres germánicos y de la grafía gótica. También utilizaron la terminología médico-biológica como por ejemplo, "organismo nacional" o "raza", ambas de amplio uso dentro de la propaganda nazi. Además emplearon conceptos de la esfera religiosa y comparaciones entre las obras redentoras de Hitler y Jesucristo, entre otros.[21]

En el terreno de las artes plásticas el nazismo implantó un sistema cerrado de temas que se representarían o abordarían, los cuales tenían como punto de partida "[...] la cuidadosa exclusión de todas las formas precedentes de arte",[22] a las que consideraba "decadentes" o "degeneradas". Las temáticas aprobadas por las autoridades fueron las siguientes:[23]

- La naturaleza es el lugar privilegiado donde se expresa el alma alemana, por eso el paisaje es la técnica favorita para reflejarla. El concepto de Pueblo se vincula siempre con el paisaje alemán, con el German's *Lebensraum*, tal y como lo expresaron artistas preferidos de Hitler como Julius Paul Junghanns, Albert Heinrich, Karl Alexander Flügel, Caspar David Friedrich y Philip Otto Runge.
- Al ser la naturaleza el lugar donde se desarrolla una lucha constante por la vida, en la que los fuertes se imponen a los débiles, sirve a la filosofía artística de los nazis la representación de animales, entre ellos, las águilas, los toros, los caballos y los leones, como símbolos de la fuerza, el valor,

la invencibilidad y la victoria. De esta tendencia fueron representantes Michael Kiefer, Carl Baum y Junghanns.

- Representación de la vida rural como encarnación de la verdadera Alemania, de las costumbres campesinas, reservorio de las tradiciones y guardianes de las esencias de la nación alemana, en contraposición con la vida disoluta de las ciudades burguesas. Pintores como Franz Eichhorst, Hans Ebner, Oskar Martín-Amorbach y Friedrich Krauss dieron cuerpo en sus obras al ideal nazi de "Sangre y Suelo", representando a gente decente, pura, trabajadora y amante del orden.

- Lejos del maquinismo predominante en las pinturas de la vanguardia, la pintura predilecta de los nazis refleja la manera tradicional del trabajo duro en el campo, sin mecanización, como se refleja en las obras de Heinrich Berran, Lothar Sperl y Willy Jäckel.

- La familia, basada en la fidelidad conyugal y la castidad prematrimonial como pilares de la sociedad aria, constituyó uno de los motivos recurrentes en las artes plásticas nazis, garantía de la salvación y del futuro nacional, reflejo de la sociedad armónica, fértil, sana y feliz que se deseaba en el Tercer Reich. En esta línea se destacaron Rudolf Warnecke, Adolf Wissel, Constantin Gerhardinger, Paul Matthias Padua y Thomas Baumgartner.

- La exaltación de la raza germana y su pureza constituyó una de las líneas priorizadas del arte del Tercer Reich. Composiciones bellas, perfectas, simétricas, armoniosas y gestos congelados de los modelos aspiraban a representar la eternidad del sistema. De manera recurrente estas características se observan en las obras de Gisbert Palmié, Franz Xaver Wolf y Leopold Schmutzler.

- La representación de la mujer alemana como soporte reproductivo de la nación, y su glorificación por ser la base de la familia sirvieron de poderoso elemento propagandístico en manos del Reich. La mujer ideal germana se mostraba alta, rubia y de ojos azules, perpetua procreadora de hijos sanos para servir al Estado. Para Hitler y los nazis, la belleza era sinónimo de salud. El desnudo artístico se justificaba sólo como parte de la exaltación de la Naturaleza, como reivindicación del arte de los viejos maestros, al estilo de renacentistas como Tiziano, Tintoretto, Miguel Ángel, Rembrandt o Rubens. En esta línea trabajaron artistas como Jürgen Wegener, Franz Eichhorst, Alfred Kitzig, Friedrich Wilhelm Kalb,

Ivo Saliger, Fritz Mackensen, Adolf Ziegler, este último, presidente de la Cámara del Reich para las Artes Visuales.

- La representación de los hombres debía tener en cuenta, en primer lugar, los rasgos de heroísmo, optimismo y entereza que, según los nazis, caracterizaban a sus guerreros en lo que creían era una batalla por la salvación de la cultura nacional. La glorificación de los soldados alemanes, sin apelar a los horrores visibles de la contienda, fue un motivo recurrente en la obra de Elk Ebert, Fritz Erler y Eichhorst. Para Werner Peiner, la principal inspiración fue la representación de las glorias pasadas de la nación, como por ejemplo, la caballería prusiana en acción o Federico, *El Grande*, en Kunersdorf. Eventualmente, hasta 80 pintores incorporados al ejército alemán dentro de la División de Artes Visuales abastecían con imágenes idealizadas del frente a las salas de exposición del país.

- Una de las más importantes facetas propagandísticas del arte aprobado por los nazis fue la representación de Hitler y de otros líderes del movimiento. Frecuentemente representado en ambientes campesinos idílicos, en el frente de combate, o teniendo a monumentales esculturas de fondo, la imagen de Hitler servía para transmitir la fuerza, invencibilidad y predestinación divina de quien encarnaba, se decía, a todo el pueblo alemán. Así fueron exaltadas las obras de Fritz Erler, Emil Scheibe, Conrad Hommel o Franz Triebsch.

- Por último, entre las más destacadas temáticas del arte que encarnaba la ideología del Nuevo Orden se hallaba la crítica despiadada de los judíos y demás "enemigos", como reflejaban las obras de Adolf Reich o Franz Weiss.

La concepción de que el arte aprobado debía servir como un arma al servicio del movimiento nazi penetró en todas sus expresiones, desde la literatura a la escultura, pasando por el planeamiento de las ciudades, la arquitectura, la música y el cine. Todo lo que quedó fuera de dicha aprobación y estímulo, especialmente el arte moderno, fue calificado como "arte decadente" o "degenerado", y en consecuencia, prohibido y perseguido, sin piedad.

En 1927 fue creada la Sociedad Nacional Socialista por el Arte Alemán, cuya misión principal era "[...] detener la corrupción del arte e informar al pueblo sobre la relación existente entre raza y arte".[24] Hacia 1933 el concepto de "arte degenerado", o sus sinónimos, "arte judío" o "arte bolchevique" servía para describir a todo el arte moderno. En junio de 1937, por indicaciones de Goebbels, las obras que se consideraban como "arte degenerado" fueron expurgadas de las galerías y museos de Alemania. Un total de 16 000 obras de arte sufrieron este destino, de ellas, 650 fueron utilizadas para conformar la exposición "Arte Degenerado", inaugurada en el Instituto de Arqueología de Munich, el 19 de julio de 1937, y que al ser mostrada en 13 ciudades alemanas y austríacas, a partir del 30 de noviembre, convocó a más de tres millones de espectadores. Entre los artistas más citados y criticados en esta muestra se encontraban Paul Klee, Chagall, Kandinsky, Kokoschka y George Grozs. Del total de 113 artistas vetados, apenas seis eran judíos.

En 1938 Hitler autorizó la venta de 125 obras "degeneradas" en el exterior, entre las que se incluían algunas de Picasso, Max Ernst, Gauguin, Modigliani, Van Gogh y Chagall. El 30 de junio de 1939 se celebró en Lucerna, Suiza, la subasta de los nazis, la cual recaudó apenas $115 000 USD. Pero un destino más cruel esperó a la mayoría de las obras incautadas: fueron destruidas por el fuego, el 20 de marzo de 1939, entre ellas, 1 004 pinturas y esculturas, y 3 825 grabados.

Un día antes de la inauguración de la exposición de "Arte Degenerado", en Munich, frente al Museo de Arqueología donde se mostraba, fue inaugurada por Hitler la titulada "Gran Arte Alemán" en la sede de "Haus der Kunst". Allí expresó:

> El cubismo, el dadaísmo, el futurismo, el impresionismo, etcétera, no tienen relación alguna con el pueblo alemán [...] son creaciones de gente a las que Dios negó el talento [...].
>
> [...]
>
> [...] en nombre del pueblo alemán, declaro prohibido semejante infortunio producto de una visión enfermiza a la que se pretende llamar "arte".
>
> [...]
>
> La Casa que hoy inauguramos, en cualquier caso, jamás se planeó, ni se construyó para acoger semejante tipo de arte incompetente y criminal.
>
> [...]

Con esta exposición declaramos terminada la era del arte tonto alemán y de la destrucción de su cultura. Desde ahora comienza una guerra sin cuartel contra todos los elementos que dañan nuestra cultura.

La Casa del Arte Alemán ha sido construida para el pueblo y el arte alemanes.

[...]

Expreso mi deseo de que acoja en los próximos siglos a un elevado número de obras de grandes artistas, no sólo para glorificar esta sede, sino también para mayor honor y prestigio de toda la nación.[25]

En el campo de la música también los nazis dividieron el arte en "aprobado" y "degenerado". La música que promovieron, en opinión de Claudio Uriarte "[...] [como todo lo nazi], al mismo tiempo que superficialmente bella, tiende a ser vulgar y a remedar la verdadera belleza. Y debe hacerlo porque [...] el nazismo jamás deja de apelar a los más bajos instintos de su auditorio, a sus prejuicios, que en realidad no son prejuicios, sino juicios deformados y extrapolados fuera de toda proporción por el provincianismo, el simplismo y la estrechez de miras[...]".[26]

Para ilustrar esa música, Uriarte se remite al ejemplo de *Carmina Burana*, de Carl Orff, un compendio de "[...] toda la estrategia de seducción estética de los nazis: sónicamente es espectacular, musicalmente es ultradirecta y muy fácil de oír: a veces es emocionante, por momentos, bellísima [...] *Carmina* [...] puede ser definida como una obra larga de música pop para gente que quiere creer que está escuchando música clásica".[27] Aunque uno de sus movimientos intermedios concluye con un grito que no necesita explicación: "¡Heil!", para Uriarte, la verdadera conexión de esta obra con la filosofía nazi radica en su "[...] carácter cíclico y la naturaleza pagana y fatalista de sus textos [...] versión del heideggeriano 'vivimos para la muerte'".[28]

La Orquesta Filarmónica de Berlín, como el resto de las instituciones culturales alemanas, fue escrupulosamente "liberada" de músicos judíos y su repertorio controlado para evitar la interpretación de obras "degeneradas" o "decadentes", a pesar de cierta resistencia opuesta por su director, el maestro Wilhelm Furtwängler, quien siguió dirigiendo obras de Hindemith y Schönberg, a pesar de los nazis.[29]

El jazz, de boga entonces en los Estados Unidos y el resto del mundo, especialmente el estilo conocido como *swing*, interpretado por *big bands* como la de Duke Ellington, Count Bassie o Benny Goodman, resultó inaceptable para la estética nazi, pese a su arraigo entre los jóvenes bailadores, por su raíz negra, su desenfreno, rebeldía y libertad de improvisación, tan alejada de la estricta reglamentación y disciplina a que los nazis intentaban someter a la nación, y muy especialmente, a sus jóvenes. Para complicar más la situación, debe recordarse que muchos jazzistas famosos, como Benny Goodman, eran de origen judío.

Con su extraordinaria capacidad para la censura, Goebbels definió al jazz como "[...] música judeo-negroide del capitalismo norteamericano, muy desagradable al alma germana",[30] la cual, debido a su extraordinaria popularidad, cuando no pudiese ser censurada totalmente, debía ser sometida a una estricta reglamentación, de la que son las siguientes algunas de las cláusulas:[31]

1) Las piezas con ritmo de *fox-trot* o *swing* no podrán exceder el 20% del repertorio de las orquestas y bandas musicales para bailes.

2) Del repertorio del llamado jazz debe darse preferencia a las composiciones en escalas mayores y a letras que expresen la alegría de vivir, en lugar de las deprimentes letras judías.

3) En cuanto al tempo, debe darse preferencia a composiciones ligeras sobre las lentas (los llamados *blues*), de todos modos, el ritmo no debe exceder la categoría de "allegro", medido de acuerdo al sentido ario de la disciplina y moderación. De ninguna manera se tolerarán excesos negroides en el tempo (el llamado jazz), o en las ejecuciones solistas (los llamados *breaks*).

4) Las llamadas composiciones jazzísticas podrán contener hasta un 10% de síncopas; el resto debe consistir en un natural movimiento "legato", desprovisto de las histéricas inversiones del ritmo características de la música de las razas bárbaras, promotoras de instintos oscuros, extraños al pueblo alemán.

5) Queda estrictamente prohibido el uso de instrumentos extraños al espíritu del pueblo alemán, así como el de sordinas que convierten el noble sonido de los instrumentos de viento y bronce en aullidos judíos.

6) Quedan prohibidos los solos de las baterías que excedan la mitad de un compás en tiempo de cuatro cuartos, excepto en los casos de estilizadas marchas militares.

7) Queda prohibido a los músicos realizar improvisaciones vocales (scat).

Detalladas listas de obras y autores musicales prohibidos eran publicadas en el *Völkischer Beobachter* con regularidad, como resultado de la labor de la Oficina de Análisis Musical del Reich. Un ejemplar de dichas listas, del Reporte Legal # 77, del 31 de marzo de 1939, incluye obras consideradas "indeseables y dañinas", y en consecuencias, se declaraba prohibida su ejecución en el país, entre ellas *Sólo tú, Allegro swing, Granada,* el paso doble *Arriba España, Caravan* y *Canto negro.*[32]

En el caso del cine, la propaganda nazi comprendió, desde sus inicios, sus extraordinarias facultades comunicativas, de mucha utilidad al servicio de la política. En 1937 Fritz Hippler, uno de los responsables de la Sección Fílmica del Ministerio de Propaganda, escribía en un artículo significativamente titulado "El film como arma": "Si uno compara el efecto directo e intenso que sobre las masas causan los diferentes medios de propaganda, sin lugar a duda los filmes son los más poderosos".[33] De esta manera se explica la alianza entre los nazis y una realizadora cinematográfica de primera magnitud como lo fue Leni Riefenstahl.

Realizadora de una película proto-nazi sobre la vida idílica en una montaña, destruida por la invasión de fuerzas malignas, y estrenada el 24 de marzo de 1932 bajo el título de *La luz azul,* anterior a la fecha en que arriba Hitler al poder, Leni Riefenstahl recreaba, con aquella simbología maniquea, de tan fácil apropiación por parte de las masas, un símbolo ancestral germano (el de la montaña) anunciador del retorno de los héroes salvadores de la nación, en consecuencia, realizaba una temprana validación del ascenso del nazismo. "Sede del amanecer, del heroísmo, y si es necesario, de la muerte heroica transfigurante, lugar de un 'entusiasmo' que tiende hacia estadios trascendentes, de un ascenso desnudo y de una fuerza solar triunfal opuesta a las fuerzas paralizantes que oscurecen y bestializan la vida",[34] de esa manera definía Julius Evola el simbolismo de las montañas, reivindicado por el fascismo, en su ensayo "Notas sobre la 'divinidad' de la montaña". Así lo entendió también la Riefenstahl.

Teniendo como antecedente la creación en Alemania, en 1916, de una empresa cinematográfica estatal para la propaganda de guerra, los nazis aprovecharon el control que sobre la producción fílmica del país tenía un empresario nacionalista conservador, Alfred Hugenberg, uno de los promotores de Hitler para sentar las bases de su política en este campo. Contaron también con la existencia de obras precedentes del Expresionismo alemán, que habían alcanzado el reconocimiento internacional para este cine, entre las que se encontraba *El gabinete del doctor Caligari,* de Robert Wiene, y otras de cineastas como Friedrich Murnau, George Wilhelm Pabst y Fritz Lang.

Mucho debe el cine nazi a los logros estéticos del cine soviético, principalmente a las técnicas del montaje de Serguei Eisnstein, por lo que su significación no fue tanto desde el punto de vista formal, como por haber sido "[...] [capaz de llevar] hasta el final los aspectos [ideológicos] que menciona, [...] las repetitivas consignas del nazismo, convirtiéndose así en el paradigma de intervención estatal e instrumento de propaganda oficial de planteamientos maniqueos, que exaltan las emociones, [...] alejando a las masas de los aspectos políticos más importantes".[35]

En junio de 1933, el recién creado Ministerio de Propaganda dictó las normas que debían regir la política cinematográfica del Reich, así como la censura de las películas extranjeras y nacionales, y se creó el Banco de Crédito Cinematográfico para estimular la producción propia. En 1934, se estableció la censura previa de los guiones y la medición del efecto de los filmes sobre los espectadores.

En cuanto a géneros, el nazismo promovió de manera notable la realización de noticiarios y de documentales concebidos con una cuidadosa factura artística, como garantía de su credibilidad e impacto propagandístico. La descalificación y satanización de sus enemigos es otra importante faceta del cine alemán de esta época, principalmente de los judíos, los comunistas, los soviéticos, y más adelante, los ingleses y norteamericanos. Los llamados "filmes partidistas" exaltaban al militante nazi ejemplar, el heroísmo de los soldados y trabajadores de la retaguardia, la camaradería, y las virtudes de la raza aria. Películas de ficción, más elementales, subsidiadas por el Estado, utilizaban temas de la vida campesina alemana y otros conflictos melodramáticos menores para estos fines.

La profusa simbología nazi, en gran medida común a las obras plásticas, constituyó la mejor escenografía posible para estas producciones cinematográficas. Abundan hasta la saciedad, como mensaje didáctico directo al espectador, las banderas y cruces gamadas, la imagen mitificada, majestuosa, sobrehumana del Führer "corregida mediante filtros y cortes",[36] la mujer alemana como perpetuadora de la raza, etcétera.

En agosto de 1933 Leni Riefenstahl acepta el primer encargo nazi y realiza el documental *El triunfo de la fe,* un ensayo de lo que sería *El triunfo de la voluntad,* de 1934, sobre el congreso nazi de ese año, considerada por muchos como "[...] la mejor película de propaganda de todos los tiempos [...]".[37] En este film la divinización de Hitler es el tema central, junto a la glorificación del NSDAP. Las masas presentes en la película, organizadas, disciplinadas y fanatizadas que tienen como fondo un escenario de banderas e himnos que dan vítores al líder, rodearon con una aureola de poder e invencibilidad al nazismo, facilitando así la quiebra y derrota psicológica de sus adversarios, proceso que tuvo en *Olympia* (1936), una continuación lógica.

La aplicación implacable de la política cultural nazi en su propio país y hacia sus nacionales, y la filosofía inhumana y totalitaria que la animaba, unido a los planes revanchistas y expansionistas que sus principales líderes y pensadores no ocultaban con la amenaza de llevar a los territorios que se ocupasen esta misma política y esta misma filosofía, hizo que los intelectuales de la época, independientemente de sus posiciones políticas o estéticas, se unieran ante el inminente peligro.

Hacia 1935, primero como solidaridad instintiva y gremial con los artistas e intelectuales alemanes reprimidos, y luego con mayor conciencia de las tormentas que se avecinaban, había avanzado, no sin dificultades, la idea de celebrar el Congreso de París.

Definitivamente, y tras algunas confusiones y hasta simpatías iniciales con las consignas culturales nazis y fascistas, los campos se habían deslindado para la mayoría de los intelectuales de la época. Antes de que se disparase el primer cañonazo de la Segunda Guerra Mundial, como suele ocurrir, estallaba de esta manera la guerra cultural.

REFERENCIAS

1. "La sicología de las amplias masas". En: Hofer, Walter. *El nazismo 1933-1945.* México, D.F., 1966. p. Hofer, W. p. 21.
   Ver también: Hitler, Adolf. *Mein kampf.* Munich: Ed. 220/224a, 1936. p. 198.

2. Ídem.

3. Zylberman, Abraham. Entre el ascenso del nazismo y el pogrom de 1938. En: http://www.fmh.org.ar/revista/5/ascensopogrom.htm

4. Fire Oaths.
   En: http://www.ushmn.org/wlc/article.php?lang=en&ModuleId=10006084

5. Báez, Fernando. El bibliocausto nazi.
   En: http://www.ucm.es/info/especulo/numero22/biblioca.html

6. Goebbels, Joseph. Carrying out the Will of the People.
   En: http://www.ctberussr.com/hcunn/volkisch.html
       Publicado en: *Völkischer Beobachter / Populist Observer* (Berlín) 12 May 1933. (Edition A / North-Germany Edition)

7. Cit. en "La revolución total". En: Hoffer, W. *Op. cit.* (1). pp. 94-95.
       Discurso inaugural de Joseph Goebbels en la Cámara Cultural del Reich, el 15 de noviembre de 1933.
       Ver también: *Völkischer Beobachter / Populist Observer* (Berlín) 16 Nov. 1933: 1-2. 46(320):1-2; 16 Nov. 1933.

8. Ídem, pp. 30-31.

9. Richard, Lionel. *Nazisme et Litterature.* Editorial Francois Maspero, 1971. p. 152.

10. Ídem, pp. 149-150.

11. Hartshorne, Edward Yarnall, Jr. *The German Universities and National Socialism.* Cambridge: Harvard University Press, 1937. p. 71.

12. Ídem, p. 94.

13. Ídem, pp. 97-98.

14. Ídem, p. 99.

15. Ídem, p. 170.

16. Ídem.

17. Bonnin, Pere. *Así hablan los nazis: aproximación al estudio del lenguaje fascista en los medios de comunicación.* Barcelona: Dopesa, 1973. p. 21.

18. Ídem, p. 45.

19. Ídem, p. 47.

20. Ídem, p. 52.

21. Ídem, pp. 73-76.

22. The Visualisation of Nacional Socialist Ideology. En: file://f:art7.htm

23. Ídem.

24. Degenerate Art (Entartete Kunst).
En: http://fcit.coedu.usf.edu/holocaust/arts/artDegen.htm

25. Hitler, Adolf. Speech Inaugurating the "Great Exhibition of German Art", 1937, Munich. En: http://www.tesc.edu/~rprice/hitlerart.htm

26. Uriarte, Claudio. El arte del nazismo.
En: http://www.revistaclasica.com.ar/2000-04/nota03.htm

27. Ídem.

28. Ídem.

29. Ledesma, Oscar. La comunicación más profunda.
En: http://www.revistaclasica.com.ar/2000-05/nota01.htm

30. Bronfman, Miguel. El jazz en la Alemania.
En: http://www.fmh.org.ar/revista/17/eljazz.htm

31. Ídem.

32. Banned Music in the Third Reich. First Listing of Undesired Musical Works.
En: http://www.calvin.edu/academic/cas/gpa/banned.htm

33. Hippler, Fritz. Film as a Weapon.
En: http://www.calvin.edu/academic/cas/gpa/hippler1.htm

34. Evola, Julios. Notas sobre la "divinidad de la montaña".
En: http://www.juliusevola.it/documenti/print.asp?cod=236

35. Cine en la Alemania nazi.
En: http://html.rincondelvago.com/cine-en-la-alemania-nazi.html

36. Ídem.

37. Ídem.

CAPÍTULO 4

Los meses del año 1935 no fueron especialmente movidos para la historia ni la cultura mundial, si exceptuamos que:

- El 8 de enero nace en Tupelo, Mississippi, Elvis Aaron Presley.
- El 7 de febrero aparece en las tiendas el juego de "Monopolio".
- El 13 de febrero es condenado a muerte Bruno Richard Hauptmann, convicto por el secuestro y asesinato del hijo del famoso aviador Charles Lindbergh.
- El 27 de febrero, en el Hotel Biltmore de Los Angeles, durante la séptima edición de los premios "Oscar" se otorgaron cuatro al film *It Happened One Night*, de Frank Cappra, protagonizado por Clark Gable y Claudette Colbert.
- El 16 de marzo Hitler vuelve a poner en vigor el servicio militar obligatorio.
- El 21 de marzo Persia comienza a llamarse Irán.
- El 22 de marzo, en Alemania, se instala el primer servicio de televisión pública regular.
- El 12 de mayo, en Ohio, es creada la primera oficina de "Alcohólicos Anónimos".
- El 17 de mayo fallece Paul Dukas, autor de *El aprendiz de brujo* y *Barba Azul*.
- El 19 de mayo muere en un accidente de motocicleta el escritor y agente secreto británico Thomas Edward Lawrence, más conocido por Lawrence de Arabia.
- El 31 de mayo tuvo lugar un terremoto de 7,7 grados en la escala Richter en el cual sucumbieron 50 000 personas en Quetta, Pakistán.

- El 21 de junio nació Françoise Sagan, autora, a los 18 años, de *Bonjours tristesse.*
- El 12 de julio, a los 75 años, desaparece físicamente Alfred Dreyfuss.
- El 15 de septiembre la cruz gamada se convierte en símbolo oficial de la Alemania nazi.
- En octubre Musssolini invade Abisinia.
- El 1ro de diciembre nace Woody Allen.

Sin lugar a duda, un año que comienza con el nacimiento de Elvis Presley y concluye con el de Woody Allen debió ser pródigo en presagios.

Se sabe que 1935 fue también el año del estreno de dos filmes norteamericanos con tramas que transcurrían en París: *Folies Bergere de Paris,* dirigida por Roy Del Ruth, con Maurice Chevalier y la debutante Merle Oberon, en los papeles protagónicos, y *Charlie Chan en París,* cuyo director fue Lewis Seiler, con Warner Oland y Maury Brian. Fue también el año en que se declaró desierto el Premio Nobel de Literatura, se otorgó el de Física a James Chadwick (1891-1974), de la Universidad de Liverpool, por el descubrimiento del neutrón; el de Química a Frederic Joliot (1900-1958) e Irene Joliot-Curie (1897-1956), del Institut Du Radium, de París, por la síntesis de nuevos elementos radioactivos; el de Medicina a Hans Spermann (1869-1941), de la Universidad de Freiburg, por su descubrimiento del efecto organizador del desarrollo embrionario, y el de la Paz a Carl Von Ossietzky, quien no lo pudo recibir en persona, por hallarse prisionero en Alemania.

Especialmente el mes de junio de aquel año, fue marcado por grandes manifestaciones en Francia en apoyo del Frente Popular, y tuvo lugar en Paris el Primer Congreso de Filosofía Científica, organizado por el Círculo de Viena. De esta manera, entre las frivolidades del cine de Hollywood, las demostraciones políticas, y las exigencias metodológicas de la lógica positivista de Schlick, Carnap, Neurath, Frank y Gödel, transcurría la vida rutinaria de la Ciudad Luz, cuando la Mutualidad se vio tomada por artistas y escritores llegados de todo el planeta, y no precisamente para emular con Charlie Chan en la persecución del hampa parisina.

Francia experimentaba entonces un febril proceso de radicalización y búsqueda de la unidad entre las fuerzas de izquierda, como reacción al intento de golpe fascista del año anterior que había sido de especial peligro para la República: una serie de escándalos financieros agitaron al Partido

Radical, a raíz del asesinato de un especulador judío-ucraniano de apellido Stravinsky, acusado de mantener oscuras relaciones con encumbrados políticos. Los partidos fascistas franceses, que afirmaban tener más de un millón de miembros y estaban alentados por el nombramiento de Hitler al cargo de Canciller de Alemania, intentaron tomar la Asamblea Nacional el 6 de febrero, con el resultado de 15 muertos y más de 1 435 heridos. El proceso, que desembocaría en la creación del Frente Popular y la huelga general de 1936, fue acompañado por la activación de los intelectuales franceses más conscientes.

La convocatoria que culminó en el I Congreso Internacional de Escritores para la Defensa de la Cultura tuvo los siguientes antecedentes:

1) En 1932, convocado por el Komintern, tuvo lugar un Congreso antibelicista en Amsterdam, entre los días 27 y 29 de agosto, bajo la presidencia de Henri Barbusse y Romain Rolland. Como resultado del mismo quedó organizado el Comité Mundial de Lucha contra la Guerra, integrado, entre otros, por Máximo Gorki, Albert Einstein, Heinrich Mann, Theodore Dreisser, John Dos Passos, Sherwood Anderson y Willy Münzemberg.

2) Después del Congreso de Amsterdam fue convocada una Conferencia de escritores revolucionarios donde participaron 80 delegados de 15 países, los que constituyeron la Asociación de Escritores y Artistas Revolucionarios (AEAR), presidida por Paul Vaillant-Couturier. El Orden del Día, según carta de Vaillant-Couturier a Louis Aragón incluía: "I. Información acerca de la situación del arte y la literatura revolucionarios en los diversos países. II. Modalidades de nuestra acción concreta contra la guerra. Propuestas precisas para la organización de nuestras actividades tras el Congreso [...]".[1] Se constató, de acuerdo a Vaillant-Couturier, que debido a la crisis europea numerosos intelectuales pequeño-burgueses se acercaban a la Asociación, pero la política sectaria de algunos de sus miembros los rechazaba. Hubo consenso acerca de la necesidad de "[...] la formación de un amplio frente unitario literario",[2] para "[...] luchar contra la guerra imperialista [...]".[3] El carácter de la AEAR se resume en lo que de ella dice Vaillant-Couturier en un artículo del periódico *L'Humanite*, del 21 de marzo de 1933:

Hoy la AEAR conmemora el primer aniversario de su constitución [...] bajo la presidencia honoraria de R. Rolland y H. Barbusse, para luchar contra el terror en Alemania y el imperialismo francés. [En el acto conmemorativo, que tendrá lugar en la sala Cadet, con la presencia de André Gide] la AEAR expresará su adhesión al congreso antifascista europeo y ampliará el frente de defensa de nuestros camaradas alemanes.

Es uno de sus méritos, en apenas un año, haber agrupado a los autores representativos del arte y la literatura "no conformista".[4]

3) Entre el 4 y el 6 de junio de 1933, en la Sala Pleyel, de París, tuvo lugar un Congreso antifascista europeo, con delegados de más de 20 países, saludado por el Partido Comunista y combatido por los socialistas. Por gestiones de Vaillant-Couturier se propone la creación de un Comité de escritores antifascistas y se funde con el de Amsterdam, así se constituye el Comité Amsterdam-Pleyel contra la guerra y el fascismo. Los escritores antifascistas alemanes en el exilio eran muy activos y entusiastas apoyando convocatorias de este tipo.

4) Como consecuencia de la intentona fascista del 6 de febrero de 1934, surgió el Comité de Vigilancia de los intelectuales antifascistas, en marzo de 1934. Otro resultado directo, aún más importante, fue la firma de un acuerdo entre comunistas y social-demócratas, el 27 de julio de 1934, para la creación del Frente Popular.

5) Entre el 17 de agosto y el 1 de septiembre de 1934 se celebró en Moscú el Primer Congreso de Escritores Soviéticos. Los discursos allí pronunciados por figuras de la talla de Gorki, André Malraux, Kart Radek y Zhdanov tuvieron una gran repercusión en Francia. La Asociación de Escritores Revolucionarios convocó a una reunión en la Mutualidad de París, el 23 de octubre de 1934, para escuchar un balance de aquel Congreso. Al encuentro asistieron más de 4 500 personas, y se escucharon intervenciones de André Gide sobre literatura y revolución, y de Malraux sobre la actitud del artista.

El Congreso soviético promovió el interés y la necesidad de celebrar en 1935 un encuentro mundial en París, para crear un frente mundial intelectual revolucionario y antifascista. En la "Resolución sobre la literatura internacional", aprobada en la sesión del 26 de agosto de 1934, tras escuchar el informe de Radek, los delegados hicieron un llamado a

"[…] sus hermanos, los escritores revolucionarios del mundo entero para luchar […] contra la opresión capitalista, la barbarie fascista, la esclavitud colonial, la preparación de nuevas guerras imperialistas, y en defensa de la URSS […]".[5]

6) Otras iniciativas similares confluyeron por vías diversas, y contribuyeron a preparar el camino para el encuentro de París, entre ellas, el encuentro de Henri Barbusse con Stalin, tras el Congreso de 1934, del que surgió el manifiesto "Por una Liga Internacional de Escritores", publicado en diciembre. Los conceptos expuestos no lograron ser compartidos por muchos de los intelectuales de la época, pero su caracterización de los tiempos y los peligros que se cernían sobre la humanidad fueron especialmente acertados:

> […] sobre esta esterilidad, esta decadencia, este horror, se ciernen tormentas: los crecientes peligros de la guerra, de la esclavitud y de la degeneración,
>
> […]
>
> Todos los países capitalistas son fascistas o se encaminan al fascismo.
>
> […]
>
> […] llamamos a todos los escritores del mundo, para ganarles —como escritores— para la causa de la sabiduría y de la dicha (y de la victoria), en medio del espantoso derrumbamiento de la vida colectiva presente.[6]

7) A partir del polémico "Llamamiento…" de Barbusse, y en contacto con él, un grupo de escritores, entre ellos, Malraux, Paul Nizan, Ilya Ehrenburg y Johannes R. Becher, coordinados por Jean Richard Bloch redactaron, en febrero de 1935, un "Llamamiento al Congreso", que fue enviado a un grupo de escritores franceses para obtener su adhesión. Una reunión, que contó con la presencia de una veintena de ellos, celebrada el 27 de marzo, en el Café Voltaire, concluyó con una versión definitiva, que fue dada a la prensa. Entre los firmantes, apenas tres eran comunistas (Louis Aragon, Barbusse y Nizan), apareciendo junto a ellos también los nombres de André Gide, Malraux, Leon Moussinac, Romain Rolland, entre otros.

8) Entre el 26 y el 28 de abril de 1935 tuvo lugar el I Congreso de Escritores Norteamericanos, en la ciudad de New York, con la presencia de 216

delegados estadounidenses y 150 invitados, entre ellos, escritores de México, Cuba, Alemania y Japón. Ante más de 4 000 participantes presentaron ponencias escritores de la talla de Waldo Frank, Henry Hart, Aragon, Malcom Cowley, John Dos Passos, Erskine Caldwell, Theodore Dreisser y Langston Hughes. Los acuerdos del Congreso estipulaban la creación de la League of American Writers, y el compromiso de luchar contra "[…] la guerra, la preservación de las libertades civiles, y la destrucción de las tendencias fascistas, en cualquier parte […], por la distribución lo más amplia posible de literatura revolucionaria, y por el desarrollo de la prensa revolucionaria […]. [También] brindará espacio para la discusión técnica de las aplicaciones literarias de la filosofía marxista y de la relación entre el crítico y el creador".[7] Como era de esperar, la recién fundada organización se afiliaba a la Unión Internacional de Escritores Revolucionarios, a la que consideraba "[…] vanguardia de la acción política y literaria".[8]

Con semejantes antecedentes, el I Congreso Internacional de Escritores en Defensa de la Cultura comenzó a ser organizado en París, en medio de grandes penurias económicas y materiales. Para realizar la ardua labor organizativa fueron designados Louis Guillox y René Lalou. La consigna central "En defensa de la cultura" apareció por primera vez en un artículo de Paul Vaillant-Couturier publicado en *Commune,* órgano de la AEAR, en noviembre de 1934, titulado "Le rire jaune", y también en una octavilla solidaria de la AEAR con la "Marcha del Hambre", del 12 de enero de 1935, donde afirmaba:

> Esta solidaridad no es sólo una declaración de principios. Numerosos son los artistas y escritores que se ven afectados por la crisis […]. Con la creciente miseria se plantea toda la cuestión de la restricción cultural […]. Los escritores y artistas revolucionarios, que vinculan sus reivindicaciones de defensa y difusión de la cultura, amenazadas por una ola de opresión fascista, con sus directas exigencias de trabajo y pan […] hacen suyas las reclamaciones de los parados y ponen todo el poder que ellos representan a su disposición.[9]

La Convocatoria del Congreso se dio a conocer en *Monde*, el 5 de abril, firmada, entre otros, por Aragon, Barbusse, Bloch, René Crevel, André Gide, Jean Guéhenno, Lalou, Malraux, Moussinac, Nizan y Rolland. La fundamentación del documento era escueta, pero suficientemente clara:

> Un grupo de escritores, ante los peligros que amenazan a la cultura en ciertos países, plantea la iniciativa de reunir un congreso para examinar y discutir los medios para su defensa. Se proponen la precisión de las condiciones de la creación literaria así como la relación entre el escritor y su público.
>
> Os piden incorporaros y aportar vuestras sugerencias y os plantean un primer borrador de trabajo.
>
> Se constituirá antes de acabar el mes en cada país un comité organizador [...].
>
> El congreso se reunirá en París el 3 de junio [fecha inicialmente escogida, que debió ser pospuesta].[10]

Entre los temas de lo que los organizadores llamaron "borrador de trabajo", se encontraban:[11]

- La herencia cultural
- Recuperación y protección de los valores culturales
- Porvenir de la cultura
- Humanismo y nacionalidad
- Humanismo proletario
- Culturas nacionales y humanismo
- Clases sociales y cultura
- Guerra y cultura
- La literatura de los pueblos coloniales
- Marginados y precursores
- Naturaleza de la libertad del artista
- Libertad de expresión
- El escritor y el exilio

- Valor crítico de la literatura
- Función social de la literatura
- La acción de los escritores para la defensa de la cultura
- Su coordinación

Cuando se dio comienzo a las sesiones del Congreso en la Mutualidad de París, el 21 de junio de 1935, se encontraban presentes 230 delegados de 38 países. Los oradores fueron 27 franceses, 20 alemanes, 15 soviéticos, cuatro ingleses, dos italianos e igual número de belgas, búlgaros, daneses, norteamericanos, así como uno por cada uno de los siguientes países: Austria, Checoslovaquia, China, España, Grecia, Holanda, India, Letonia, Polonia y Portugal.

El solo hecho de haberse convocado y de haber encontrado receptividad la agenda de trabajo previamente circulada, unido a la presencia de delegados de tantos países que pudieron vencer las dificultades y obstáculos materiales para representar a sus compañeros, confirió al Congreso un indudable valor.

La relevancia del congreso se debió al momento histórico en que iniciaba sus sesiones, al contenido de las intervenciones y acuerdos adoptados, y en haber puesto de manifiesto, con su sola convocatoria, que los artistas, escritores e intelectuales de cualquier época, mucho más en tiempos de crisis, de auge de las tiranías y de guerras imperialistas, no pueden permanecer ajenos al compromiso social.

Esa conclusión, y el consenso mundial que a su alrededor se construyó justifican las angustias sufridas por sus organizadores. Guillox y Lalou dejaron temporalmente sus respectivas obras para dedicar todas sus energías creadoras a la agobiante tarea de garantizar las condiciones para la asamblea, con fondos casi simbólicos, y uniendo voluntades tan dispersas, mucho más entre intelectuales.

FRENANDO EL TREN DE GOEBBELS

El proceso para hacer llegar las invitaciones a los países que debían enviar delegados al Congreso, transcurrió en medio de las dificultades impuestas por la situación europea y mundial de entonces. A la falta de recursos de los organizadores se sumaron las divisiones dentro de las fuerzas antifascistas, como por ejemplo, las que estremecían las relaciones entre comunistas y social-demócratas, entre comunistas y trotskistas, y sobre todo, entre surrealistas y comunistas. Mucho dificultó la tarea de los enviados franceses las seculares divisiones y grupos rivales en que se suele atomizar la vida artística y literaria de cada nación, la hostilidad y vigilancia de los gobiernos "democráticos", los cuales perseguían con más saña iniciativas de este tipo que las del signo opuesto, y por último, la labor de zapa, y la abierta represión de los regímenes fascistas y sus organismos policíacos y de inteligencia.

En España, por ejemplo, la labor de invitar a los escritores del país correspondió a René Crevel, escritor surrealista vinculado en aquel momento al Partido Comunista, quien viajó a ese país en abril de 1935. Sus declaraciones al periódico *El Sol*, del 27 de abril, son representativas de la manera en que se llevó a cabo la promoción del Congreso:

> He invitado a aquellas personalidades de la intelectualidad española cuya obra y cuya posición ante los derroteros a que está abocada la cultura en los tiempos actuales coinciden con la orientación del espíritu del Congreso [...].
>
> Es cada vez más importante luchar contra el oscurantismo que pretenden imponer los regímenes reaccionarios y el delirio nacionalista. Las fronteras entre los países son fronteras contra las ideas. Nada favorece más al antifascismo que el espectáculo de las brutalidades que constituyen toda la política cultural de los países contaminados de fascismo (campos de concentración para los intelectuales, libros quemados, pintores y arquitectos expulsados).
>
> [...]
>
> Nos aprestamos a defender la libertad y la cultura en cualquier punto del mundo donde se encuentren amenazadas [...].

[...]

Ha pasado el tiempo de las torres de marfil.[12]

Entre las personalidades que Crevel invitó se encontraban Azorín, Manuel Azaña, Federico García Lorca, Ramón del Valle Inclán, Antonio Espina, Julio Álvarez del Vayo, Ramón Sender y Gabriel Alomar. Otras fuentes ubican también en esta lista a Andrés Carranque del Río, Antonio Machado, Juan Ramón Jiménez, Luis Araquistain, Juan Chabás, Luis Cernuda y Vicente Alexander. Por América Latina se cursaron invitaciones a César Vallejo, Armando Bazán, González Muñón y Pablo Neruda. Al final, Valle Inclán no pudo asistir por encontrarse enfermo, mientras que Rafael Alberti y María Teresa León no pudieron hacerlo por haber viajado a la URSS.

La preocupación por el avance del fascismo en Europa y sus consecuencias para la humanidad, y en particular para la cultura, ocupó espacio en la prensa española más avanzada de la época, por lo que, primero la convocatoria, y luego los acuerdos del Congreso tuvieron un reflejo garantizado. Con antelación a la cita de París, revistas madrileñas como *Octubre* y *Tiempo Presente*, la valenciana *Nueva Cultura*, y las tinerfeñas *Gaceta del Arte* e *Índice* mantuvieron espacios dedicados a examinar las consecuencias culturales del fascismo, y, en el caso de las últimas, las discusiones del I Congreso de Escritores Soviéticos.

El clima de denuncia y enfrentamiento el fascismo fue abonado, mucho antes de que se iniciase el Congreso de París, gracias a artículos publicados en órganos de la prensa europea de izquierda, destacándose *Octubre*, en España; *Comunne*, en Francia; *The Left Review*, de Inglaterra; *Links Richten*, de Holanda, y la alemana *Die Linkskurve*. De la primera es la siguiente cita ilustrativa, que pertenece al artículo "Nuestra protesta": "El llamamiento internacional para la lucha contra el terror fascista se hace oír en todos los países. Escritores, artistas e intelectuales de todos los países se suman a él [...]. El fascismo es una amenaza para todas las conquistas de la cultura humana".[13]

El éxito de la convocatoria sorprendió a los organizadores, sobre todo por la enorme cantidad de personas interesadas que pagaron por obtener un puesto en el teatro de la Mutualidad, el día de la inauguración. Fue necesario ubicar altavoces en la calle para los que no hallaron sitio. Junto a la masiva respuesta del público, fue considerada un éxito la presencia, entre los delegados, de importantes intelectuales de la época, como André Gide, Julián Benda, Robert Musil, Jean Guéhenno, Edouard Dujardin, Aldous Huxley, Jean Richard Bloch, Martin Andersen, Mijail Koltzov, Ilya Ehrenburg, André Malraux, Bertolt Brecht, Max Brod, Alexei Toltstoi, Paul Nizan, Waldo Frank, Henri Barbusse, Leon Moussinac, Anna Seghers, Heinrich Mann, Lion Feuchtwanger, Tristan Tzara, André Breton, Ernst Bloch, Louis Aragon, Paul Vaillant-Couturier y Boris Pasternak. Fueron enviados mensajes al Congreso por Jorge Dimitrov, René Crevel (que se suicidó dos días antes de la apertura), Guglielmo Ferrero, Máximo Gorki y la Asociación para la Defensa de Escritores Alemanes.

A pesar del consenso logrado por los delegados alrededor de un grupo de temas medulares, varias fueron las polémicas que agitaron los ánimos y pusieron en peligro la unidad buscada con tanta vehemencia. El *affaire* de Víctor Serge, escritor soviético encarcelado por supuestas actividades contrarrevolucionarias, expuesto ante los delegados por Magdeleine Paz y Gaetano Salvemini; la relación entre cultura y política, según la versión que aportó al Congreso el escritor austriaco Robert Musil; y las diferencias insalvables que Julián Benda apreciaba entre las concepciones Occidental y marxista acerca de lo que es y debe ser la literatura, provocaron las más ácidas discusiones del Congreso.

El *affaire* Serge centró la polémica entre comunistas y trotskistas, pues este había sido encarcelado en la URSS acusado de "disidente trotskista". Serge, cuyo verdadero nombre era Victor Lvovich Khibalchich, se definía como "socialista libertario". Trabajó con Gorki y Zinoviev, cuando este último presidía la Internacional. Desde 1923 participó en la llamada "oposición de izquierda", junto a Trotsky y Radek, por lo que en 1928 fue expulsado del Partido Comunista, y encarcelado, en 1933. Autor de obras como *Año 1 de la Revolución Rusa* y de novelas como *Hombres en prisión* (1930) y *Origen de nuestro poder* (1931), su caso fue introducido ante el Congreso por el historiador, periodista y escritor Gaetano Salvemini, fundador del periódico *L'Unita,* quien había sufrido prisión bajo la dictadura de Mussolini. Su intervención terminaba criticando al régimen soviético, y a cualquier doctrina que pretendiese "el monopolio legal de la verdad". Al día siguiente, otra ponencia, la de la socialista francesa Magdeleine Paz, retomó la situación de Serge, reprochando a los delegados que no estaban llevando a la práctica las ideas que decían defender. Tras recibir respuestas de Nicolai Tijonov,

Vladimir Kirschon y Ehrenburg, tres delegados soviéticos, y de la alemana Anna Seghers, André Gide cerró la discusión alegando que "[…] la seguridad de la Unión Soviética debe ser para nosotros más importante que todo".[14] Gestiones posteriores de Gide y Rolland ante Stalin lograron la liberación y deportación de la URSS de Víctor Serge.

Robert Musil, escritor austriaco, autor de novelas como *Las tribulaciones del joven Törless* (1906), *Uniones* (1911), *Tres mujeres* (1924) y *El hombre sin atributos,* cuya primera parte publicó en 1930, abordó otro tema escabroso cuando se declaró "apolítico" e intentó convencer a los presentes acerca de que:

> […] la política no encuentra sus metas en la cultura, sino que se las trae […]. Nos enseña la única manera en que se nos permite escribir, pintar y filosofar.
>
> […]
>
> La cultura no está vinculada a ninguna forma política.
>
> La cultura supone una continuidad, y el respeto incluso a aquello que se combate.
>
> […]
>
> Si un régimen político no defiende estos valores para todo el mundo [como la libertad, la franqueza, el valor, el espíritu crítico, la verdad, etcétera] estos tampoco se manifestarán en sus individuos más dotados.[15]

Esta contraposición entre cultura y política de Musil suscitó fuerte rechazo entre los delegados, principalmente entre los alemanes exiliados como Anna Seghers, Max Brod y Bodo Ushe.

Los criterios más polémicos, quizás, fueron los de Julien Benda, autor de una obra que causó gran revuelo en 1927, *La traición de los intelectuales,* destinada a condenar la sumisión del espíritu a los poderes temporales abandonando su misión original, la de actuar como "oficiante de la justicia abstracta", la obra fue un fiel reflejo del pensamiento de Benda en lo tocante a reclamar de los intelectuales un alejamiento de las "prácticas del mundo material y las pasiones políticas", precisamente lo contrario de lo que esperaban los organizadores del Congreso de París.

Benda había declarado ser un "dreyfussista" en medio de la polémica que a fines del siglo XIX había escindido a Francia, activado el interés cívico y político de sus intelectuales, y polarizado el enfrentamiento entre la reacción y el progreso. A pesar de esa postura, había derivado hacia la deificación del conocimiento en general, y del arte, la literatura y el pensamiento intelectual, en particular, llegando a proclamar que los intelectuales, "los escribanos", deben mantenerse alejados de la contaminación que brota de los intereses de la vida cotidiana como la política, pues eran depositarios en la sociedad de lo que llamó "ideal iluminista o humanismo iluminista". Lejos de pertenecer a la clase de los intelectuales comprometidos con su época, que constituía la mayoría de los delegados al Congreso, Benda renegaba de semejante compromiso, a menos que este se entendiese como un sacerdocio alejado de los avatares terrenales, cuya misión era perpetuar la llama de la sabiduría occidental que provenía de la Antigua Grecia. No debe extrañar que en *La traición de los intelectuales* haya considerado a la época en la cual le había tocado vivir, como "la época del odio político intelectualmente organizado", y que esta decadencia o traición de quienes existían para el pensamiento puro y trascendental presagiaba "la mayor guerra que el mundo haya presenciado". Con estos antecedentes se hace comprensible que su intervención ante el Congreso, que tuvo lugar en la misma sesión de apertura, en la noche del 21 de junio, haya suscitado tantas reacciones adversas y matizado gran parte de las intervenciones posteriores.

Lo que Benda llamó en sus palabras "[…] existencia autónoma del espíritu ante la vida práctica"[16] condiciona a la literatura que la expresa en Occidente "[…] por sus temas, por su tono y por el tipo de público al que va dirigida".[17] Esta ha resultados ser "[…] una literatura de corte […] para personas cuyo máximo valor es el lujo. No es popular, y lo que tiene de popular, como la poesía regional y las canciones de trabajo, no es literario".[18] Esta concepción, a la que Benda declaró abiertamente pertenecer, en su opinión se contrapone a la concepción comunista de la literatura. Al final de sus palabras preguntó si la cultura que anunciaban y defendían los comunistas, desde su "religión", se consideraba continuidad o ruptura con respecto a la cultura occidental. "Lenin —concluyó— ¿rompe con Montaigne o lo continúa?",[19] respondiéndose a sí mismo que "[…] entre la concepción occidental y la comunista de la literatura […] existe una diferencia esencial".[20]

No podía quedar sin respuesta, y no quedó, una posición como la de Benda que insistía en hurgar en diferencias conceptuales secundarias entre lo que llamó literatura occidental y literatura comunista, cuando el peligro que se cernía sobre Europa y el mundo no provenía del campo literario sino del avance muy concreto, implacable, del fascismo y el nazismo. Sólo la activación y unidad de los intelectuales antifascistas, pertenecientes a todas las escuelas y tendencias literarias, podría detener el tren de Goebbels. Contra esta aspiración, precisamente, estuvo dirigida la intervención de Julián Benda, aunque no se lo hubiese propuesto a conciencia.

Al menos en la misma sesión del Congreso donde Benda pronunció sus palabras se escucharon tres oradores que las refutaron de manera directa y clara: Jean Guéhenno, Jean Cassou y Edouard Dujardin, todos de Francia.

Guehenno, escritor de origen muy humilde, ripostó:

> No se trata en absoluto de una nueva religión, se trata tan sólo de humanismo. La revolución rusa no es sino un suceso de una inmensa, larga y paciente revolución humanista que está en marcha desde que comenzó la historia del hombre.
>
> No creo en absoluto que se deba oponer el marxismo soviético al humanismo, ni que Karl Marx haya sido otra cosa que un pensador occidental.
>
> […]
>
> [Lejos de exaltar la división] lo que proporciona la fuerza a tal doctrina [la comunista] es la voluntad de comunión.
>
> Lo que existe en el fondo de todos esos hombres es el sentimiento profundo de que somos semejantes.
>
> […] nos sentimos […] comunes y exigimos la comunión; […] la queremos y la construimos.[21]

Refiriéndose a la experiencia rusa, Dujardin expresó:

> La revolución no debe adoptar ni la cultura ni las instituciones de la vieja sociedad. Si la cultura burguesa ha muerto o, al menos, está agonizando, no puede ser tarea de la revolución el sanear lo moribundo y degenerado. La revolución es creativa.
>
> […]
>
> Al igual que hace un milenio y medio el cristianismo formó su propia cultura de las ruinas de la decaída cultura antigua, también el proletariado

ha de construir su cultura de los escombros de la cultura burguesa que languidece. Sería un grandísimo error aconsejar al proletariado que intente asimilar la cultura burguesa.

El proletariado necesita una cultura proletaria. La revolución necesita una cultura revolucionaria.[22]

Jean Cassou, el primero de los tres que habló, se remitió al ejemplo de Goya para ilustrar la relación existente entre la herencia cultural y la creación revolucionaria, criticando duramente a Benda, aunque sin llamarlo por su nombre:

Constantemente se quiere convertir a la cultura en un objeto definido y rígido que, al igual que el dinero o las posesiones, puede heredarse […]. Cuando la sociedad, los detentadores de los dogmas, los defensores del academicismo y los guardianes del Grial nos hablan, lo hacen como si se tratara de algo que hay que conservar.

[…]

Lo que amamos y defendemos es la vida […]. Queremos continuar el perfeccionamiento del hombre que, a través de todo lo vivo que ha existido en el pasado, se ve reafirmado. Esa es nuestra manera de integrarnos a la tradición, la manera de los creadores.

[…]

[…] el arte […] no desea sino escapar a esas etapas negativas, contradictorias y destructivas, para contribuir a la construcción de una sociedad armoniosa […]. El reino de lo humano debe realizarse […].

[…] nuestro arte, en sus aspectos más vivos, nuestra concepción viva de la cultura y de la tradición, nos conduce a la revolución.[23]

En las sesiones posteriores del Congreso el tema introducido por Benda siguió concitando diversos criterios entre los delegados. El destino de la herencia literaria en tiempos de revoluciones proletarias y ante el avance de la barbarie fascista, tenía que provocar reacciones. El delegado soviético Iván Luppol hizo uso de la palabra en la sesión de la tarde del 22 de junio y se refirió también a ello, pero en términos mucho más duros que los delegados anteriores:

El proletariado mundial aprecia y respeta a este grupo de maestros de la cultura [los humanistas, los antimilitaristas y los pacifistas]. Pero no puede menos que decirles [...] amáis a la humanidad, pero la humanidad no es un todo unitario, la lucha de clases la escinde [...]. En la sociedad de clases al hombre no se le puede amar flotando sobre las clases [...]. Estamos [...] a favor del humanismo, pero [...] del gran *humanismo proletario* [...].

[...] para hacer que resulte eficaz vuestro amor a la paz, habéis de combatir no sólo la guerra, sino también sus causas. La guerra moderna es la hija carnal del capitalismo y de su último descendiente, el imperialismo.

Odiáis al fascismo, pero el fascismo no se deja derribar de la silla ni mediante condenas contemplativas ni por meras palabras de protesta. Tenéis que comprender que el fascismo es la dictadura abiertamente terrorista de la burguesía moderna [...] la primera conclusión ha de ser: *asir la mano que os tiende la clase obrera revolucionaria,* y luchar junto a ella por el nuevo ordenamiento social, por la conservación de todos los valores de la antigua cultura y por la nueva cultura.

La burguesía ha perdido el derecho a la herencia cultural, se ha mostrado indigna de ella. El único heredero conforme al derecho de la historia es el creador de la nueva cultura, la clase obrera.[24]

John Strachey habló en la misma sesión esclareciendo el nexo existente entre el marxismo y la herencia cultural occidental. Respondiendo indirectamente a Benda, y a otros que pensaban como él, a quienes reprochaba por su ignorancia sobre la teoría de Marx, afirmó:

Algunos miembros de este Congreso estarán más o menos de acuerdo en que el capitalismo se ha vuelto hostil a la herencia cultural de Europa.

[...]

Los que han leído las obras maestras de Marx, Engels y Lenin quedarían consternados ante la idea de que el marxismo no fuese la prolongación lógica de la tradición cultural europea.

[...]

Los marxistas están convencidos de que la cultura humana no puede salvarse y después desarrollarse sino mediante una metamorfosis revolucionaria de la sociedad. Pero, como decían Marx, Lenin y otros líderes marxistas, esa evolución debe ser una expansión de la herencia cultural existente.[25]

En la sesión del 23 de junio, en la noche, Paul Nizan, de Francia, se pronunció también sobre el tema adelantado por Benda:

Creo que la concepción que tiene el señor Benda de un universo occidental homogéneo no se adecua a la historia [...].

[...]

Entonces responderemos al señor Benda: nosotros aceptamos de la tradición que él llama "occidental" todo lo que encierra de acusación del mundo, de reivindicación hecha en nombre del hombre que no se limita a pensar, sino que vive, tiene hambre y muere [...]. Nuestra actitud no es una prolongación ni una ruptura: es una selección.

[...]

Un humanismo real exige un desarrollo real de los hombres, que supone a su vez una sociedad donde sea abolida la división de clases y los trabajos. Solamente nuestros amigos soviéticos ven aparecer en el horizonte de su futuro este nuevo establecimiento del hombre.[26]

Charles Mauron, por último, criticó también el planteamiento de Julien Benda desde la perspectiva del científico:

Un escritor que no quiere mentir, que quiere ser fiel a sensaciones imprevistas [...] tiene muchos puntos comunes con el científico. Sabe, como este, que su fecundidad no procede del espíritu ordenador, sino de los contactos que mantiene con el mundo interior o exterior [...] los artistas más sinceros son también los más grandes; los políticos realistas son los que instaurarán al hombre verdadero en el lugar del mito.[27]

A juzgar por las posiciones de los impugnadores de Benda, las concepciones predominantes entre los delegados se hallaban muy cercanas al marxismo y a las de los delegados soviéticos, sin que esto pudiese confundirse con una unanimidad que jamás tuvo lugar en el Congreso de París. Se evidenció la existencia de consenso, en opinión de Manuel Aznar Soler, en lo siguientes temas:

> [...] denuncia de la crisis política, económica y cultural de la sociedad capitalista; condena inequívoca del fascismo que, ya en 1935, había demostrado su radical antihumanismo, su barbarie y su voluntad destructora de la cultura; defensa de una amplia unidad antifascista que iría a concretarse en la formación de los Frentes Populares; defensa del compromiso del escritor y de una literatura revolucionaria vinculada al nuevo orden público de obreros y campesinos; defensa del humanismo socialista como talante intelectual de un hombre nuevo en una sociedad sin clases y de una nueva cultura jamás entendida como monopolio de una clase social; respeto a las culturas y literaturas de las minorías nacionales, siguiendo el ejemplo de la Unión Soviética; esperanza en la victoria del socialismo y en que, con la derrota del fascismo, fuesen posibles la dignidad humana y la libertad de los pueblos; defensa de los valores de la nueva cultura socialista, fundamentados en la fraternidad humana, el internacionalismo y la solidaridad.[28]

Como era de esperar, las más enérgicas condenas al fascismo fueron pronunciadas por la mayoría de los delegados al Congreso. Más allá de las diferencias que pudieron constatarse cuando se abordaron asuntos como el introducido por Benda, o el del realismo socialista que introdujo el delegado soviético Fiodor Panfiorov, respondido con una profunda y matizada intervención por André Gide, se comprende que el desentrañamiento de las profundas esencias bárbaras e inhumanas del fascismo, de sus crímenes y represiones contra los artistas e intelectuales que no compartiesen sus puntos de vista, y de su carácter clasista, constituyó un motivo recurrente en las más de 96 intervenciones efectuadas. Así fue señalado por Gide al pronunciar las palabras inaugurales del Congreso: "Que la cultura está amenazada es cosa que el empobrecimiento intelectual de ciertos países obliga a aceptar [...]. Otros precisarán la naturaleza de este peligro. Sin duda alguna es idéntico para todos [...]".[29]

Para la danesa Karin Michaelis, el significado del Congreso radicaba en "[...] un profundo despertar de la conciencia",[30] añadiendo que ello implicaba que "[…] estamos nuevamente despiertos. Estamos nuevamente listos para combatir".[31]

Otro danés, Martin Andersen Nexö, intentaba penetrar en lo profundo de los fenómenos culturales que condicionaron el surgimiento del fascismo en Europa:

> No se puede negar que la Edad Media se ha levantado contra nosotros y amenaza con tragarnos en sus tinieblas […]. [Nosotros, en Europa], hemos engañado al mundo. Debajo de la delgada capa de cultura se escondían las raíces y semillas de la superstición, la brutalidad, y la barbarie.
>
> […]
>
> En los países fascistas se estrangulan las fuerzas regeneradoras brutalmente, y en los países democráticos […] parece que la democracia sólo tenga la tarea de allanarle el camino al fascismo.[32]

La necesidad de incorporar la lucha de los intelectuales antifascistas al cauce de la lucha proletaria por un mundo mejor era resumida en una frase de especial significación que aparece en el texto de un mensaje del difunto René Crevel leído en el plenario por Louis de Aragón: "Intelectuales de todos los países, uníos a los proletarios de todos los países".[33]

Especialmente brillante, emotiva y lúcida fue el discurso de Bertolt Brecht, leído en la sesión de la tarde del 23 de junio. En el un intelectual alemán antifascista de primera línea, que había sufrido en carne propia las consecuencias de oponerse a aquel régimen y palpado sus consecuencias para la cultura, hizo precisiones de carácter histórico acerca de la manera como los bárbaros que asolaban a Europa, y no tardarían en hacerlo en tierras de otros continentes, habían logrado implantar su dominio y acallar a sus críticos. Fue, sin duda alguna, uno de los posicionamientos más concretos y, a la vez, más profundos del Congreso, que no se detuvo en lo exterior anecdótico ni en lo estrechamente nacional, sino que terminó pidiendo a los intelectuales presentes el análisis del fascismo como expresión brutal del capitalismo espantado ante el avance de la lucha de los obreros, y en consecuencia se debía comenzar la lucha planteando alternativas al propio capitalismo:

> Algunos camaradas me han dicho: cuando referimos por primera vez que nuestros amigos eran sacrificados, hubo un clamor de horror y se

ofrecieron muchas ayudas. Entonces hubo cien muertos. Pero cuando fueron mil y la carnicería no tenía fin, cundió el silencio, y cada vez hubo menos ayuda […]. Cuando las penas se vuelven insoportables, ya no se oyen clamores. Un hombre es golpeado y el espectador de la escena se desmaya […]. Cuando llega el crimen, como la lluvia que no cesa, ya nadie grita "¡alto!".

[El] hombre vuelve la cara [ante la abominación] porque no ve ninguna posibilidad de intervenir. El hombre no se detiene en el dolor del otro si no puede ayudarle.[34]

Insatisfecho con las explicaciones que intentaban abordar el origen del fascismo como fruto de una tendencia al salvajismo animal, o de ciertas deficiencias en la educación de las generaciones más jóvenes, Brecht recordaba que "[…] el salvajismo no viene del salvajismo, sino de los negocios, que sin él no podrían seguir haciéndose […]",[35] para terminar con un llamado: "¡Camaradas, hablemos de las condiciones de [la] propiedad!".[36]

Entre las formas de lucha que debían aplicar los intelectuales antifascistas, Brecht enumeró las siguientes, especialmente pertenecientes al campo cultural: "Contra el estado salvaje hay que implantar la bondad. Hay que evocar las grandes palabras, los conjuros que ya en una ocasión prestaron ayuda, los conceptos imperecederos: amor a la libertad, dignidad, justicia, cuya eficacia está históricamente garantizada".[37]

Brecht cerró su medular discurso con otro llamado que debió contribuir decisivamente a enrumbar las discusiones por cauces menos gremiales y elitistas: "Compadezcámonos de la cultura, ¡pero compadezcámonos primero de los hombres! La cultura estará salvada si los hombres se salvan".[38]

Ante la decadencia cultural y espiritual de un sistema como el capitalista, capaz de engendrar al fascismo en su propio seno, numerosas intervenciones de los delegados plantearon la necesidad de aceptar al marxismo y a la sociedad soviética como alternativas válidas de futuro. En este punto, aunque la aplastante mayoría de los presentes así lo expresó, se dejaron oír también críticas veladas y directas hacia la URSS, y muestras de desconfianza con respecto a cómo su proyecto se relacionaba con la cultura, la literatura y los intelectuales, llegando incluso a equipararla con los regímenes fascistas.

Uno de aquellos críticos fue Aldous Huxley, quien si bien no fue explícito en su ponencia, leída el 22 de junio, en la sesión de la tarde, no puso su acento en la necesidad de enfrentar de manera decidida al fascismo, sino en los límites de la acción social o política del escritor en el interior de cada sociedad, ejemplificándolo con lo que consideraba la ineficacia de la labor de los escritores pacifistas en tiempos de la Primera Guerra Mundial, como Henri Maria Remarque. Huxley había llegado a París para defender, más que la cultura "[…] la libre expresión del pensamiento".[39] Terminó su ponencia con una ambigua acusación dirigida contra los "regímenes totalitarios": "[En los estados totalitarios] el silencio es, sin embargo, un enemigo de la cultura más peligroso que la más ruidosa propaganda en favor de la barbarie".[40]

En una de las intervenciones mejor acogidas por los delegados, André Gide volvió sobre el tema en la noche del 22 de junio. Más que criticar la experiencia de la URSS, sabiéndola imperfecta, pero deseable e imprescindible en aquellos momentos de angustia e incertidumbre, a Gide le asistía la razón al alertar sobre ciertos síntomas que ya se percibían en la política cultural del primer estado de obreros y campesinos. Lamentablemente, como la Historia demostró, críticas honestas como la de Gide no fueron escuchadas en el momento oportuno:

> [...] pretendo ser profundamente internacionalista, sintiéndome profundamente francés [...] pretendo seguir siendo individualista, en pleno asentimiento comunista [...].
>
> [...]
>
> El arte cuando pierde contacto con la realidad [...] se convierte en artificio.
>
> [...]
>
> [...] sólo oponiéndonos a esta cultura pasada [la capitalista], encontrarán la literatura, la cultura, la civilización, una manera de prolongarse, desarrollándose y expandiéndose.
>
> [...] la sociedad [...] es insincera cuando pretende sofocar la voz del pueblo [...].
>
> [...]
>
> La literatura no es, no puede solamente jugar el papel de espejo.
>
> [...]
>
> [...] en la sociedad capitalista donde todavía vivimos, [...] la literatura de categoría no es otra cosa que la de oposición.

La URSS, reimprimiendo a Pushkin, en sus representaciones de Shakespeare, demuestra mucho más su amor verdadero por la cultura que con la publicación de raudales de producciones [...] glorificando su triunfo [...]. Donde yo creo que podría equivocarse es al querer destacar lo que *importa* en las obras del pasado, intentando precisar la enseñanza que se debe aprovechar.

[...]

Hoy toda nuestra simpatía, todo nuestro deseo y necesidad de comunión se dirigen a una humanidad oprimida, contrahecha, doliente. Pero no puedo admitir que el hombre deje de interesarnos cuando deje de tener hambre, de sufrir y de sentirse oprimido. Me niego a admitir que sólo merezca nuestra simpatía el miserable.[41]

Klaus Mann salió al paso a las aviesas comparaciones entre la URSS y la Alemania nazi, estados "totalitarios" para aquellos que consideraban a ambos idénticos. Su intervención, el 23 de junio en la sesión de la tarde, no estuvo motivada por el dogmatismo, pero tuvo la virtud de no ser tampoco superficial ni complaciente:

Se ha pedido a quien desee el progreso y, por ende, un nuevo orden económico justo, o sea, la abolición de la explotación de las clases, que preste juramento sobre la ideología materialista. No todos podrían hacerlo y, para poner un ejemplo personal, no puedo ni quiero prestarlo.

¿No es ello un problema de conciencia de cada cual? Aquí hay que exigir tolerancia y libertad de conciencia. Esta no siempre se concedió. Ha habido exclusividad y dogmatismo.

Cuando falta la tolerancia espiritual se pierden amigos.

[...]

Pero, ¿es que el orden económico justo y racional presupone a la larga la falta de libertad? [...]. El orden social y económico justo es únicamente la condición previa para una vida humana más perfecta, pero nunca su objetivo [...]. [La meta es] el humanismo socialista.

[...]

El humanismo socialista es el más complejo y completo enemigo del fascismo [...]. En la fase militante de su desarrollo, a la que nos dirigimos, no podrá prescindir de la violencia, pero la utilizará de otra manera que su enemigo y adversario [...]. El humanismo socialista honrará a sus líderes y grandes hombres y confiará en ellos; los imitará, pero no los convertirá en objeto de culto, por encima de toda crítica.

Donde [el fascismo] destruye, el humanismo socialista conservará; donde aquel conserva, este destruirá [...]. Donde aquel es cruel, este será benigno [...]. Donde este quiere estilizar al hombre en un rígido "superhombre", investigará la naturaleza del hombre verdadero, la fomentará y ennoblecerá por el conocimiento. Donde aquel se aferra a la raza y la sangre, este confiará en la educación y la buena voluntad.

Este sueño de la humanidad [el del socialismo] es también lo suficientemente amplio para que quepan en él todas las ansias, necesidades y hasta los deseos más recónditos de la juventud [...].[42]

En el Congreso de París, las críticas por parte de los delegados al socialismo que se construía en la URSS no alcanzaron el nivel de desacuerdos esenciales, irreconciliables, como sí ocurrió con las dirigidas al fascismo. No obstante, expresaron preocupaciones válidas acerca de la manera en que ese país, bajo la dirección de Stalin, iba lesionando libertades creadoras y ciudadanas esenciales que a la larga comprometerían el destino de todo aquel proyecto histórico de redención social e individual. Puede que algunos delegados en sus críticas optasen por puntos de partida erróneos, incluso, abiertamente pequeño burgueses, elitistas o tibios, pero la mayoría de ellos expresó sus alertas y preocupaciones con honestidad y desde el compromiso. En aquel mes de junio de 1935 hasta los díscolos surrealistas de André Breton decían apoyar a la URSS, y así lo declaraban sin ambages, aunque expresando reservas por el recién firmado pacto de defensa franco-soviético:

Pedimos que sin ningún pretexto, Alemania sea incluida en las futuras deliberaciones internacionales para el desarme y la paz. No trabajaremos por ahogar el pensamiento alemán, y nos opondremos a ello en la misma medida en que eso podría servir para acreditar el sentimiento de la inevitabilidad de una guerra a la que partirían más alegremente los trabajadores franceses precedidos no sólo de la bandera tricolor, sino de la bandera tricolor y la bandera roja.[43]

Breton no se oponía entonces, abiertamente, a la URSS. Su llamado iba dirigido a la necesidad de vigilar con ojo crítico la marcha de las alianzas entre
los estados europeos, sin distinción de signo ideológico, con el objetivo de
actuar a tiempo para evitar el estallido de una nueva guerra imperialista.
Como demostraría dramáticamente la Historia, pocos años después, en
particular tras la firma del Pacto Molotov-Ribentropp, y teniendo a la vista
sus cláusulas secretas, las aprehensiones de los surrealistas no estaba des-
encaminadas.

Pero en junio de 1935, habiendo trascendido las diferencias crecientes
que enfrentaban a surrealistas y comunistas, incluso, el incidente que se produjo en los días previos al Congreso protagonizado por Breton y Ehrenburg,
es de suponer que una alerta de este tipo, aun cuando estaba racionalmente justificada, no haya logrado ser bien recibida por la mayoría de los
delegados, y en primer lugar, por los soviéticos, aunque se pretendía que
"[…] si se impone el acercamiento franco-soviético, menos que nunca es
ahora el momento de apartarnos de nuestro sentido crítico: debemos vigilar
muy de cerca las *modalidades* de ese acercamiento. Desde el momento en que
la Francia burguesa está interesada en él, debemos estar atentos […]".[44]

En medio de una luna de miel entre las vanguardias artísticas y las
vanguardias políticas de la Europa de entreguerras, uno de cuyos hitos fue
el Congreso parisino de 1935, las críticas a la URSS, única alternativa de
futuro real que tenían los pueblos del continente ante la crisis y decadencia
del capitalismo, la amenaza de una nueva guerra imperialista y el avance
del fascismo, eran puestas en entredicho por la mayoría de los intelectuales
allí reunidos, considerándolas inoportunas o mal intencionadas, frutos de
las limitaciones de clase o del desconocimiento del verdadero marxismo. En
esta última dirección se pronunció el escritor inglés John Strachey, agudo
crítico de la irracionalidad del sistema capitalista ("¿Acaso hay algo más
irracional que la miseria profunda que existe en todas partes en medio de
una extraordinaria abundancia?"), cuando expresó su crítica a los planteamientos de Julien Benda, extensiva a las intervenciones de otros delegados:

> Los que han leído las obras maestras de Marx, Engels y Lenin quedarían
> consternados ante la idea de que el marxismo no fuese la prolongación
> lógica de la tradición cultural europea. Sin embargo, esta idea se repite
> constantemente, no sólo por los apologistas vulgares del capitalismo […]

sino también por los verdaderos amigos de la cultura, que no han tenido la ocasión de estudiar el marxismo y que manifiestan una ignorancia profunda y sorprendente al respecto.[45]

Para no dejar viva ni la más pequeña ilusión que pudiese anidar en lo recóndito del alma de alguno de los delegados sobre las bondades de las llamadas sociedades occidentales, o lo que es lo mismo, de las sociedades capitalistas como espacios propicios para la creación y la libertad de pensamiento, como garantía para el desarrollo de la labor de escritores y científicos, Strachey llevó la crítica a la censura y la represión de las ideas del campo fascista, sin duda, algo justificado y evidente para todos, al campo del capitalismo, en general, algo ya no tan evidente para muchos de los delegados, contribuyendo a la radicalización de los debates:

> El gobierno semifascista del Japón capitalista ha descubierto un nuevo crimen: el crimen de tener pensamientos peligrosos. El gobierno absolutamente fascista de la Alemania capitalista ha llevado esa tendencia hasta su fin lógico. Los nazis se han dado cuenta de que para el capitalismo de hoy en día, "todo" pensamiento es peligroso. Si el capitalismo debe mantenerse en el poder, es indispensable que todo pensamiento lúcido y lógico sea destruido. Ello nos explica la sostenida hostilidad de los nazis contra cada [...] actividad intelectual; esto nos muestra por qué, con un esfuerzo desesperado, intentan aplastar el conjunto de la herencia cultural europea; ello nos da la clave de su propaganda abierta y furiosa contra la razón en favor de la secuencia "Sangre, Raza, Instinto", ¡que no es otra cosa sino el derecho a no reflexionar, en absoluto![46]

Heinrich Mann, en la noche del 24 de junio, continuó, en cierta medida, la línea discursiva de Strachey, cuando propuso como norma para medir la credibilidad de un gobierno la relación que este estableciese con sus pensadores y escritores, y con el pensamiento, en general: "[...] un régimen que persigue a los escritores, que los reduce a siervos, los humilla o los mata a palos no merece de ningún modo, diga lo que diga, que se le crea [...]. ¿Qué será de la civilización allí donde los escritores son odiados? [...]. La justicia de cada orden social se mide precisamente por el nivel con el que este reconoce el pensamiento y se esfuerza en desarrollarlo".[47]

Más concretos aún fueron los pronunciamientos de Tristan Tzara, quien habló en la noche del 24 de junio y ubicó la discusión, sin rodeos, en el punto de la toma de partido ante la realidad del escritor y el poeta. No divagó apelando a ejemplos remotos de la historia de la cultura o la literatura, como habían hecho algunos delegados, sino que se dirigió directamente al asunto, llamando a las cosas por su nombre:

> La revolución no es una llama brusca y espectacular que se produce fuera de nosotros. Es un trabajo paciente, cambiante y minucioso. Este trabajo es tanto de naturaleza política como intelectual y poética. Vivimos en una época revolucionaria [...]. Nuestra elección está hecha. ¿Debemos adoptar una línea intermedia que al final nos dejará fuera de combate? No, si nuestra elección está hecha, es necesario que asumamos el partido tomado.[48]

Pero Tzara fue más allá de una declaración como esta, si bien bastante concreta, aún insuficientemente clara en lo tocante a definir el partido que se debía tomar. Para no dejar nada a las interpretaciones o al azar, concluyó:

> El poeta actual que clasifica su producción por encima de su propia existencia, se ha colocado en el campo de la reacción. Pero el poeta que, dispuesto a dar su vida por la revolución, le pone obstáculos con pretextos que van desde une esteticismo periclitado a una filosofía postrevolucionaria, este poeta, digo, debe ser apartado de la comunidad revolucionaria que está a punto de nacer. Se trata no de interpretar el mundo, sino de cambiarlo [...]. Las modalidades de este cambio han sido probadas en la URSS. No las hay mejores.
>
> El más elevado valor poético es el que coincide, en el plano que le es propio, con la revolución proletaria.[49]

Las frecuentes alusiones al proletariado como fuerza capaz de salvar a Europa y a la cultura mediante sus luchas llevó al escritor holandés Jef Last a pronunciar unas palabras esclarecedoras sobre la necesidad de no idealizar a esta clase social, ni considerarla como un todo homogéneo, ni reservorio intocable de las ideas de izquierda. Su denuncia de la manipulación que hacen los fascistas del lumpen proletario, como fuente natural de reclutamiento de sus movimientos, fue especialmente oportuna y confirió a los debates un renovado realismo al diagnosticar la situación socio-política del continente, incluso, las limitaciones que encaraban los escritores y artistas revolucionarios para influir sobre los desclasados:

> Cuando se habla del proletariado, tendemos […] a olvidar que, debido a un paro prolongado, hay una capa social cada vez más profunda que tiende a perder la conciencia obrera […]. Esa clase se recluta principalmente en la juventud. Sólo en mi país, pequeño, hay más de 170 000 hijos de obreros que nunca han trabajado desde que salieron de la escuela […].

> El obrero respeta la creación del espíritu, ya que él mismo es un creador de valores nuevos, reconoce la divinidad del pensamiento porque es ese pensamiento quien ha hecho crecer desde su origen su organización.

> La juventud en paro que vagabundea por el país se crea una mentalidad muy diferente en la que entra, en gran parte, un amor intenso por la libertad anarquista, un amor por la naturaleza, un elemento erótico y, sobre todo, el deseo de luchar. Es esa juventud la que ha estado influenciada por la fraseología fascista […] es una juventud a la que no podemos interesar por el racionalismo, el pacifismo y el liberalismo; pero que permanece profundamente accesible a todo lo que le parece heroico y pueda dar sentido a la vida.

> ¡Defensa de la cultura! Para mí es el momento de librar la batalla para ganar el alma de esa juventud que amenaza con desertar. La literatura, para cumplir esa tarea, puede ser la mejor arma.

> […]

> ¿Cómo vamos a influir en esas almas con nuestros libros si no los leen porque son demasiado caros, porque no se encuentran en las bibliotecas populares, porque la radio no nos difunde, porque no se pueden representar nuestras obras y porque los jóvenes escritores proletarios, que tendrían algo que decir, se mueren de hambre y no pueden trabajar?[50]

Louis Aragón, en la sesión de la noche del 25 de junio, ponía el dedo en la llaga al arremeter contra los surrealistas, de cuyas filas provenía al abrazar la causa comunista, debido a su creciente tendencia a la evasión freudiana a la introspección psicologista en la creación, en momentos en que las hordas pardas y negras asolaban países enteros de Europa y amenazaban con extenderse al resto del mundo. Su vibrante llamado al realismo literario y poético era su manera de expresar la insoslayable necesidad del compromiso:

> Yo reclamo aquí el retorno a la realidad. ¡Basta de juegos, basta de soñar despiertos, a la perrera las fantasías diurnas y nocturnas! ¿Acaso no veis a dónde os lleva directamente esa pretendida libertad de experiencia en que os complacéis? ¿No hay entre vosotros quienes han acabado por amar tanto "la experiencia" que han visto hasta en las cámaras de tortura de los SA, en las varas y el hacha hitlerianas, los accesorios *interesantes* del vicio, de los valores humanos, al fin y al cabo?
>
> Es necesario que por todas partes los poetas sepan romper con el peso muerto de la fantasmagoría en la que se complacen.
>
> [...] ¡ved cómo protestan si descubren en el pliegue de una página una consigna política!
>
> ¿Quién se opone a ello sino los que tienen interés en encubrirla [la realidad], en ocultarla de nuestra vista?[51]

Para uno de los principales organizadores del Congreso, Paul Vaillant-Couturier, quien hizo uso de la palabra en la noche del 25 de junio, este había cosechado ya importantes triunfos antes de su clausura, el primero de ellos, y motivado por la tesis inicial de Benda, "la certidumbre, unánime" de que "[...] el socialismo no supone ningún peligro para la cultura".[52] En su opinión, "[...] el hecho más sobresaliente de este Congreso habrá sido, sin duda, el haber dado un golpe decisivo a esa mentira".[53] Otro de los logros mayores de la reunión habría sido que:

> [...] el humanismo socialista acaba de hacer su entrada resonante en Occidente con la delegación soviética [...]. Es una especie de reconocimiento diplomático en el terreno del espíritu.
>
> La confrontación entre dos mundos llega a demostrar [...] la inmensa sed de cambio que devora a los mejores escritores del viejo mundo y, en los escritores del mundo nuevo, la voluntad de continuidad que les anima respecto a los mejores valores del viejo mundo.[54]

Contrastando las restricciones que impone el capitalismo al aumento de la cantidad y calidad de las producciones intelectuales, a las que trata como a simples mercancías, con el enfoque socialista que "[...] confiere a la actividad intelectual un rango estelar, multiplicando el número de creadores, aumentando cada vez más su audiencia y dándole finalmente, no ya el oro como recompensa final, no el oro, sino *el hombre*",[55] Vaillant-Couturier no duda en afirmar que la lucha de clases aparece hoy, desde el punto de vista del proletariado, como la lucha por la cultura, por lo que llama a los delegados a ampliar el radio de su influencia dialogando con los indecisos, con los confundidos, con los indiferentes, con los cristianos y los idealistas, para lograr lo que llamó "conquista de la mayoría", cuando el futuro de la humanidad se debatía entre barbarie o cultura. El llamado final de Vaillant-Couturier iba cargado con la sabiduría de los verdaderos revolucionarios, ajenos por naturaleza a las estridencias y las adhesiones efectistas y de corto aliento que caracterizaban y caracterizan a ciertos círculos intelectuales, cuando se ven compelidos, no sin repugnancia, a incursionar en las luchas políticas: "El servicio del hombre y el servicio de la verdad hacen que la paciencia sea más leve. Y la paciencia es la gran virtud revolucionaria".[56]

El Congreso de Escritores para la defensa de la Cultura, no sólo escuchó intervenciones relacionadas con la situación europea, aunque esta ocupase, lógicamente, el centro de los debates. Allí se escucharon también las palabras de delegados de otros continentes, quienes denunciaron la situación en los países coloniales y semicoloniales, incluso, la de los Estados Unidos. Las intervenciones de Sophia Wada, de la India, de Shelley Wong, de China, de Jules Monnerot, quien leyó una declaración a nombre de los escritores de las Antillas francesas, se apuntan en esta vertiente. Especialmente importante fueron las de Waldo Frank y Michael Gold, de los Estados Unidos. Este último, con elocuencia tituló su ponencia "La verdadera América", donde denunció la acción de fuerzas reaccionarias en el interior de su país:

> En América, lo mismo que en Inglaterra y en Francia, abordamos un período de demagogia fascista. En la literatura americana esa demagogia ha tomado dos formas: una brutal, la otra insidiosa. Una recolección de nuevos escritos glorifica la tradición nacional; poemas que exaltan las hazañas de los pioneros y llaman a un renacimiento de sus virtudes; novelas y obras de teatro que hacen revivir la revolución americana y la guerra civil. Una falsa mitología está en vías de creación [...].

Tengo la convicción de que, en Francia e Inglaterra, corrientes similares salen del pantano fascista. Es un peligro al que debemos hacer frente antes de que se haya consumado. La tradición nacional es la historia del pueblo, sus luchas, sus angustias, sus sueños [...]. Barbusse ha dicho con razón que hoy la verdad es revolucionaria. El pasado heroico de nuestra nación volvemos a encontrarlo hoy en las clases trabajadoras.[57]

Michael Gold expuso ante el Congreso, sin trauma alguno, la manera en que entendía el dilema planteado por algunos delgados debido a la relación existente entre patriotismo e internacionalismo, incluso, con la defensa de los intereses de una clase social determinada cuando expresó:

[...] cuando digo que amo a mi patria no me olvido de ese montón de parásitos y de sanguijuelas que dominan los Estados Unidos.

Pero no son la verdadera América [...]. El espíritu de América no está expresado por tipos [...] como J. P. Morgan o Al Capone, no la representan, de la misma manera que Hitler no representa a la verdadera Alemania.

La América que amo es la América de los trabajadores y de los creadores, y estos forman la gran mayoría de nuestro pueblo [...]. Por todas partes he encontrado [en los Estados Unidos] una fermentación de la vida nueva, una sed de saber (como la de Gorki y Jack London) y una verdadera nostalgia de justicia, como la de Marx y Romain Rolland.

[...]

A fin de resistir a esa demagogia, es menester que los intelectuales, los escritores y los pensadores aprendan [...] a amar a su propio país. Tendrán como un deber el sumergirse en la vida de las masas. No pueden entablar una lucha contra el falso nacionalismo de los fascistas si no conocen a fondo a las masas populares.[58]

Correspondió a André Malraux, en la noche del 25 de junio, leer la última ponencia del Congreso, titulada "La obra de arte". Fue una de las que mayor repercusión alcanzó, a pesar de su extrema brevedad. En ella, con lenguaje bello y directo, Malraux reprocha a los delegados no haber comprendido que lo que se esperaba de ellos, pues por la propia naturaleza de la obra de arte, la actividad creadora es siempre la negación de la herencia cultural precedente mediante la aplicación de métodos artísticos y con sentido revolucionario, o dicho de manera más sencilla, la condición del compromiso definitivo y apasionado de los creadores con la causa de su tiempo.

Malraux comienza destacando el escaso reflejo del Congreso en la prensa, sentenciando que "[...] en algunos enfados [de la prensa], y sobre todo en tantos silencios, sabemos que este Congreso existe".[59] A continuación Malraux pasa a describir el mecanismo a través del cual se crea la obra de arte:

> Toda obra de arte se crea para satisfacer una necesidad, pero una necesidad lo bastante apasionada como para hacerla nacer [...]. Toda obra muere cuando el amor desaparece de ella.
>
> Arte, pensamiento, poemas, todos los viejos sueños humanos, si los necesitamos para vivir, ellos nos necesitan para revivir. Necesitan nuestra pasión, necesitan nuestros deseos, *necesitan nuestra voluntad* [...]. La herencia no se transmite, se conquista.[60]

La crítica de Malraux se hace explícita cuando aborda las actitudes adoptadas ante la herencia cultural por los escritores occidentales y por los soviéticos:

> Escritores de Occidente, estamos empeñados en un agrio combate contra lo nuestro. Camaradas soviéticos, habéis colocado vuestro Congreso de Moscú bajo los retratos de las más viejas glorias, pero lo que esperamos de vuestra civilización, que las ha salvaguardado en la guerra, en el tifus y en el hambre, no es que las respetéis, sino que gracias a vosotros, su nuevo rostro les sea arrancado una vez más.
>
> [...]
>
> Se trata de que cada uno de nosotros recree en su propio terreno, por su propia búsqueda, para todos los que se buscan a sí mismos, la herencia de los fantasmas que nos rodean, y transformar, de esperanzas en voluntades y de revueltas en Revoluciones, la conciencia humana con el dolor milenario de los hombres.[61]

Tras la ponencia de Malraux se dio a conocer la Resolución Final del Congreso Internacional de Escritores en Defensa de la Cultura, en la cual se resaltaba la participación de delegados de 38 países y que era necesario continuar la labor emprendida, para lo cual se funda una Asociación Internacional de Escritores para la Defensa de la Cultura, dirigida por un Buró Internacional Permanente para mantener y ampliar los contactos que culminaron con la reunión de París.

Entre las labores del Buró se definía la de propiciar las traducciones, la publicación de obras, libros y manuscritos de calidad prohibidos en sus respectivos países, la de facilitar viajes y estancias de escritores, publicar listas de obras de relieve cuya distribución se considere aconsejable, crear un Premio Literario Mundial, convocar, cuando se considere oportuno, al Segundo Congreso. Para terminar la Resolución cerraba con una declaración de principios: "El Buró, compuesto por escritores de diferentes tendencias filosóficas, literarias y políticas, estará dispuesto a luchar en su campo específico, que es el de la cultura, contra la guerra, el fascismo y, de una manera general, contra cualquier amenaza que concierna a la civilización".[62]

La presidencia del Buró estaba conformada por 12 miembros: André Gide, Henri Barbusse, Romain Rolland, Heinrich Mann, Thomas Mann, Máximo Gorki, Edward Morgan Forster, Aldous Huxley, George Bernard Shaw, Sinclair Lewis, Selma Lagërlof y Ramón del Valle Inclán. En cada país se crearían secretariados nacionales compuestos por un número variable de miembros. Es de destacar que entre los seleccionados en diversas naciones se encontraban, entre otros, por España, Julio Álvarez del Vayo y Rafael Alberti; por Argentina Aníbal Ponce, y por Cuba, Juan Marinello.

La Resolución Final fue leída por Jean Richard Bloch y aprobada por unanimidad. Correspondió a Henri Barbusse el discurso de clausura. Sus palabras finales fueron dirigidas a resaltar que el Congreso demostró "[...] una unanimidad conmovedora, un espíritu y una voluntad comunes: la defensa de la cultura, y ha decidido [...] en qué dirección hay que defenderla: en dirección a la liberación humana, en el campo de batalla social, nacional e internacional".[63]

Barbusse recalcó lo expresado en las sesiones por diversos delegados acerca de la necesidad de continuar las labores del Congreso en cada país, una vez que este hubiese sido clausurado, destacando la labor que deberá acometer la Asociación recién creada, y concluyó: "Nuestra tarea comienza con una victoria, pero debemos estar atentos. Este Congreso es una acción valiente, grande y nueva. ¡Depende de nosotros hacer de él una actividad creciente, permanente y salvadora hasta el final!".[64]

Pero antes de cerrar con esas palabras aquel histórico encuentro, Barbusse había pronunciado otras aún más premonitorias: "Las fronteras entre la vida y la revolución [...] se han disipado [...]".[65]

REPERCUSIONES

Un Congreso tan plural, y a ratos contradictorio, como el de París no podía tener, y no tuvo, una única lectura interpretativa de su significado, logros y debilidades. Una vez cerradas las sesiones de trabajo comenzó la labor de reconstrucción ideal del Congreso en los órganos de prensa y los escritos de las diferentes tendencias y grupos vinculados con él, o unidos a sus deliberaciones por amor u odio.

Apenas dos días después de la clausura, los diarios *L'Humanite* y *Pravda* publicaban editoriales dedicados al Congreso. El periódico comunista francés titulaba el suyo de manera sumamente explícita: "Lo que significa el primer Congreso de Escritores: una toma de conciencia de los peligros que amenazan a la humanidad, de la función del escritor en la sociedad, de la concepción socialista del humanismo". En el texto se afirma:

> La cultura [...] está amenazada [...] por los que queman libros, mantienen en campos de concentración a los escritores progresistas y quieren condenar para siempre el pensamiento a la inmovilidad: está amenazada por los fascistas.
>
> El Congreso ha trabajado con provecho en la comprensión clara y completa de ese peligro. Más aún, ha examinado los medios para evitarlo. Y los únicos aliados que han hallado los escritores son los trabajadores, amenazados por el mismo peligro.[66]

Pravda no perdió oportunidad para, a la vez que destacaba los logros del Congreso, en cierta medida con un tono triunfalista que le impedía tomar en serio lo que había ocurrido en París, arremeter contra los troskistas, demostrando con ello una obsesiva persecución que difuminaría la amenaza creciente del fascismo, como principal enemigo a derrotar:

> El Congreso Internacional para la Defensa de la Cultura [ha concluido] [...]. No sólo los amigos han reconocido nuestras victorias, también los enemigos hubieron de hacerlo.
>
> ¡Qué maravilla cuando los hombres de bien de la economía, literatura y arte burgueses, cuando los grandes portadores de la cultura, reconocen con júbilo sincero las grandiosas victorias de la Unión Soviética!
>
> El Congreso internacional de escritores de París no fue un congreso comunista [...]. En los discursos de algún participante escuchábamos todavía ingenuas ilusiones idealistas, equívocos liberales, [pero también] [...] se escucharon duros juicios sobre el mundo capitalista en decadencia y esperanzados saludos a los combatientes de la revolución mundial proletaria. La teoría del proletariado revolucionario, las doctrinas de Marx, Engels, Lenin y Stalin vencieron nuevamente en lucha contra el capitalismo mundial [...]. He aquí el significado del Congreso.[67]

Johannes R. Becher, presente en París, redactó un resumen de lo sucedido en el Congreso, a fines de junio de 1935, para sus compañeros de la Unión Internacional de Escritores Revolucionarios (UIER). Es interesante que, a la par de considerar al evento como "un gran éxito", Becher se haya centrado en lo que calificó como sus "debilidades", entre las que señaló las ideológicas, las organizativas, las de comunicación interna, y las de dirección. "El Congreso tuvo un carácter marcadamente discursivo, sólo excepcionalmente se llegó a verdaderos debates",[68] alertando que "[...] debe evitarse bajo todas las circunstancias que tanto el Congreso como la organización surgida, puedan ser denunciadas como comunistas".[69]

Becher destacó que las delegaciones francesa y alemana causaron una especial impresión entre los delegados, resaltando las intervenciones de Gide, Malraux, Chamson, Aragon, Heinrich Mann, y Klaus. A pesar de su desventaja lingüística y de que no habían podido familiarizarse con la literatura occidental más reciente, Becher consideró que la delegación soviética causó una impresión "enorme y duradera". Se menciona la atracción de Huxley y Forster hacia las posiciones del Congreso como "triunfo especial".

Entre las líneas perspectivas de trabajo, Becher señaló la necesidad de fortalecer la dirección de la naciente Asociación, publicar los materiales del Congreso, crear una editorial, y preparar detalladamente la próxima conferencia de Londres.

Karl Radek, delegado al Congreso, publicó sus impresiones en *Contraofensiva,* el 12 de julio de 1935, destacando que:

Simbólicamente, tiene un gran significado el hecho de que en el momento en que se reúnen en París los representantes de la literatura progresista de todo el mundo para saludar a quienes combaten el fascismo y a favor de la cultura, Romain Rolland, el más grande escritor francés de nuestros días, haya cruzado la frontera de la Unión Soviética y haya ido para decir: "Quien quiera combatir por la civilización tiene que ver en la Unión Soviética el máximo baluarte de la futura civilización de la humanidad, estando dispuesto a defenderlo cuerpo a cuerpo contra las fuerzas que quieren destruirlo.[70]

Vitezlav Nezval, delegado checo, publicó en el número 5-6 de *Cahiers d'Art,* correspondiente al año 1935 una reseña muy crítica del Congreso, compartiendo las posiciones de Breton y el resto de los surrealistas:

La URSS se encuentra en una situación que no le permite aislarse eternamente de los países imperialistas [...]. Esta situación, que externamente se manifiesta por tratados, es especial, en tanto obliga a la URSS a aceptar la alianza con ciertos países capitalistas, ciertos políticos burgueses, así como ideólogos y escritores, creando con ello un cierto caos, cuyo reflejo exacto ha sido el Congreso parisino. Por un lado, toda suerte de escritores, por cierto, famosos, cuya única preocupación consiste en escribir novelas y narraciones cuyas tiradas se acercan peligrosamente a las novelas policíacas [...]; por otro, igual número de periodistas: suficiente para hacer descender el nivel de un congreso al de una charla de salón [...]. El mérito subversivo del surrealismo [...] encontró un enemigo en este congreso.[71]

Para *El Nuevo Diario,* en su edición número 26 de 1935, el Congreso recién concluido había sido organizado por los comunistas para "[...] promocionar el contacto entre [...] el mundo oriental y el occidental y, tras la entrada de

Rusia en la política europea, tender igualmente un puente entre las inteligencias comunistas y burguesas".[72]

Klaus Mann con "Los escritores en París", informó a sus lectores que las dos tareas que se había planteado abordar el Congreso fueron:

> [...] la manifestación de todos los espíritus antifascistas contra su enemigo, [y] un debate completo sobre los fundamentos morales e intelectuales sobre los que se basa la mentalidad antifascista y desde los que, juntamente, en un amplio frente unitario, se puede emprender la lucha.
>
> [París demostró] que los problemas que se interponen entre los escritores antifascistas no tienen necesariamente que destruir su frente unitario.[73]

Una airada protesta contra el Congreso del grupo surrealista que firmaban, entre otros, Paul Eluard, André Breton, Salvador Dalí, Max Ernst y Rene Magritte, fue publicada ese propio año de 1935. En ella se declaraba que los organizadores del Congreso habían excluido a los surrealistas de su organización, e impedido a sus representantes hablar ante el plenario, con la sola excepción de Breton:

> El Congreso Internacional para la Defensa de la Cultura se ha desarrollado bajo el signo de la asfixia sistemática: ahogamiento de los verdaderos problemas culturales, asfixia de las voces no reconocidas por las del capítulo [...] los que pretenden salvar la cultura han escogido un clima insalubre para ella [...] a esa asociación [la que resultó del Congreso] no podemos hacer otra cosa que significarles nuestra desconfianza.[74]

La protesta surrealista termina refiriéndose, no sin cierta razón, al rumbo que tomaba la URSS bajo el mando de Stalin:

> Preguntamos si es preciso algún otro balance para juzgar por sus obras a un régimen, en concreto al régimen *actual* de la Rusia soviética y al jefe todopoderoso bajo el cual el régimen va a la negación misma de lo que debería ser y de lo que ha sido.
>
> A ese régimen, a ese jefe, no podemos más que mostrarles formalmente nuestra desconfianza.[75]

En el número 30 de 1935 de *Rundschau* se publicó una Declaración de la Delegación Soviética al Congreso. Se trata de un resumen bastante adecuado para cerrar el capítulo del Congreso de París:

> Para la jornada final del Congreso los delegados ya representaban un colectivo unido en la lucha contra el fascismo en defensa de la cultura.
>
> Literalmente no hubo ningún orador que no mencionara en su intervención, siquiera de pasada, la experiencia, la praxis y las conquistas culturales de la Unión Soviética.
>
> Quien se alza contra el país de los soviets se levanta contra la cultura de la humanidad [...]. Este fue uno de los resultados ideológicos del Congreso.
>
> [...]
>
> Se ha superado la primera etapa en la consolidación de los mejores y más progresistas escritores del mundo en lucha por la cultura. El Congreso ha cumplido su misión con éxito.[76]

Independientemente de las críticas de los surrealistas de Breton, y de los círculos anticomunistas; a pesar de la gran prensa burguesa que, como siempre ha hecho, prefirió callar sobre el suceso histórico que tenía lugar en la Mutualidad de París; a pesar de la amenaza cierta que se cernía sobre la vida y la cultura de Europa y del mundo derivada del avance de las fuerzas fascistas, el Congreso de 1935 fue un suceso de indudable carácter histórico, y sentó un precedente que tendría dramática continuidad y vigencia en los años siguientes.

Lástima que la torpeza y cortedad política de Stalin frustrasen el prometedor proceso iniciado en París. Faltó cultura y visión estratégica para comprender que la unidad entre las vanguardias artísticas y políticas del momento, que en 1935 se avizoraba a las puertas, hubiese podido cambiar la marcha de la Historia.

REFERENCIAS

1. "Apéndice 1. Documentos del I Congreso. Fragmento de una carta de Paul Vaillant-Couturier a Louis Aragon (7 octubre 1932)". En: Aznar Soler, Manual. *I Congreso Internacional de Escritores para la Defensa de la Cultura (París, 1935)*. Valencia: Conselleria de Cultura, Educació i Ciencia de la Generalitat Valenciana, 1987. t. 2, p. [533].

2. Ídem.

3. Ídem, p. [534].

4. Vaillant-Couturier, Paul. Un An D'Activité De L' Association Des Écrivains et Artistes Revolutionnaires. En: http://www.gidiana.net/comm 193320.htm
    Ver también: *L'Humanité* (París) 21 mars 1933.

5. Resolution on the Report of Kart Radek on International Literature (Adopted at the Morning Session of August 26, 1934).
    En: http://www.marxists.org/subject/art/lit_crit/sovietwritercongress/

6. "Henri Barbuse (diciembre de 1934). Por una Liga Internacional de Escritores". *Op. cit.* (1). pp. 535, 537, 538.

7. Notes on Kenneth Burke's *Revolutionary Symbolism in America*.
    En: http://web.missouri.edu/~engjnc/burke/revolutionary.html
    Ver también: Burke, Kenneth. "Revolutionary Symbolism in America". Consultado en: *American Writer's Congress*. / Henry Hart, ed. New York: International Publishers, 1935.

8. Ídem.

9. "La estética de la resistencia. El proceso de organización del I Congreso". *Op. cit.* (1). t. 1, p. 23.
    Citado en nota 41.

10. Convocatoria del Congreso. Ídem, p. [99].

11. Ídem, pp. [99]-100.

12. "El Congreso Internacional de Escritores para la Defensa de la Cultura. El escritor francés René Crevel ha venido a Madrid para invitar a los escritores españoles a la reunión que se celebrará en París". Ídem, t. 2. pp. [591], 593.

13. "La delegación española". Ídem, t. 1, p. 32.

14. "El desarrollo del I Congreso". Ídem, p. 47.

15. "21 de Junio. Sesión de apertura (noche). Robert Musil (Austria)". Ídem, pp. 119-121.

16. "Julien Benda (Francia). Literatura occidental y literatura comunista". Op. cit. (1). t. 1, p. 114.

17. Ídem, p. 115.

18. Ídem, pp. 115-116.

19. Ídem, p. 116.

20. Ídem, p. 117.

21. "21 de Junio. Sesión de apertura. Jean Guéhenno (Francia). Defensa de la cultura". Ídem, pp. 130-131.

22. "Edouard Dujardin (Francia)". Ídem, p. 133.

23. "Jean Cassou (Francia)". Ídem, pp.121-123.

24. "22 de Junio. Sesión de tarde. Ivan Luppol (Unión Soviética)". Ídem, p. 139.

25. "John Strachey (Inglaterra). La herencia cultural". Ídem, pp. 171, 172, 173.

26. "23 de Junio. Sesión de noche. Paul Nizan (Francia). Acerca del humanismo". Ídem, pp. 274, 275, 276.

27. "Otras ponencias. Charles Mauron (Francia)". Ídem, pp. 506-507.

28. "El desarrollo del I Congreso". Ídem, pp. 55-56.

29. "21 de Junio. Sesión de apertura (noche). André Gide (Francia). Discurso de apertura". Ídem, p. [105].

30. "22 de Junio. Sesión de tarde. Karin Michaelis (Dinamarca). La solidaridad entre escritores". Ídem, p. 169.

31. Ídem.

32. "Martin Andersen Nexö (Dinamarca)". Ídem, pp. 174, 176.

33. "22 de Junio. Sesión de noche. René Crevel". Ídem, p. 187.

34. "23 de Junio. Sesión de tarde. Bertolt Brecht (Alemania). Una aclaración necesaria para la lucha contra la barbarie". Ídem, pp. [217]-218.

35. Ídem, p. 219.

36. Ídem, p. 220.

37. Ídem, p. 218.

38. Ídem, p. 220.

39. "22 de Junio. Sesión de tarde. Aldous Huxley (Inglaterra). Naturaleza y límite de la influencia de los escritores". Ídem, p. 142.

40. Ídem, p. 152.

41. "22 de Junio. Sesión de noche. André Gide (Francia). Defensa de la cultura". Ídem, pp. 202-207.

42. "23 de Junio. Sesión de tarde. Klaus Mann (Alemania). La lucha por el hombre joven". Ídem, pp. 234-237.

43. "24 de Junio. Sesión de noche. André Breton (Francia). Discurso al Congreso de Escritores". Ídem, p. 402.

44. Ídem, p. 399.

45. "22 de Junio. Sesión de tarde. John Strachey (Inglaterra). La herencia cultural". Ídem, p. 172.

46. Ídem, p. 171.

47. "24 de Junio. Sesión de noche. Heinrich Mann (Alemania)". Ídem, p. 397.

48. "Tristan Tzara (Francia). Iniciados y precursores". Ídem, p. 397.

49. Ídem, pp. 397-398.

50. "25 de Junio. Sesión de tarde. Jef Last (Holanda). Los problemas de la creación y la dignidad del pensamiento". Ídem, pp. 411-412.

51. "Sesión de noche. Louis Aragon (Francia). El retorno a la realidad". Ídem, pp. 439-440.

52. "Paul Vaillant-Couturier. La defensa de la cultura". Ídem, p. 452.

53. Ídem, p. 453.

54. Ídem.

55. Ídem, p. 454.

56. Ídem, p. 455.

57. "24 de junio. Sesión de noche. Michael Gold (USA). La verdadera América". Ídem, p. 381.

58. Ídem, pp. 381-382.

59. "25 de junio. Sesión de noche. André Malraux (Francia). La obra de arte". Ídem, p. 475.

60. Ídem, p. 475.

61. Ídem, pp. 475-476.

62. "Resolución final del Congreso Internacional de Escritores para la Defensa de la Cultura". Ídem, p. 477.

63. "Henri Barbusse (Francia). Discurso de clausura del Congreso de Escritores". Ídem, p. 480.

64. Ídem.

65. Ídem.

66. "Documentos del I Congreso. Lo que significa el Primer Congreso de Escritores. Una toma de conciencia de los peligros que amenazan a la cultura, de la función del escritor en la sociedad, de la concepción socialista del humanismo (fragmento) 827 de junio de 1935)". Ídem, t. 2, p. 548.

67. "Editorial de *Pravda* (27 de junio de 1935)". Ídem, p. 549.

68. "Valoración provisional de los resultados del I Congreso realizada por Johannes R. Becher en una carta a la dirección de la UIER (finales de junio de 1935)". Ídem, p. 551.

69. Ídem.

70. "Karl Radek. Fragmento de un artículo escrito para el *Diario de Moscú,* publicado por *Contraofensiva* (12 julio 1935)". Ídem, p. 554.

71. "Vitezslav Nezval. Bases de un Congreso Internacional de Escritores". Ídem, p. 555.

72. "Escritores en París". Ídem, p. 557.

73. "Klauss Mann. Los escritores en París (1935)". Ídem, pp. 558-559.

74. "Del tiempo en que los surrealistas tenían razón". Ídem, p. 562.

75. Ídem, p. 568.

76. "Declaración de la delegación soviética". Ídem, pp. 576-577.

CAPÍTULO 5

JUNIO DE 1936: ENTRE LONDRES Y SACHSENHAUSEN

Tras la exitosa celebración del I Congreso Internacional de Escritores en Defensa de la Cultura, comenzó una paciente labor de creación de las representaciones nacionales, de divulgación de lo debatido en aquellos días de junio de 1935, y de ampliación de las filas de quienes se dieron cita en París para enfrentar el avance del fascismo.

Entre junio y diciembre de 1935 tuvieron lugar importantes acontecimientos en Europa y el resto del mundo que constituyeron el telón de fondo del movimiento de resistencia intelectual. Una buena parte de ellos corroboraban la justeza de las denuncias efectuadas en el Congreso de París y demostraban la urgencia de la movilización acordada.

Entre aquellos sucesos anunciadores de la tragedia que avanzaba a paso redoblado sobre la humanidad se encontraban, especialmente, los que tenían lugar en la Alemania nazi:

1) El 18 de junio Hitler firma un acuerdo naval con Gran Bretaña que abría las posibilidades para el fomento de su propia flota.

2) El 15 de julio tienen lugar en Berlín motines anti-judíos, con el resultado de varios heridos.

3) El 15 de septiembre, mediante la llamada Ley de Nuremberg, se define la ciudadanía alemana: "[...] sólo son ciudadanos alemanes

aquellos que tienen sangre pura; los judíos, por definición, no poseen sangre alemana".[1]

4)   El 4 de octubre Alemania aprueba la invasión a Abisinia.

5)   El 15 de octubre Whilelm Frick, ministro del Interior del Reich, llama a la promulgación de leyes que impongan restricciones a los judíos relacionados con la industria y el comercio.

6)   El 14 de noviembre se implementa, por vez primera, la Orden de Ciudadanía del Reich, que establece en su cláusula cinco: "Un judío es una persona que desciende de, al menos, tres ancestros de sangre judía".[2]

En España, por ejemplo, los ecos del Congreso se concentraron en la prensa liberal y artística como *El Mercantil de Valencia, Cultura Nueva, Línea* y el *Boletín Internacional del Surrealismo,* de Santa Cruz de Tenerife. En las revistas *Cruz y Raya* y *Leviatán,* de octubre y noviembre de 1935, se produjo una polémica entre José Bergamín y Arturo Serrano Plaja alrededor de ciertas interpretaciones de las intervenciones del Congreso, fundamentalmente, de los comunistas y delegados soviéticos, sobre todo por la aspiración proclamada en París de que en la URSS se estaba gestando un hombre nuevo. Serrano Plaja, quien fuera delegado al Congreso, utilizó el intercambio para hacer una aguda crítica al estado de indiferencia ante la realidad que caracterizaba a una parte de la intelectualidad española de la época y le dice a Bergamín:

> Yo le invito a Usted a reflexionar, con todo el dolor conveniente, sobre nuestra situación y sobre la situación de esas mismas voces [se refiere a Azorín, Ortega y Gasset, Unamuno y Ramón Gómez de la Serna, entre otros]. Tal vez así encuentre explicación a ese angustioso silencio de España ante algo de tan indudable trascendencia histórica como el Congreso Internacional de Escritores en Defensa de la Cultura, que se ha celebrado en París.
>
> Que por lo demás, ciertamente, si los intelectuales callan en España, algo hay que grita, que grita terriblemente. Escuchemos.[3]

El reflejo de las intervenciones del Congreso en la prensa, y los debates como el que estableció Serrano Plaja con Bergamín, sirvieron para dar una amplia difusión a las ideas debatidas en París, al menos, entre los intelectuales y, más importante aún, propició una mirada reflexiva, crítica, hacia el interior de cada país, hacia el papel que debían jugar, y frecuentemente eludían jugar, sus intelectuales, de cara a los retos de los tiempos.

En la estela de París, el historiador Ramón J. Sender publicó en agosto de ese mismo año, en el *Tensor*, de Madrid, dos partes de un artículo titulado "La cultura española en la ilegalidad", dedicado a pasar revista al surgimiento y los rasgos constitutivos de la cultura nacional, destacando su intolerancia y carácter represivo hacia toda forma de disenso Sender declaró:

> El caso nuestro no es el de Inglaterra o Francia. No se trata de defender los fueros conquistados por la cultura, sino de infundir energía a la cultura que lucha en España hace siglos por desplazar a la teología y a la metafísica, y que sin perder ni la claridad de perspectivas ni la energía ascendente, atraviesa períodos de asfixia como el presente, durante los cuales vuelven a nuestra atmósfera los fantasmas, los grilletes, las hogueras y los silogismos. La cultura está en la ilegalidad. Tiene su campo entre el proletariado intelectual [...] identificado, consciente o inconscientemente, con la idea del progreso y, por lo tanto, con los intereses de la clase obrera. La cultura en la ilegalidad no hace sino continuar la tradición de las letras españolas, [...] la posición del hombre de pensamiento ha sido siempre la de protesta y lucha.[4]

Puede decirse que, al igual que en el caso español, en el resto de los países de Europa, y en otros del mundo, la atención que la prensa propició alrededor de los acuerdos y debates del Congreso de París, permitió ampliar su alcance y movilizar a los intelectuales y demás fuerzas revolucionarias o enemigas del fascismo. Meses después de haber concluido, la marcha de los acontecimientos provocaba un interés mayor alrededor de lo ocurrido en la Mutualité.

Un resumen de lo acontecido en París, bajo el título de "La cultura y el orden" fue publicado por Andrés Carranque Ríos, en *Línea* número 1, del 29 de octubre de 1935, donde destaca la desconfianza y miedo que la policía francesa experimentaba ante aquella reunión de hombres que representaban "la conciencia de su país". Ese mismo día, en dicho quincenario dedicado a "las luchas sociales", se publicaba un artículo titulado "Los escritores y el pueblo", bajo la firma de Julio Álvarez del Vayo, Andrés Carranque Ríos, Arturo Serrano Plaja, Pablo Neruda y Raúl González Muñón, todos delegados presentes en el cónclave de París. Con agudeza señalaban los firmantes:

> Lo que fue en España poco menos que silencio y desatención por la mayor parte de la prensa diaria, hoy, en las revistas, entre los escritores, en el ambiente, en fin, no sólo intelectual, sino también obrero, se torna cada vez más motivo reflexivo y polémico, agitación discursiva [...] Este Congreso no ha tenido solamente una significación literaria, sino también, y muy conscientemente, social y hasta política.[5]

Aquellos delegados definían de manera clara, para los lectores de *Línea*, apenas transcurridos cuatro meses de la clausura del Congreso, la diferencia esencial entre este y otros encuentros de escritores celebrados con anterioridad, incluso, sin decirlo, con aquel otro de 1878, cuando se reunió un grupo de creadores literarios en París para dejar fundada la Association Littéraire Internationale (ALAI) bajo la presidencia de Víctor Hugo, con el objetivo de proponer una convención internacional para la protección de la propiedad artística y literaria, esfuerzo que culminaría, ocho años después, con la firma de la Convención de Berna. En efecto, como señalaban aquellos delegados, este encuentro de París había sido diferente, no para defender intereses gremiales o personales:

> Porque la diferencia más profunda entre este y otros Congresos de escritores ha consistido en que aquí los escritores no han eludido nada, no se han quedado reducidos a un esteticismo, sino que han hablado, han actuado, podríamos decir, de cara a lo mejor y lo más malo, sin perder por ello la dignidad de escritores, y muy especialmente, de hombres en el mundo y frente a cosas y sucesos [...]. Este Congreso se ha producido como reivindicación y ejemplaridad.[6]

Remitiéndose al ejemplo del recién fallecido Henri Barbusse, los autores de la crónica arribaban, finalmente, a la definición de lo que, en su opinión unánime, constituyó el denominador común del Congreso: "[...] una constante crítica de lo que el actual sistema capitalista, como cultura, nos ha legado [...]".[7]

La revista *Nueva Cultura,* de Valencia, dedicó un espacio destacado y regular al análisis y difusión de lo abordado en el cónclave parisino. Un editorial del número 9, correspondiente a diciembre de 1935, se iniciaba en París para terminar en la crítica de la realidad de los intelectuales españoles. Su título, precisamente era "Los intelectuales españoles en esta hora". Así se caracterizaba la época que se abría ante el mundo en vísperas de 1936: "Estamos viviendo una época de azares y problemas de una hora llena de futuros destinos, una hora grave y difícil que puede sonar en este recodo de la Historia en que nos hallamos, con sombría pesadumbre de marcha fúnebre o con abierta y alegre llamada de victoria".[8]

Tras analizar los factores que influían sobre la actitud de los intelectuales españoles del momento, a veces callados, otras, impacientes y bulliciosos, el editorialista de *Cultura Nueva* enumera las victorias del socialismo en Rusia, la política del nacional-socialismo alemán, la invasión de Abisinia por el fascismo italiano, y el Congreso en Defensa de la Cultura. De este último se dice que, los mejores espíritus de la época se reunieron para arribar a una conclusión: "[…] la cultura está ante gravísimo peligro y hay que defenderla. Esta es la suprema consigna del momento".[9]

El llamado final del editorial, dirigido específicamente a los intelectuales españoles, es un ejemplo elocuente de la manera en que debieron operar los acuerdos del Congreso de París sobre los pensadores y creadores más conscientes del momento, y de cómo se implementaban sus indicaciones en el plano práctico de la organización:

> Es preciso salvar al hombre como ser de cultura […] Es preciso que pongamos toda nuestra voluntad en lograr que todo este ambiente difuso y disperso que late en los intelectuales españoles se precipite orgánicamente en un Comité de Vigilancia, parejo al de París, que sea permanente centinela de la cultura y de la paz ante el peligro creciente del fascismo y de la guerra […].[10]

Ante el avance del proceso de constitución de asociaciones nacionales para la defensa de la cultura, la Unión Internacional de Escritores Revolucionarios (UIER), una de las principales organizadoras del Congreso de París, adoptó la decisión de autodisolverse, el 19 de diciembre de 1935. En la resolución correspondiente de su secretariado, se declara: "El secretariado llama a las organizaciones de escritores, grupos y escritores individuales que estuvieron asociados a la UIER, a que se asocien sin excepción a la Asociación Internacional [en Defensa de la Cultura] que tiene su sede en París".[11]

En los meses posteriores a junio de 1935 importantes intelectuales vinculados a los ideales del Congreso fallecieron, entre ellos Ramón de Valle Inclán, Máximo Gorki, Henri Barbusse y Karl Krauss.

Comenzado 1936 los acontecimientos se precipitaron dramáticamente. Los sucesos del primer semestre así lo demuestran:

- El 2 de enero, los funcionarios nazis responden a la Liga de las Naciones que el tratamiento que dan a los judíos no les compete.
- El 18 de enero muere Rudyard Kipling, y dos días después, el Rey George V, de Inglaterra.
- El 4 de febrero se obtiene de manera sintética, por primera vez, el radium E, sustancia radioactiva.
- El 6 de febrero Hitler inaugura los IV Juegos Olímpicos de Invierno, en Garmisch-Partenkirchen, cuatro días después se unifica la policía y las SS creándose la Gestapo.
- El 11 de febrero arrestan en Alemania a 150 líderes de la juventud católica.
- El 16 de febrero, en España, triunfa en las elecciones el Frente Popular, diez días después tiene lugar un alzamiento en Japón dirigido por jóvenes oficiales que es reprimido por el ejército.
- El 7 de marzo Hitler ordena a sus tropas penetrar en la región desmilitarizada del Rhin, violando el Tratado de Versalles y el Pacto de Locarno, dos días después la prensa alemana anuncia que todo judío que votara en las próximas elecciones sería arrestado. Cuando se produce la votación, el 29 de marzo, más del 98% de los electores apoyaron a Hitler.
- El 19 de marzo la URSS firma con Mongolia un pacto de asistencia ante las amenazas japonesas.
- El 23 de marzo, Italia, Austria y Hungría firman el Pacto de Roma.
- El 29 de marzo la fuerza aérea italiana bombardea la ciudad de Harare; al día siguiente Gran Bretaña anuncia la puesta en vigor de un programa naval, el mayor de los últimos quince años, para construir 38 buques de guerra.
- El 1ro de mayo el Emperador de Etiopía, Haile Selassie, se ve obligado

a abandonar el país ante el avance de las fuerzas italianas; cuatro días después los italianos ocupan Addis Ababa, y Mussolini anuncia la anexión del país.

* El 2 de junio el general Anastasio Somoza toma el poder en Nicaragua.
* El 17 de junio Himmler ocupa el cargo de jefe de la Policía alemana.

Dando continuidad a los acuerdos del Congreso de París, y organizada por la Asociación de Escritores en Defensa de la Cultura, el 19 de junio fue inaugurada en Londres una Conferencia presidida por el escritor alemán Ernst Toller, que contó con la participación, según narra George Sadoul, de representantes de quince naciones, entre ellos, Julián Benda, Louis Guillox, Denis Saurat, Etiemble y André Malraux, de Francia; Denis Marion, de Bélgica; de Holanda, la señora H. Van Eyck y su marido; de los Estados Unidos, Malcolm Chevalier; de Checoslovaquia, Pospisilova; de Yugoslavia, Jovan Halic; de Suiza, Vaucher y Mühlestein; de Portugal, Jaime Cortesão; de España, José Bergamín y Ricardo Baeza; de Italia, Chiaromonte; de Irlanda, O'Donnell; de la India, Mulk Raj Anand; de Alemania, Regler, Ernst Toller y Bertolt Brecht; por Inglaterra, John Strachey, Amabel Williams-Ellis, John Lehman y H. G. Wells, y por la URSS, Ilya Ehrenburg.

La delegación soviética no fue mayor debido a los funerales de Máximo Gorki. Aldous Huxley, Virginia Wolf y E. M. Forster no pudieron asistir por razones de salud.

El Programa de la Conferencia incluía debates y ponencias sobre temas diversos que debían ser examinados entre el 19 y el 23 de junio como:

* La defensa de la herencia cultural.
* El proyecto para la elaboración de una Enciclopedia de las ciencias y las artes.
* El examen de la Ley Anti-libelo vigente en Inglaterra.
* Los escritores y la paz.
* Proyecto para un boletín periódico de información sobre libros recomendados. Examen de propuestas de posibles publicaciones y traducciones. Establecimiento de vínculos entre revistas de las secciones nacionales.

La Conferencia fue inaugurada por Ernst Toller. En su discurso se refirió a la agenda de los delegados, en particular destacando la necesidad de crear una red entre las distintas publicaciones de escritores que comparten los principios del Congreso de París, entre las que citó a *Nueva Cultura,* de España, *Nei Protipori,* de Grecia, *Movimiento,* de Uruguay, *Era Nova,* de Rumanía, *Left Review* y *Left Book Club,* de Inglaterra. Toller alertaba a los presentes sobre el clima aparentemente tranquilo del país anfitrión, destacando que, tras esa apariencia, se agitaba una situación muy volátil, caracterizada por la pérdida de valores:

> Valores que ayer mismo se juzgaban eternos y absolutos, parecen ahora desmoronarse y venirse abajo; palabras que ayer mismo tenían todavía el sonido de la verdad, del conocimiento, de la sinceridad, suenan hoy banales, mentirosas, sucias. Ha habido un abuso de los grandes ideales de la humanidad, que han sido degradados a la categoría de monedas del juego político de las fuerzas dominantes. Han perdido todo su valor cuando se ha acabado el juego.
>
> También los dictadores, los adversarios de la libertad y de la justicia, de la verdad y de la paz se servían de estas palabras, tergiversaban su sentido y sembraban la confusión con refinada sinceridad en las mentes ingenuas.[12]

Toller reconoció la necesidad de promover la movilización de los escritores ante los peligros que se cernían ante la humanidad, pues "[...] solamente unos pocos conocen o tienen el suficiente valor como para enfrentarse al caos de este tiempo".[13] Pero la situación no se debe únicamente a la falta de conocimientos o valor de los intelectuales; en su opinión, el propio hombre, el individuo, está en crisis, ya que "[...] no sólo los continentes y las naciones [...] están medios derruidos. El hombre, como ser espiritual y autorresponsable, también está amenazado".[14] ¿Cuál es la solución a esta angustiosa situación? Según Toller: "Solamente quien permanece firme, quien tiene una imagen clara de la sociedad y de sus posibilidades, está a salvo".[15]

Tener una imagen clara de la realidad en una conferencia de escritores significaba, en primer lugar, reivindicar el valor de las palabras ante la fuerza y la irracionalidad, pues este es la principal herramienta de la creación. Toller lo indicó:

El contenido de una palabra no se agota con su sentido, que se comprende racionalmente.

La palabra es viva como un árbol. Tiene sus raíces en los siglos y está cargada de valores sentimentales, de sueños y esperanzas, de maldiciones; la palabra es la medida humana.

El que encuentra la palabra justa en el momento justo aumenta de manera casi imperceptible su poder material.[16]

Debe destacarse que la definición de Toller resumía el anhelo de miles de intelectuales conscientes de pronunciarse acerca de los graves peligros de la época. Así había actuado Malraux cuando meses antes había visitado España, en compañía de Cassou y Lenormand, todos delegados al Congreso de 1935, para felicitar a los intelectuales españoles por la victoria del Frente Popular. En esa ocasión, durante su discurso en el Ateneo de Madrid, expresó: "[…] en última instancia, el fascismo no será abatido más que con las ametralladoras".[17]

Atemperando las cosas al lento escenario londinense, Toller expresó lo mismo con las siguientes palabras:

[…] nadie pude escaparse de las luchas del presente, y menos aún en un momento en que el fascismo ha elevado la doctrina del estado total al rango de ley.

[…]

La libertad y la autodeterminación constituyen la dignidad del individuo.

[…]

Trabajemos incansablemente […].

[…]

No amamos la política por sí misma. Participamos en la vida pública, pero creemos que no es el menos importante sentido de nuestra lucha liberar al hombre del futuro del conflicto desesperado de intereses que se llama hoy en día política […]. ¡Somos nosotros quienes creamos el destino! Queremos ser sinceros, valientes y humanos.[18]

A pesar de la adecuada introducción de Toller, la Conferencia londinense no estuvo a la altura del Congreso de París. No constituyó la continuidad que requería el momento. No abordó formas concretas de lucha diluyéndose en cuestiones técnicas, más gremiales que políticas, aunque no dejase de abordar estas últimas. Londres no aportó el clima necesario para ahondar en las cuestiones que gravitaban sobre los hombres de la época. No era el escenario idóneo para analizar radicalmente los problemas del momento.

La intervención de Malraux sobre la herencia cultural intentó salvar la situación, pero no logró calentar el ambiente. Repitió lo dicho en París: "La herencia no se hereda, se conquista".[19]

Un resumen de lo ocurrido en Londres fue elaborado por Derek Kahn, y publicado en *Left Review* número 10, de 1936, permite conocer algunas de las interioridades del encuentro celebrado en Fried's House:

> El proyecto de una Enciclopedia, inspirado por una visión global del mundo y por un enfoque progresista humanístico como en el siglo XVIII, fue conceptuado, por un lado, como una ofensiva contra el emocionalismo irracional y anticientífico de la reacción fascista y, por otro, contra la especialización desapasionada y descoordinada de muchas discusiones actuales y de muchas actividades de investigación.[20]

Esta iniciativa, promovida por los delegados del Congreso de París, no fructificó, y hubiese sido sumamente útil de haberse hecho, teniendo en cuenta el momento, la cantidad de intelectuales de primera magnitud que hubiesen participado y los enemigos contra los que debió dirigirse. Al referirse al proyecto, su coordinador, Etiemble, indicó algunas de las premisas de las que partiría semejante obra, lo cual clarifica aún más su intención fallida:

> […] escritores de 17 o 18 naciones colaborarían con ella […]. No se haría una selección al azar, sino […] debería basarse en un principio determinado, constante. Tendría la misión de elaborar un nuevo humanismo y a este serviría la Enciclopedia.
>
> […] la misión de los escritores sería doble. Primero tendrían que formular criterios para la decisión […] y en segundo lugar, tendrían que aplicar estos criterios a la realidad y también a la ciencia moderna […].

[…] al elaborar la Enciclopedia no debería limitarse la selección de la herencia cultural a la cultura occidental.[21]

El proyecto no fue apoyado por Aldous Huxley, quien mediante una carta expresó sus objeciones alegando que los escritores no eran científicos para acometer una obra de tal naturaleza. Malraux expresó su apoyo al proyecto, y el de numerosos intelectuales franceses, pero la intervención de H. G. Wells, en sentido contrario, fue decisiva, al parecer, para frustrar la intención.

Wells comenzó por adherirse a la idea, señalando que "[…] una síntesis más completa del pensamiento confuso del presente hace muchísima falta; que malgastamos mucha energía porque nuestras ideas no se resumen y que con una síntesis de esta clase, aunque en el presente caso se viera como algo irrealizable, habría de intentarse, al menos". [22] Para terminar esta parte de su intervención, sentenció: "Hoy, nosotros que pasamos por liberales, somos como un ganado de ovejas sin ideas; estamos perdidos; cualquier fanático de miras estrechas nos apabulla. Esto es así porque nuestro conocimiento está muy mal coordinado y porque no lo hemos resumido".[23]

A pesar de este apoyo aparente, los cálculos expresados por Wells ubicaban el costo de una obra de esta naturaleza cercano a los 30 millones de libras esterlinas, lo cual hacían el proyecto inalcanzable. Wells cerró su intervención con una pregunta formulada para desanimar al auditorio: "¿Quién financiaría un proyecto que iba a costar tanto como tres buques de guerra?".[24] A continuación, de manera inesperada, Wells abandonó la sala y la Conferencia.

A pesar de la teatral partida de Wells, los delegados de Suiza, Irlanda, Escocia, Bélgica, Yugoslavia, Holanda, Portugal y, por supuesto, Francia, apoyaron la idea de la Enciclopedia. Se acordó, finalmente, que se elaboraría un manual que resumiese la filosofía del proyecto.

En carta a Mijail Kolzotv del 26 de junio de 1936, Ilya Ehrenburg denuncia que la extraña actitud de Wells ante el proyecto de la Enciclopedia, y la Conferencia, en general, "[…] estaba muy meditada y, a mi parecer, relacionada con la cuestión del Pen Club".[25] Su descripción de la Conferencia es muy crítica, no dudando en reconocer que:

[...] el pleno mismo de Londres estaba abominablemente mal preparado. Ellis [Amabel Williams-Ellis, secretaria de la Asociación inglesa, anfitriona de la Conferencia] sólo pensaba en una cosa: en la recepción en su casa, con frac, etc. [según el programa, se celebró en su residencia, el 22 de junio, a las 21.00 horas]. Para esta recepción se preparó todo [...]. No tenemos base en Inglaterra [...]. Huxley y Forster no quieren hacer nada, prestan su nombre, nada más. Esto se explica por la situación política de Inglaterra, nada puede hacerse, [...] he llegado a la conclusión de que en Inglaterra, a diferencia de otros países, sólo podemos apoyarnos en las nuevas generaciones literarias y en los escritores-periodistas.[26]

En esa misma carta, Ehrenburg hace un rápido balance de la creación de las asociaciones en diferentes países y de los preparativos del futuro Congreso, que se celebraría en España, en 1937. De esta manera, por ejemplo, conocemos que "Hemos decidido no convocar el pleno durante largo tiempo [en momentos de extrema urgencia, como los que se vivían]. A los escritores no les gusta actuar sin público".[27] Por otro lado, se aprecia que mientras en Inglaterra la situación era desfavorable, al igual que en Escandinavia "[...] existe allí una ruptura entre los escritores burgueses de izquierda y los escritores proletarios"[28], en España y Checoslovaquia, los asuntos marchaban bien. También que "[...] La propuesta de una biblioteca de la Asociación fue aplaudida por todos. Con ello podemos atraernos a los pueblos pequeños".[29] Por su parte, Ehrenburg declaraba "Personalmente no creo mucho en la Enciclopedia".[30]

La versión que George Sadoul nos brinda de la Conferencia es similar a la de Ehrenburg, pero subraya, con optimismo, las decisiones prácticas tomadas, como por ejemplo, lo relacionado con el Congreso de 1937. Al respecto declara:

[...] hemos decidido celebrar un gran Congreso, parecido a aquel de donde salió nuestra Asociación. Con toda seguridad tendrá lugar en Madrid, en febrero próximo. Además, hemos tomado varias decisiones sobre la creación de un gran Premio Internacional que será otorgado por nuestra Asociación. Hemos nombrado un jurado que presentará mensualmente una selección de las mejores obras literarias que se han publicado en los diferentes países.

> La selección de nuestra Asociación propondrá a los lectores de todo el mundo […] cuatro volúmenes por país y mes. Nuestros amigos soviéticos se han comprometido a traducir anualmente doce de estos libros propuestos por nosotros. También en otros países, entre ellos Francia, está prevista la traducción de estas obras […].[31]

Sadoul, entusiasta defensor de la Enciclopedia, escribe que, ante las críticas y el escepticismo de gente como Wells, cabe recordar que "[…] no teníamos millones de francos a nuestra disposición, pero hemos podido crear en una año una Asociación que es mucho más numerosa, activa y poderosa que el Pen Club, que fue creado hace más de diez años por gente como Wells".[32]

La comparación de Sadoul no era gratuita. Estaba condicionada por las actitudes clasistas de los intelectuales que vivían y creaban en la Europa de entre guerras, actuando, a veces, de manera errática, instintiva o contradictoria, de acuerdo al momento, pero sintiendo que asistían al ocaso de un mundo, y buscaban la salida del laberinto en el ejemplo de la sociedad que se construía en la URSS.

La vida, y las durezas de la lucha se encargarían de deslindar los campos, de trillar la cosecha, de separar a los que llegaban a la izquierda, al marxismo, al comunismo por la moda intelectual del momento, por un deslumbramiento inicial, de aquellos que lo hacían a conciencia, por sus convicciones.

George Novacks, uno de los participantes en las luchas de aquellos años en los Estados Unidos, en un discurso pronunciado en septiembre de 1967 ante los participantes en la Socialist Scholars Conference, celebrada en New York, titulado "Radicals Intellectuals in the 1930s", define las tres etapas atravesadas por muchos de los creadores de su país, que en rigor, fue el mismo proceso seguido por los intelectuales del resto del mundo, especialmente los europeos, en aquellos años de tribulaciones:

> Entre los veinte y los cuarenta la mayoría de los intelectuales anticapitalistas atravesaron tres etapas marcadas por los sucesos nacionales e internacionales: [la primera] que va desde la crisis del 29 hasta la victoria de Hitler y la toma de posesión de Roosevelt, se caracterizó por su giro hacia la izquierda; [la segunda] que va desde 1933 hasta la Guerra Civil española y los Procesos de Moscú, caracterizada por la profundización

de sus preocupaciones [hacia el proyecto soviético] y el inicio de la diferenciación; [y la tercera] que va desde 1937 hasta la destrucción de la República española, el Pacto entre Hitler y Stalin y la Segunda Guerra Mundial, caracterizada por el abandono del radicalismo, la que terminará en los años de la Guerra Fría.[33]

Las razones del deslumbramiento de los intelectuales ante el movimiento comunista de entonces, apreciado en los días del Congreso de París, según Novack, fueron las siguientes:

> El movimiento comunista era el indisputado centro de atracción, debido a buenas razones: aparecía cubierto por la bandera roja de la Revolución de Octubre, era el representante oficial del régimen soviético, reclamaba como propia la herencia de Lenin, de la Internacional y de sus programas. Prometía construir un paraíso en la tierra de los planes quinquenales, era impresionante apreciar los logros de una economía planificada que operaba sobre la base de las propiedades nacionalizadas, eliminando el desempleo, todo lo cual contrastaba con el decrépito capitalismo. Se pensaba que la Internacional Comunista era el líder de la revolución mundial, y que el gobierno soviético era al valladar más seguro contra el fascismo y la guerra.[34]

Momentáneamente, el movimiento comunista brindó un asidero racional a aquellos pensadores y artistas en tiempos de irracionalismo y de decadencia de la sociedad capitalista, con su sistema ilógico y deshumanizado. Pero el deslumbramiento inicial fue entorpecido, desde los inicios, como se evidenció en el mismo Congreso de París, y en la Conferencia de Londres, por fenómenos descritos por Novack: "Pocos de esos intelectuales habían estado relacionados con el movimiento sindical o con el pensamiento marxista, ni sabían nada sobre su historia, ni las controversias de la Internacional comunista. La mayoría procedía de la clase media y su conciencia social había transitado, de manera inesperada, hacia el socialismo [...]".[35]

El arrebato pasional de los intelectuales de izquierda, para mediados de 1936, sería sometido duramente a prueba con los acontecimientos que se avecinaban.

Unas escasas semanas después de que la señora Amabel Williams-Ellis brindase gentilmente su residencia para que los representantes de los intelectuales comprometidos con la defensa de la cultura participasen en una recepción, que pondría fin a la Conferencia de Londres, se producirá el alzamiento del general Franco contra la República española. Apenas un mes después, en Alemania, se inauguraba el campo de concentración de Sachsenhausen.

A partir de este instante, todas las certezas expresadas por los intelectuales en París y Londres, todas las altas declaraciones contra el fascismo y el capitalismo, todas las aclamaciones al comunismo, el marxismo y la URSS serán sometidas a la más terrible de las pruebas.

Eso, y no otra cosa, significó la tragedia de España para el incipiente Movimiento de Intelectuales en Defensa de la Cultura: el antes y el después.

REFERENCIAS

1. The Holocaust, 1935. En: http://www.neveragain.org/tfactg.35.htm

2. Ídem.

3. Serrano Plaja, Arturo. "El clavo ardiendo". En: Aznar Soler, Manuel. *I Congreso Internacional de Escritores para la Defensa de la Cultural (París, 1935)*. Valencia: Generalitat Valenciana. Conselleria de Cultura, Educació i Ciencia, 1987. t. 2, p. 682.

4. Ramón J. Sender. "La cultura española en la ilegalidad". Ídem, p. 701.
   Ver también: *Tensor* (Madrid) (1-2):1-21; ag. 1935.

5. "Los escritores y el pueblo. (Del Congreso para la Defensa de la Cultura, de París)". Ídem, pp. 722.
   Ver también: *Línea* (Madrid) (1):4; 29 oct. 1935.

6. Ídem, pp. 722, 724.

7. Ídem, p. 724.

8. "Los intelectuales españoles en esta hora". Ídem, p. 724.
   Ver también: *Nueva Cultura* (Valencia) (9):2-3; dic. 1935.

9. Ídem, p. 726.

10. Ídem, p. 729.

11. "Resolución del secretariado de la Unión Internacional de Escritores Revolucionarios sobre su autodisolución para integrarse en la Asociación Internacional de Escritores para la Defensa de la Cultura (19 diciembre 1935)".
    Ídem, pp. 577-578.

12. "Ernst Toller (Alemania)". Ídem, pp. 764-765.

13. Ídem, p. 765.

14. Ídem.

15. Ídem.

16. Ídem.

17. "El tiempo que se vive". Ídem, p. 758.
    Ver también: *Nueva Cultura* (Valencia) (13):6; jul. 1936.

18. Op. cit. (12). pp. 766-767.

19. "André Malraux (Francia). Sobre la herencia cultural". Ídem, p. 770.

20. "Derek Kahn". Ídem, p. 771.
    Ver también: Internacional Writers in London. Report by D. Kahn of the Recent Conference of the International Association of Writers for the Defense of Culture. *Left Review* (10):481-490; 1936.

21. Ídem, p. 772.

22. Ídem, p. 774.

23. Ídem, p. 775.

24. Ídem.

25. "Carta de Ilya Ehrenburg a Mijail Koltzov (París, 26 jun. 1936)". Ídem, p. 777.

26. Ídem.

27. Ídem.

28. Ídem.

29. Ídem, pp. 777-778.

30. Ídem, p. 778.

31. "George Sadoul". Ídem, p. 779.

32. Ídem, p. 780.

33. George Novack's Radical Intellectuals in the 1930s.
En: http://www.marxists.org/archive/novack/works/1967/ref/xo.1.htm
Discurso ante la Socialist Scholars Conference, celebrada en septiembre de 1967, en New York.

34. Ídem.

35. Ídem.

CAPÍTULO 6

SIN FRAC, CON LOS MILICIANOS, EN LA PRIMERA LÍNEA DE COMBATE

En octubre de 1936, apenas cuatro meses después de iniciado el alzamiento franquista contra la Segunda República, el secretariado de la Asociación Internacional de Escritores para la Defensa de la Cultura, reunido en Madrid, emite el siguiente documento, la primera declaración pública de esta de cara a los acontecimientos que tienen lugar en España:

> De Madrid, desde este Madrid donde el pueblo defiende su indepen-dencia, su libertad, que el fascismo destructor de toda cultura amenaza, el Secretariado de la Asociación […] quiere llamar la atención a todos los intelectuales, artistas, hombres de ciencia […] sobre esta lucha que los pone a todos en juego […]. Es absolutamente necesario que los intelec-tuales sigan este combate donde se forja de una manera heroica el porvenir de la inteligencia.
>
> […]
>
> Es necesario que lo proclamemos: querer destruir al pueblo español es querer destruir el pasado cultural de España, su vida presente, su magnífico porvenir, es destruir una de las bases de la cultura universal.
>
> […]

Pedimos que los escritores de todo el mundo comprendan que la lucha del pueblo español no pone solamente en juego el porvenir de un país sino el porvenir del hombre.[1]

Para terminar, el Secretariado ratificaba "[...] la decisión adoptada en el pleno preparatorio de Londres el mes de junio de 1936, en el cual se decidió que el Segundo Congreso Internacional de Escritores para la Defensa de la Cultura tuviese lugar en Madrid, en 1937, y desde hoy convoca a todos sus miembros para este Congreso".[2] Firmaron el documento, entre otros, Alberti, Bergamín, Ehrenburg, Aragon, Malraux, Renn y Koltzov.

Venciendo numerosas dificultades organizativas, comprensibles en un país que se hallaba inmerso en una guerra, incluyendo la desorganización y la burocracia del propio gobierno republicano, los organizadores realizaron una labor ingente para garantizar su éxito. Por las propias circunstancias en que se convocó fue conocido como Segundo Congreso Internacional de Escritores Antifascistas, lo cual dejaba aún más clara la razón de su convocatoria.

Algunos gobiernos, como el de Inglaterra, obstaculizaron la participación de sus intelectuales en el Congreso, negándoles las visas. Al parecer esta actitud sirvió de coartada a ciertas renombradas figuras literarias de ese país, que se excusaron por no poder participar. Stephen Spender, uno de los delegados británicos, escribe: "Los conocidos escritores ingleses por lo menos hubieran expiado su ausencia de España asistiendo a la última parte del Congreso en París. Los grandes escritores democráticos ingleses dejaron pasar, con indiferencia, esta demostración valiente de solidaridad con la República Española [...]".[3]

Muy distinta fue la actitud de quienes respondieron al llamado de la Asociación, y por vías disímiles, incluso utilizando pasaportes falsos para burlar la vigilancia de las autoridades francesas, o atravesando la peligrosa zona tomada por los franquistas, al viajar a través de Gibraltar, concurrieron a la cita española, a riesgo de sus vidas y de su libertad. Atrás quedaban los remilgos cortesanos, los fracs para las recepciones, el invocar falsas lealtades a la causa del pueblo, de los obreros, del antifascismo, para estar a la moda.

En el seno del movimiento intelectual comenzado en París, dos años antes, España y el Congreso de 1937 actuaron como lo haría el fiel de una balanza, sopesando la verdadera constitución de los cuerpos y separando las apariencias de la realidad, los hechos de las palabras, las verdaderas intenciones de las rimbombantes declaraciones: España de 1937 fue, sencillamente, la hora de la verdad para los intelectuales y artistas del momento, el Rubicón de la razón y la inteligencia sometida a prueba por la barbarie, la irracionalidad y el fascismo. Nadie escapó a este examen, ni siquiera los más famosos y encumbrados, ni los más exitosos o geniales.

El programa del Congreso y las sedes escogidas fueron:[4]

- 2 de julio: Llegada a Barcelona.
- 3 de julio: Salida de Barcelona. Llegada a Valencia por la tarde. En la noche, presentación del drama *Mariana Pineda*, de Federico García Lorca.
- 4 de julio: Sesiones del Congreso en la Sala Consistorial, hasta las nueve de la noche.
- 5 de julio: Salida para Madrid. En la tarde, llegada a Madrid y recepción del general Miaja.
- 6 de julio: Sesiones del Congreso en Madrid.
- 7 de julio: Por la mañana, visita a los frentes de Madrid, por la tarde, sesión de masas del Congreso.
- 8 de julio: En Madrid, excursiones, visitas a los hospitales, desfiles, etc.
- 9 de julio: Salida para Valencia. Por la noche, concierto de música con la Orquesta Sinfónica de Valencia.
- 10 de julio: Sesiones del Congreso en Valencia. Por la tarde, clausura del Congreso. En la noche, reunión a puertas cerradas.
- 11 de julio: Viaje a Barcelona.
- 12 de julio: Recepción en la Generalitat. Mitin en la tarde. Por la noche, concierto de Pau Casals.
- 13 de julio: Salida hacia Perpiñán.

Este Programa no fue posible cumplirlo, de la manera en que estaba diseñado. Sufrió importantes cambios debido a las diferentes fechas de arribo de los delegados, y por otras razones organizativas vinculadas con la situación que vivía el país. No obstante, sirve para ilustrar cómo los anfitriones imaginaban el Congreso y la forma en que pensaban vincular las sesiones internas con actividades de masas, conciertos, representaciones teatrales, visitas al frente, etcétera.

Los temas seleccionados para ser abordados en el Congreso fueron diez:[5]

- El papel del escritor en la sociedad
- Dignidad del pensamiento
- El individuo
- Humanismo
- Nación y cultura
- Los problemas de la cultura española
- Herencia cultural
- La creación literaria
- Refuerzo de los lazos culturales
- Ayuda a los escritores españoles republicanos

Entre los delegados que participaron en el Congreso, al menos en una de sus sesiones, se encontraban Bertolt Brecht, Lion Feuchtwanger, Egon Kisch, Heinrich Mann, Hans Marchwitza, Ludwig Renn, Bodo Uhse y Anna Seghers, de Alemania; Raúl González Muñón, de Argentina; Oskar María Graf, de Austria; Ludmil Stoyanoff, de Bulgaria; Pompeu Fabra, de Cataluña; Alejo Carpentier, Nicolás Guillén, Juan Marinello, Leonardo Fernández Sánchez y Félix Pita Rodríguez, de Cuba; Vicente Huidobro y Pablo Neruda, de Chile; Karin Michaelis y Martín Andersen Nexo, de Dinamarca; Rafael Alberti, Julio Álvarez del Vayo, Jacinto Benavente, José Bergamín, Corpus Barga, León Felipe, María Teresa León, Antonio Machado y Ramón Sender, de España; Malcolm Cowley y Langsthon Hughes, de los Estados Unidos; Louis Aragon, Julien Benda, Jean Richard Bloch, André Chamson, André Malraux, Paul Vaillant-Couturier, Tristan Tzara, y Paul Nizan, de Francia; Jef Last, de Holanda; Wystan Hugo Auden, Ralph Bates, John Sherwood, Stephen Spender, John Strachey y Silvia Towsend Warner, de Inglaterra; José Mancisidor, Carlos Pellicer, Octavio Paz y Silvestre Revueltas, de México; César Vallejo, de Perú; Jaime Cortesão, de Portugal; Ilya Ehrenburg, Alexander Fedin, Mijail Koltzov, Alexei Tolstoy, de Rusia, y Hans Muhlestein, de Suiza. Por la parte de los anfitriones, actuaron como miembros del Secretariado, responsables de la organización y detalles burocráticos, Arturo Serrano Plaja, Emilio Prados y Juan Gil-Albert.

Es importante destacar que una parte de los delegados extranjeros se encontraba en España con antelación al Congreso, entre los más de 40 000 miembros de las Brigadas Internacionales que habían llegado para combatir al franquismo, del lado del pueblo español, a partir de septiembre de 1936, por iniciativa de la Internacional comunista. Entre los intelectuales del mundo que llegaron a formar parte de estas Brigadas se hallaban "[...] Jef Last, Gustav Regler, Ludwig Renn, Ralph Fox, George Orwell, John Cornford, Theodor Balk, Máte Zalka [...]",[6] el cubano Pablo de la Torriente Brau, comisario del Quinto Regimiento, quien caería en combate, y Ernest Hemingway que, aunque no formó parte formalmente de ellas, llegó a combatir del lado republicano en Belchite y otros lugares.

El domingo 4 de julio de 1937, al mediodía, la sala Consistorial de Valencia acoge la solemne inauguración del II Congreso Internacional de Escritores en Defensa de la Cultura, con un lleno total. Encabezan la ceremonia, el presidente del Consejo de la República, Juan Negrín, y varios ministros. Corpus Barga, de la delegación española, propone una presidencia internacional del Congreso formada por Malraux, Benda, Ludwig Renn, Koltzov, Tolstoi, Andersen Nexo, Auden, Cowley, Machado, Bergamín y Neruda, la cual es aprobada por unanimidad.

En esta primera sesión hacen uso de la palabra autoridades españolas y delegados extranjeros, entre ellos Julien Benda, cuyas palabras reflejan todo lo que ha influido sobre los intelectuales europeos y del resto del mundo el avance del fascismo y los peligros que se ciernen de manera creciente sobre la humanidad, así como la radicalización que ha provocado en escritores, artistas e intelectuales la agresión fascista contra la República española: todo esto diferenció las discusiones de París, en 1935, de Valencia, en 1937:

> No hacemos más que permanecer en la línea que nos trazaron estos grandes hermanos mayores —se refiere a Spinoza y Zola—, que continuar en la dirección del verdadero intelectualismo, aportando, con toda nuestra alma, el tributo de nuestra adhesión al Gobierno de la España republicana, sobre el que recae hoy el trágico honor de representar la causa de la Justicia y de la Libertad contra las eternas potencias del oscurantismo [...]. Existe una doctrina que el intelectual tiene el derecho, el *deber,* como intelectual, de suscribir: se trata de la doctrina republicana, la doctrina de la Revolución francesa, porque en ella proclama los derechos del hombre, es decir, los derechos del espíritu [...] encuentro inconcebible

que algunos Estados [...] que tienen como resorte fundamental el respeto a estas libertades, no comprendan que la causa del Gobierno español republicano es la suya propia [...] y que si se produjese la derrota de esta España, la derrota que ellos habrían consentido sería seguida por una expiación tan terrible como merecida.[7]

Quizás pensando en las ausencias al Congreso de ciertos intelectuales de renombre, André Malraux no pudo menos que señalar, en medio del banquete que se ofrece a los delegados, al terminar la primera sesión: "El espíritu no se defiende únicamente por medio de los escritores consagrados a la lucha antifascista, sino también por estos hombres que sin tener una gran cultura saben, no obstante, de qué lado están la justicia y la dignidad".[8]

Cuando se reanudaron las sesiones en este primer día de Congreso correspondió a José Bergamín situar la cuestión española en su justa dimensión, caracterizada por apremios prácticos. Sus palabras, ante intelectuales de todo el mundo, revelan por qué Valencia es tan importante para la definición del compromiso de estos con su época: "Los problemas de la cultura española se nos ponen hoy en cuestión de este modo. Es cuestión viva, palpitante".[9]

El discurso del soviético Alexei Tolstoi se dirigió, en lo fundamental, a exaltar los valores del realismo socialista y a criticar a Trotsky. Con razón se pregunta Luis Mario Schneider, el compilador del segundo tomo de la obra *II Congreso Internacional de Escritores en Defensa de la Cultura:* "¿Por qué en una reunión para la defensa de la cultura [en medio de una agresión contra la República española, como la de las fuerzas franquistas y sus aliados, agregaría yo] se dedica más de la cuarta parte de una ponencia a perseguir con saña a un político, también de izquierda?".[10]

La brecha que el estalinismo fomentó dentro del campo revolucionario y de los intelectuales que asistían al Congreso, en su lucha implacable contra Trotsky y sus partidarios, empañó la perspectiva de quien analiza estas jornadas, y todo el apoyo que la URSS brindó a la amenazada República española. La urgente unidad de acción y aun de voluntades en el siempre volátil terreno de los intelectuales se vio seriamente en peligro, más de una vez, por semejante accionar. El daño, como demostrará la Historia, será severo e irreparable.

Tristan Tzara expuso ante el Congreso las tareas que ha venido cumpliendo el Comité para la Defensa de la Cultura Española, organización surgida en Francia, en el seno de la Asociación Internacional de Escritores para la Defensa de la Cultura. Es interesante constatar que este grupo se había puesto completamente al servicio de la causa de la República, subordinando, incluso, la creación individual de sus miembros a las urgencias del momento. La lista de sus servicios es larga, e incluye desde la traducción de obras de la literatura española, hasta la "[...] movilización ideológica ante la Sociedad de Naciones".[11]

El ejemplo brindado por el grupo de Tzara constituyó un preámbulo adecuado para la intervención del norteamericano Malcolm Cowley. No es posible hablar de cuestiones literarias, afirmó, "[...] cuando observo la lucha magnífica que sostiene el pueblo español, cuando veo las penalidades y bombardeos que soporta [...] y cómo este pueblo se está incorporando a una nueva vida, creando una nueva disciplina y organización, desde abajo...".[12] La conclusión a la que arribó Cowley, y que compartió con el resto de los delegados, es muy elocuente: "[...] los escritores concurrentes al Congreso han asistido a él no para advertiros, sino para ser advertidos, no para enseñar, sino para aprender [...]".[13]

Cowley no titubeó en declarar que no participaba en el Congreso para ofertar ayuda, sino para pedirla, por lo que solicitó a los delegados españoles que contaran sobre sus luchas y su contribución a la construcción de una sociedad nueva; fue esta una indudable lección de humildad ante un auditorio como el que lo escuchó. Anna Seghers, decidida escritora antifascista alemana del exilio, con la sinceridad y dulzura de siempre, continuó en la misma línea de la necesaria autocrítica, citando a Barbusse: "Los intelectuales han causado mucho daño, mucho sufrimiento. Muchas veces han traicionado la fortaleza de su fe".[14]

Sobre el significado de la presencia de los delegados en la zona republicana, compartiendo los peligros de la guerra, Anna Seghers expresó, con ejemplar modestia y coherencia intelectual:

> [...] esta obra no es nada; no es más que un débil gesto comparado con las terribles luchas ante Madrid. No hacemos aquí más que dar las gracias a los que luchan, [...] [a los] que en la Alemania de Hitler exponen a diario sus vidas como lo soldados ante Madrid, [...] donde no se lucha solamente por la libertad de España, sino por la libertad del mundo entero".[15]

La primera sesión del Congreso concluyó con la aprobación de dos mociones, una para saludar al pueblo madrileño, y la otra al gobierno de Euskadi. Se dio también lectura a un mensaje al Congreso enviado por la Unión de Escritores Soviéticos.

Esa misma noche se presentó a los delegados la obra teatral *Mariana Pineda,* de Federico García Lorca, en cuya puesta en escena se incluyó a Luis Cernuda como actor. En la presentación, Manuel Altolaguirre, su director, aprovechó la ocasión para denunciar el asesinato de Lorca a manos de los franquistas. Se obsequió a los delegados el libro *Homenaje al poeta García Lorca contra su muerte,* con una selección de sus obras de teatro, poesía, prosa, música y dibujos, y textos de Machado, Bergamín, Dámaso Alonso, Juan Ramón Jiménez, Altolaguirre, Serrano Plaja, Miguel Hernández y otros.

En ocasión del Congreso se publicaron tres libros más: *Poetas en la España leal, Romancero general de la Guerra de España* y *Crónica general de la guerra.*

El 5 de julio los delegados salen hacia Madrid. Ese mismo día, en *Nosotros,* una publicación anarquista, se publica una crítica a las posiciones de los delegados en la primera sesión. Lo interesante es que dicha crítica exterioriza prejuicios, no siempre gratuitos, hacia los intelectuales y su papel en la lucha:

> Para nosotros, que conocemos al dedillo todas estas charlas humanitarias, filantrópicas, de un radicalismo del siglo XIX, vacío y altisonante, la jornada sería cosa perdida si no fuera por la intervención de dos delegados [...]. Uno, el periodista Malcolm Cowley, de Nueva York, [...]. El otro delegado que produjo una impresión verdaderamente revolucionaria, fue Anna Seghers [...] ella representó [...] la única manifestación de cultura que merece ser presentada: la cultura proletaria revolucionaria y antipalabrera.[16]

En el trayecto hacia Madrid, los delegados hacen un alto en Minglanilla, perteneciente a Cuenca, Castilla la Nueva, donde tienen ocasión de confraternizar con sus habitantes, fundamentalmente campesinos y refugiados. Alejo Carpentier, uno de los delegados cubanos, narró lo impactante de este encuentro en una de sus crónicas para la revista *Carteles* tituladas "España bajo las bombas": "Allí los escritores se encontraron rodeados de pronto por los niños huérfanos evacuados de Badajoz, uno de los cuales llevaba tatuado sobre el brazo el '¡No Pasarán!', y una anciana de negro que les exigió, con acento inolvidable, '¡Defiéndannos, Ustedes que saben escribir!'".[17]

Otros delegados presentes también narraron la extraordinaria impresión causada por ese encuentro de Minglanilla, donde vieron cara a cara al verdadero pueblo español, profundo y revolucionario, que sufría como resultado de la guerra, pero que perseveraba en sus convicciones, dando ejemplo a quienes flaqueaban o dudaban, con serena grandeza. También lo hicieron Corpus Barga, el belga Marion, y el inglés Stephen Spender. En cierta manera, Minglanilla resumió, en su escala, el papel que jugaría el resto de España republicana sobre la voluntad de lucha, la inspiración, e incluso, el imaginario de los intelectuales de la época.

El martes 6, en el Auditorio de la Residencia de Estudiantes, comienza la tercera sesión del Congreso, bajo la presidencia del cubano Juan Marinello. De los oradores merece destacarse Ludwig Renn, miembro de las Brigadas Internacionales, quien expresó sus ideas acerca de la relación existente entre la creación literaria y la participación directa en la lucha:

> [...] nosotros, escritores del frente, hemos venido dejando la pluma parada: no queríamos escribir más historia, sino hacer historia [...]. No hemos dejado la pluma por creer que no vale la pena escribir; al contrario, por nuestra causa no sólo tiene que luchar el fusil, sino también la pluma. Y por esto dirigimos a vosotros [...] el siguiente ruego: Representadnos a los que no tenemos tiempo de escribir en las trincheras...[18]

Renn dedicó también palabras de homenaje a los escritores internacionalistas caídos peleando en las filas republicanas, entre ellos, Lukács, Albert Muller, John Cornford, Christopher St. John Sprigg y Ralph Fox.

Junto a la denuncia del delegado argentino Córdova Iturburu contra la barbarie fascista, que no respeta el patrimonio cultural del pueblo español, que bombardea el Museo del Prado, la Biblioteca Nacional, los palacios repletos de obras de arte, Juan Marinello lee una adhesión a los objetivos del Congreso realizada por el Comité del Socorro Rojo Internacional y del Frente Popular Mexicano. Iturburu propone al Congreso un proyecto de resolución que sintetiza los estados de ánimo del momento, y la concepción acerca del papel del escritor en aquella coyuntura, galvanizada por la realidad:[19]

1° Que es un deber de todos los escritores del mundo, sin excepción, acudir [...] en defensa del pueblo de España [...].

2° Que es un deber de todos los escritores del mundo contribuir a lograr, en el seno de las masas populares de sus países respectivos, la unidad de acción indispensable para un apoyo efectivo al pueblo de España.

[...]

4° Que es un deber de todos los escritores del mundo difundir la realidad conmovedora del heroísmo del pueblo español [...] poniendo los beneficios de la cultura al alcance de sus masas de obreros, campesinos y soldados.

[...]

5° Que el escritor que así no lo hiciere, no sólo falta a un indeclinable deber de solidaridad humana con los pueblos, sino que traiciona los intereses auténticos de la cultura.

La cuarta sesión transcurre ese mismo día bajo al presidencia del alemán Egon Erwin Kisch. En ella se destacan las palabras del delegado holandés y combatiente internacionalista Jef Last, el cual se esforzó en dar una cabal explicación de lo que el fascismo ha significado para la humanidad:

[Para un intelectual, antes de esta guerra, odiar al fascismo era odiar] la negación misma de todo ideal de humanidad, desde Erasmo a Goethe, de todo lo que habíamos querido, soñado, o aspirado [...], era la deducción legítima de un artista contra la fealdad, [...] contra la estupidez [...].

[Pero] la brutalidad de esta guerra totalitaria que nos hace sobrepasar con mucho la imaginación más perversa y la más sangrienta.

[El heroísmo del pueblo español, especialmente el de Madrid] prueba que en Europa quedan espíritus libres que no pueden acostumbrarse a vivir en la esclavitud [...].[20]

El significativo discurso de Last, quien llevaba peleando en las filas republicanas desde los inicios de la guerra, sirvió también para situar en su justo lugar la significación del propio Congreso: "[...] su verdadera importancia, su autenticidad está en posibilitar 'la creación de una sociedad y una cultura nueva; [...] [con] más amor, más justicia, más libertad y más cultura'".[21]

Theodor Balk, delegado alemán y miembro de las Brigadas Internacionales, intervino en el mejor espíritu de la tradición de la que Barbusse fue un destacado promotor: en la del internacionalismo desligado y opuesto a la reducción de los nacionalismos estrechos enfrentados a muerte:

> En *Le Feu*, de Barbusse, alemanes y franceses están frente a frente, como enemigos, en las trincheras.
>
> En las Brigadas Internacionales hablamos idiomas muy diferentes, pero en realidad sólo hablamos una lengua: la de la humanidad combatiente, la lengua de Barbusse.
>
> Hoy franceses y alemanes estamos en la misma trinchera [...].[22]

La apreciación de Balk no era intrascendente, pues señalaba la cualidad distintiva de este nuevo conflicto europeo, y pronto mundial: la polarización clasista por encima de las fronteras nacionales, pues ese y no otro era el origen de la guerra en la que esos hombres combatían, incluso, la única explicación posible para que la Alemania nazi y la Italia fascista estuviesen del lado franquista, y hombres venidos de todas las latitudes, del lado republicano.

Cuando Nicolás Guillén, delegado cubano, intervino en esa sesión, en su condición de poeta negro y comunista, introdujo el análisis del racismo, una arista de los problemas que preocupaban a los intelectuales de aquellos años, insuficientemente debatida hasta ese momento. Guillén, al igual que Balk, y antes Last, propició con sus palabras que el Congreso de Valencia se adentrase en temas que en París, dos años antes, no se había planteado, al menos, de la manera en que él lo hizo: desde la perspectiva del hombre negro, doblemente explotado y discriminado que se alzaba contra el racismo, el colonialismo, el fascismo y el capitalismo, actuando como aliado natural de los pobres y explotados de todas las razas y naciones y, en consecuencia, alineado con la causa de España.

Las palabras de Guillén fueron muy aplaudida. En ella expresó:

> [El negro] comprende que el humilde miliciano que hoy lucha y muere en las trincheras no es ya el instrumento ciego del egoísmo, la proyección imperialista del conquistador, [...] sino un hombre [...] que quiere para

su porvenir, para el de todos, más que hombres sobe el mundo: hombres ya sin colores, sin guerras, sin prejuicios y sin razas.[23]

La posición de Willi Bredel, escritor antifascista alemán, fue también muy significativa, pues profundizó en la concepción nazi acerca de la literatura y el arte. Para Bredel, si el fascismo se extendía por el mundo sería el fin de la cultura y la civilización, el predominio de la violencia y la guerra. Precisamente, preparar al pueblo alemán para la guerra es la manera en que Hitler concebía la labor de los escritores. En su discurso de Nüremberg sobre la cultura, señaló Bredel, Hitler se había declarado enemigo de todas las creaciones y conquistas humanas surgidas como consecuencia de la Revolución francesa, especialmente de la democracia. En consecuencia, y así lo expresa al Congreso, "[…] no sólo es cómplice del fascismo quien escribe para Hitler, sino quien no escribe contra él".[24] Para terminar su intervención, este decidido antifascista, que había sufrido en carne propia las torturas en los campos de concentración nazi y fuera delegado al Congreso de Escritores soviéticos de 1934, y al de París, de 1935, y que terminaría como Comisario político del batallón "Thaelman" sentenció: "[España] 'muestra al mundo que el fascismo no es invencible'".[25]

Los pronunciamientos del peruano César Vallejo y del chileno Vicente Huidobro fueron también importantes para expresar la solidaridad hacia el pueblo español que experimentaban y practicaban los pueblos latino-americanos. Vallejo, como poeta genial, acuñó una imagen que retrataba como pocas el significado de la resistencia de la España republicana con respecto al resto del mundo: "A España le ha tocado ser la creadora de continentes; ella sacó de la nada un continente, y hoy saca de la nada al mundo entero".[26]

Vallejo abordó además el tema de la responsabilidad del escritor con su tiempo al señalar que este debería proclamar, parafraseando a Jesús, que "Mi reino es de este mundo, pero también del otro".[27] En su opinión, la mayoría de los escritores eran irresponsables o inconscientes del enorme poder que poseían, unos eran fascistas, y otros indiferentes y cobardes al no asumir sus deberes en momentos de definiciones, cuando lo único honrado para quienes escriben era ser mártires, héroes, o al menos, apóstoles, concluyendo: "[…] los responsables de lo que sucede en el mundo somos los escritores, porque tenemos el arma más formidable, que es el verbo".[28]

Los puntos de vista de Huidobro estuvieron dirigidos a fustigar al fascismo como enemigo de la cultura y a exaltar el papel que jugaba la mujer española en defensa de la República. Hacia el final de esa sesión, irrumpe en la sala un grupo de milicianos con la noticia de que las fuerzas republicanas han capturado Brunete, y muestran, ante el júbilo de los delegados, banderas capturadas a los franquistas y uniformes del enemigo que guardan en los bolsillos, testimonios del saqueo contra la población civil.

Esa misma noche, mientras los delegados asisten a una cena en el hotel "Victoria", María Teresa León pronuncia una alocución por radio dando cuenta de la marcha del Congreso y destacando su significado y el de haber sido convocado en la capital española: "Madrid, corazón de España, es en estos momentos corazón del mundo [...]. Madrid será quien diga la última palabra, pues su destino es el de la civilización de cultura, de inteligencia y de fraternidad con los pueblos. Un año de guerra lo ha demostrado así al mundo".[29]

En la mañana del día 7, los delegados se dividen en grupos que visitan diferentes posiciones del frente e intercambian con los oficiales y soldados republicanos dislocados en las líneas que defienden Madrid. En la tarde, se reanuda el Congreso con su quinta sesión, que tiene lugar en el cine "Salamanca", presidida por María Teresa León, Ilya Ehrenburg, Koltzov, Anna Louise Strong, Bergamín, Malraux y André Chamson. En sus palabras introductorias, María Teresa León define de manera precisa lo que se espera de este Congreso:

> Esperamos todos de estos camaradas que han llegado al corazón de España no van a ser sólo palabras lo que ellos van a decir al mundo, que van a ser hechos, van a ser novelas, artículos, conferencias, van a agitar al mundo y le van a decir la verdad: que Madrid ganará la guerra para todas las regiones de España.[30]

La participación del delegado soviético Mijail Koltzov, que se hallaba en España con antelación al Congreso como corresponsal de guerra y organizador de las Brigadas Internacionales, fue significativa porque abordó dos asuntos de mucho interés para los delegados, ambos de candente actualidad y que suscitaban polémicas y opiniones divididas: el de la relación del escritor con la lucha de clases, y el de la relación de los escritores soviéticos con la política estalinista de reprimir a sus oponentes reales o imaginarios:

> Nadie tiene derecho a dictar la línea de conducta a un artista y creador, pero nadie que quiera ser conocido como un hombre honrado puede permitirse el pasearse de un lado a otro de la barricada. Esto es peligroso para la vida y mortal para la reputación [...].
>
> [...]
>
> Ya sabéis que para nosotros, escritores de la Unión Soviética, la cuestión del papel del escritor en la sociedad se ha resuelto ya hace tiempo de un modo completamente distinto que en los países capitalistas. Desde el momento en que el escritor pronunció ante su pueblo, que construía el socialismo, un sí, se colocó con plena autoridad a la vanguardia de los creadores de la nueva sociedad [...].
>
> [...]
>
> Hay gentes que se extrañan un poco de la decisión con que nosotros, los escritores soviéticos, sostenemos las medidas firmes y despiadadas de nuestro Gobierno con los traidores, los espías y los enemigos del pueblo [...]. Es para nosotros una cuestión de honor. El honor de los escritores soviéticos está en encontrarse en las primeras filas de la lucha contra la traición, contra todo atentado a la libertad y a la independencia de nuestro pueblo.[31]

Tocó el turno al escritor alemán Gustav Regler, comisario político de las Brigadas Internacionales, herido en el frente de combate, que terminó con una frase que permite sintetizar el objetivo de la labor de los intelectuales antifascistas y su relación con la lucha en defensa de la República: "Mientras existan fascistas en España, todos somos españoles. Y no existe otra tarea [más importante] que la constitución de la unidad contra el fascismo. Todo por España, camaradas".[32]

Las palabras del teniente coronel Gustavo Durán, músico y promotor de la Alianza Española para la Defensa de la Cultura, fueron muy ilustrativas para despejar dudas acerca del respeto del pueblo hacia los frutos de la herencia cultural precedente, sabiendo que la nueva sociedad que se quería construir en España necesitaba afincarse en ella y en la de toda la humanidad. Su intervención debió aplacar dudas entre aquellos delegados menos vinculados con el pueblo, los cuales desconfiaban de su capacidad de comprensión del arte y la cultura más elevada:

> Es casi un milagro el hecho de ver, como he visto yo […] a los soldados trabajando en la salvación de una biblioteca, de una colección de cuadros, de piezas de orfebrería. Los he visto amontonar con cuidado en una camioneta, destinada a los depósitos de la Junta del Tesoro Artístico Nacional, breviarios del siglo XV, primeras ediciones de Santa Teresa, de Garcilaso y de San Juan, de Lope de Vega […] Así el tesoro nacional, en vez de disminuir durante la guerra, se ha acrecentado con valiosas colecciones que señores ignorantes y egoístas guardaban celosamente en sus casas y que el pueblo ha entregado al Estado para que las conserve y las ponga a disposición del pueblo trabajador.[33]

Malraux, es aclamado al dirigirse al Congreso, como teniente coronel de la aviación republicana y por haber recorrido numerosos países del mundo reclamando ayuda y solidaridad para el pueblo español. Tiene la autoridad moral que le confiere su prestigio como escritor y ser uno de los promotores principales del Congreso de París y del movimiento en defensa de la cultura pero, sobre todo, el prestigio que otorga la coherencia de practicar sus convicciones, de arriesgarse por las ideas y principios que se defienden. Relata cómo en Canadá, en medio de una colecta para España, un obrero anónimo entrega un reloj, lo único de valor que posee, porque sabe que de esa forma contribuye con la lucha de los que defienden a pobres como él. Narra, además, cómo en medio de la filmación en Hollywood, en el mismo *set* cinematográfico, los técnicos levantan el puño cerrado cuando se habla de la República. Cuenta también la manera en que los obreros franceses de las fábricas de armamento sabotean las producciones adquiridas por Italia para utilizar contra el pueblo español.

Otros participantes que hablaron en esta sesión son el portugués Cortesão, quien había estado entre los delegados al Congreso de París, el mexicano Carlos Pellicer, quien declama su "Romance a Madrid", y la norteamericana Ann Louise Strong, autora de *España en armas*. La sesión termina, al filo de la noche, cuando María Teresa León resume el espíritu de los presentes al declarar cerrada la sesión, y proclamar: "¡Viva el pensamiento humano cuando está al servicio del pueblo!".[34]

La última sesión en Madrid se realizó el jueves 8 de julio, y fue presidida por el poeta inglés Stephen Spender; tuvo lugar en el auditorio de la Residencia de Estudiantes.

Egon Edwin Kisch, veterano de París, pidió la palabra para precisar la manera en que los escritores presentes podían contribuir a la lucha contra el fascismo, al regresar a sus países: "Nosotros los escritores, debemos juramentarnos para lograr que la razón se imponga [...]. Debemos movilizarnos para que, sobre los sublevados, caiga el desprecio de todos los hombres para que sus mentiras y su ideología se desplome antes de que rindan sus armas".[35]

Juan Marinello da lectura a un interesante mensaje de Romain Rolland. En sus palabras a los delegados, exhorta a mantener la alianza que provocaba la defensa de Madrid, la unión entre el pueblo y sus intelectuales:

> Toda la civilización del mundo está encerrada en los muros de Madrid, atacado hoy, como lo fue, en su día, por los bárbaros [...] que ese matrimonio de los dos genios de las potentes masas populares y de la elite sea un ejemplo para las grandes democracias de Europa y América, y que esta unión consumada en la batalla asegure el progreso y la libertad del mundo.[36]

Las palabras principales de esta sesión fueron las de José Bergamín, dedicadas a criticar la obra de André Gide *Retouches a mon retour de l'URSS.*

Un viaje imprevisto a la Unión Soviética, en 1936, cuando Gorki se encontraba muy mal de salud —falleció el 18 de junio—, produjo en Gide una fuerte impresión ambivalente, recogida en su libro *Retour de l'URSS.* Correspondió a Gide pronunciar un discurso en la Plaza Roja, durante los funerales de Gorki, y desarrolló también un amplio recorrido por el país, visitando escuelas, teatros y brindando conferencias. Su obra estuvo dirigida a recoger las vivencias de aquel viaje, pero también a alertar a la dirigencia soviética acerca de fenómenos subterráneos que eran por entonces ya apreciables en la sociedad, entre ellos, el poder que ostentaba la burocracia y su deseo de construir una sociedad obediente y pasiva, en esencia, la negación del proyecto de sociedad soñada por los revolucionarios rusos y especialmente por Lenin. Sus críticas fueron consideradas por el estalinismo, y buena parte de sus representantes en diferentes países, como una traición, síntoma del paso de Gide al campo del trotskismo o, incluso, del fascismo, como se llegó a afirmar. En junio de 1937, en vísperas del Congreso de Valencia, y para responder a esos ataques, Gide publicó *Retouches a mon retour de l'URSS,* donde termina planteando:

> No hay en el mundo un partido que me retenga y que me impida preferir al partido mismo, la verdad. [...] Estoy ligado a la verdad, comprometido con ella; si el Partido abandona la verdad, yo dejo al Partido de golpe, en ese mismo momento.
>
> [...]
>
> Es importante ver las cosas como son y no como uno hubiera querido que fuesen:
>
> La URSS no es lo que nosotros esperábamos que fuera ni lo que había prometido ser y se esfuerza en parecer: ha traicionado todas nuestras esperanzas.
>
> [...] nos muestra las arenas en que una revolución puede hundirse.[37]

El ataque de Bergamín contra la obra de Gide se basaba en lo que significaba una crítica a la URSS de esa magnitud, en el momento por el que atravesaba el pueblo español: "[...] cuando un libro que se dice crítico y es injurioso ataca al pueblo ruso, ataca incluso detalladamente a los escritores soviéticos, nosotros, los escritores españoles, rechazamos todo lo que sea crear enemistad con el pueblo ruso, con los escritores soviéticos".[38]

La posición de Gide y su impugnación por parte de la delegación soviética y los representantes de partidos comunistas que se alineaban con la URSS, introdujo un nuevo elemento de discusión y otro germen de división en el seno de un movimiento intelectual y político sumamente heterogéneo como aquel, siempre expuesto a fragmentaciones peligrosas. Cuando el enemigo principal estaba a las puertas de Madrid, y en vísperas de desatar una nueva guerra imperialista, debió ser este el motivo principal de desvelo del Congreso, y no la obra de Gide, ni las críticas a la URSS.

Al finalizar esta sesión Spender, su presidente, sometió a consideración de los delegados la propuesta de los franceses para que fuese en París la sesión de clausura, lo cual fue unánimemente aprobado. Se acordó también que se redactase un manifiesto para que todos los escritores del mundo se unieran a la lucha a favor de España, encomendándose la tarea a Malraux. El viernes 9 marcharon los delegados hacia Valencia.

El sábado 10 de julio continuaron en esa ciudad las sesiones del Congreso, en la Sala Consistorial del Ayuntamiento, bajo la presidencia de José Mancisidor, Corpus Barga y el catalán Pompeu Fabra.

Las palabras de Kurt Stern, delegado alemán, permiten conocer la extraordinaria labor cultural que se desarrolla entre los combatientes. En un solo sector del frente, afirmó, más de 120 periódicos son publicados por soldados que apenas habían aprendido a leer y a escribir, mientras las bibliotecas funcionan de cara al enemigo y afirmó:

> Aquí no solamente se defiende la cultura, se la conquista, se la renueva, se la vive intensamente.
>
> Sabemos que muy bien que obtendremos la victoria porque la cultura está de nuestro lado.[39]

Jaume Serra Húnter, delegado catalán, aprovecha la ocasión para informar acerca de las peculiaridades de la cultura de su nación, y de su renacer a partir de las transformaciones que la República ha hecho posible concediendo a los catalanes la autonomía. Defiende el nexo de la cultura con la política, y de la cultura universal con las locales, dialéctica que no comprenden las clases explotadoras. Precisamente, si estas últimas triunfasen en la actual contienda, afirmó Serra, "[…] quedaría aún el ejemplo de un pueblo que prefiere sucumbir a renegar de su pasado y a traicionar la causa de la cultura".[40]

En una dirección parecida se pronunció el valenciano Carles Salvador, quien se adentró en el análisis de los vínculos existentes entre las culturas nacionales, las lenguas y la política chovinista del fascismo. Por ello denunció:

> El fascismo […] niega el derecho de existencia cultural a las minorías nacionales y […] niega la existencia de una lengua conservada durante siglos […]. La defensa de la cultura ha de radicar en la defensa de las personalidades de las autónomas y varias de las minorías nacionales […] las más directamente amenazadas por el fascismo, las más oprimidas durante siglos y las que más inmediatamente peligran.[41]

El escritor gallego Rafael Dieste habló, a continuación, desde similar perspectiva, agregando que el concepto de patria pasa por los de pueblo y libertad, concluyendo que "[…] hoy es cuando los gallegos que combaten aquí, lo hacen, quizás por primera vez, 'por la patria'".[42]

Arturo Serrano Plaja leyó una ponencia firmada por trece escritores y artistas jóvenes, entre ellos, Miguel Hernández, Antonio Aparicio, Emilio Prados y Juan Gil-Albert, para quienes la lucha que tiene por escenario a España "[...] forma parte de una totalidad histórica más amplia, [...] 'que ha venido fraguándose lentamente', [...] [que] viene rodando por el suelo, con diversos nombres, desde hace, por lo menos, cuatro siglos [...]".[43]

Tras ubicar históricamente la lucha del pueblo español en el contexto del enfrentamiento global por la justicia y la redención, los firmantes declaran no sentirse representados por expresiones artísticas abstractas, en clara alusión al surrealismo, ni tampoco excesiva y burdamente realista, en clara alusión al realismo socialista al uso. Declarando que la Revolución no es sólo una forma ni un símbolo, afirman que "representa un sentido del hombre", por lo que el arte que aspire a representarla debe ser una síntesis entre "la realidad objetiva y el mundo íntimo", algo similar a la unión entre el raciocinio de Sancho con la caballerosa voluntad de Don Quijote. Reivindican, además, al humanismo burgués en lo que pueda contribuir a "[...] restituir al hombre la conciencia de su valor, de trabajar para limpiar la civilización moderna de la barbarie capitalista".[44] También plantean lo importante y necesaria que era la victoria del pueblo español en aquella guerra, pues de ocurrir tendrían lugar "[...] una serie de hechos objetivos, tangibles, quedarían afirmados, afirmando un orden distinto y mejor, en una nueva ordenación social".[45]

Ese mismo día, en la sesión de la tarde, y bajo la presidencia de Ralph Bates, delegado inglés, Pablo Neruda lee un manifiesto en nombre de los delegados latinoamericanos presentes en el Congreso, donde narran sus vivencias durante la visita a los frentes de combate, y hacen un llamado a la unidad. A continuación Claude Aveline, delegado francés, destaca por qué la causa española ha logrado unir a tantos intelectuales de todo el mundo:

> Si consideramos las guerras que han estallado en el mundo desde principios de siglo [...] no veremos una sola en la que uno de los adversarios haya podido motivar la adhesión total del espíritu [...]. [La guerra española, por el contrario], ha trastornado todos los principios. Una guerra tan simple, *tan pura*, que ha obligado al intelectual a intervenir, que ha exigido de él que intervenga [...].[46]

A nombre de los delegados latinoamericanos vuelve a hablar Juan Marinello, destacando la importancia de España, de su lucha, de su victoria o derrota para las naciones latinoamericanas y sus pueblos:

> [...] esta adhesión hispanoamericana significa la más grave responsabilidad profesional y humana [...] porque España es nada menos que nuestro mañana y la derrota del pueblo español, derrota imposible, sería el inicio de una terrible edad media hispanoamericana; nuestras dictaduras se darían la mano en una alegría satánica, bendecidas por terratenientes, clérigos, soldados del pillaje y escribas traidores.[47]

La participación de Wenceslao Robles, subsecretario de Educación, reafirmó la importancia que la República concedía a la salvaguarda del patrimonio cultural de la nación y al fomento de la educación y la cultura entre el pueblo. Informó que con la ayuda de los milicianos la República ha salvado más de 10 000 cuadros artísticos de gran valor, 100 000 objetos de arte y más de 400 000 libros, y además se han fomentado más de 800 bibliotecas y luchado por erradicar el analfabetismo.

Las palabras de Ilya Ehrenburg fueron útiles, pues efectuó una comparación entre el Congreso de París y el de España:

> En París fue el desfile. Aquí es la guerra. Allí nosotros los escritores éramos más numerosos; pero aquí, a nuestro lado, trabajan, piensan, luchan los verdaderos defensores de la cultura, el pueblo español [...]. El mal [...] no está en que los fascistas alemanes hayan quemado en su país decenas de miles de libros, sino en que han transformado el alma de los lectores de ayer. Ellos han hecho de los sabios, de los obreros, de los poetas, los destructores de Guernica.[48]

Sin imaginarlo, ese día Ehrenburg se adelantó en decenas de años al llamado que haría en Caracas, en diciembre de 2004, el presidente venezolano Hugo Chávez a los intelectuales reunidos en defensa de la humanidad cuando expresó que la única forma de ganar la guerra es tomar la ofensiva y no limitarse a la defensa y afirmó: "Defendiendo la cultura se puede llegar solamente a perderla. La ofensiva, esta palabra, llena ahora a España. Que entre también en esta sala".[49]

La ponencia leída por Antonio Machado se titulaba "Sobre la defensa y la difusión de la cultura". Con palabras sabias y mesuradas, desde su profundo conocimiento del alma española, Machado estableció un magnífico contrapunteo entre concepciones opuestas como el tema de la cultura popular o elitista, y qué entender por defensa de la cultura o cómo crear para las masas. El poeta revolucionario afirmó:

> Escribir para el pueblo es [...] escribir para el hombre de nuestra raza, de nuestra tierra, de nuestra habla [...], nos obliga también a rebasar las fronteras de nuestra patria, es escribir también para los hombres de otras razas, de otras tierras, de otras lenguas. Escribir para el pueblo es llamarse Cervantes en España, Shakespeare, en Inglaterra, Tolstoi, en Rusia. Es el milagro de los genios de la palabra [...]. Día llegará en que sea la más consciente y suprema aspiración del poeta.[50]

Machado llega a la definición de lo popular a través de su contraposición con el señoritismo, esa actitud definida por Juan de Mairena, su maestro, como:

> [...] una forma [...] de hombría degradada, un estilo peculiar de no ser hombre, que puede observarse a veces en individuos de diversas clases sociales [...].
>
> [...]
>
> Entre nosotros, españoles, nada señoritos por naturaleza, el señoritismo es una enfermedad epidérmica [...] [que] ignora [...] la insuperable dignidad del hombre [...]. Y junto al Cid [...] aparecen [...] dos infantes de Carrión [...], señoritos felones, estampas definitivas de una aristocracia encanallada [...] acompañan hoy a los ejércitos facciosos [...].
>
> [...]
>
> Entre españoles, lo esencial humano se encuentra con la mayor pureza y el más acusado relieve en el alma popular.[51]

La exigencia a los escritores que deseen defender la cultura es muy concreta, en opinión de Machado: "[...] o escribimos sin olvidar al pueblo, o sólo escribiremos tonterías [...]. Para nosotros, defender y difundir la cultura es una misma cosa [...]".[52]

Como recomendación final al Congreso, Machado apunta la necesidad de que los escritores dirijan sus obras al hombre concreto y no a masas abstractas:

> [...] a las masas [que es un concepto capitalista] no las salva nadie, en cambio, siempre se puede disparar sobre ellas.
>
> [...]
>
> Si os dirigís a las masas, el hombre [...] que os escuche no se sentirá aludido y necesariamente os volverá la espalda.[53]

Cuando tocó el turno a Malraux es noche bien entrada, limitándose, para decepción de algunos, a pedir que se cree una comisión que estudie las mejores formas de ayudar a España. Esa sesión es clausurada por Diego Martínez Barrios, presidente de las Cortes, quien pide a los delegados que se refieran a lo visto durante su estancia en el país, pues "[...] con que contéis la verdad, nos prestáis un gran servicio".[54]

El domingo 11 de julio, y hasta el día siguiente, se desarrollaron en Barcelona las actividades finales del Congreso en España. A las 10:30 de la noche de ese día, una vez alojados los delegados en el hotel "Majestic", tuvo lugar un acto antifascista en el Palau de la Música Catalana, en el cual participaron diferentes oradores, entre ellos Julien Benda, quien expresó:

> Se ha dicho que el filósofo debe ser desapasionado, pero no es cierto: ha de tener la pasión del bien. Anatole France y Émile Zola no dudaron en abandonar a su público, para seguir en pos de la justicia y la verdad. Los verdaderos intelectuales la han defendido siempre. Y yo considero que me mantengo dentro de esta tradición al defender al Gobierno de la República [...]. En nombre del pensamiento avanzado, nosotros deseamos y luchamos por su victoria.[55]

En ese acto Rafael Alberti leyó ante los presentes su romance "Los poetas del mundo defienden al pueblo español", que termina de la siguiente manera:

> ¡Salud! España os saluda,
> y os da mando en el ejército
> de los soldados que cantan

las mismas voces del pueblo
¡Brigada Internacional!:
tu frente es el mundo entero.[56]

El cubano Juan Marinello en dicha sesión declaró que corroboró tres cosas en esta visita a la España Republicana, según la glosa que de sus palabras hace Luis Mario Schneider, en el libro oportunamente citado: "[…] que el momento de liberación llega cuando los pueblos adquieren conciencia de sus necesidades; que el pueblo es el verdadero defensor y creador de la cultura y el arte y que todas las energías del pueblo han de ir encaminadas a la destrucción de sus enemigos económicos y políticos".[57]

María Teresa León se pronuncia a nombre de la delegación española. Sus palabras son sumamente exactas, sin medias tintas, sin remilgos, como demandaba la situación:

Ser intelectual no es otra cosa que un motivo más para ser militante de la cultura, pero militante, si es preciso, con el fusil al hombro.

Camaradas, vosotros habéis traído a mi patria el mensaje de que aún quedan hombres íntegros en el mundo.[58]

El 12 de julio los delegados cumplen un amplio programa de visitas en Barcelona, incluyendo la inauguración de una Exposición del Libro Catalán en el Casal de la Cultura, la cual recogía los títulos en esa lengua, los libros publicados en castellano en Cataluña, y en general los editados después del alzamiento franquista. Ese día tuvo lugar también la presentación cultural central del Congreso, el concierto del violonchelista Pablo Casal, en el Liceo de Barcelona, que incluía la *Sinfonía Heroica,* de Beethoven, el *Concierto en re menor para violoncelo y orquesta,* de Haydn, y música catalana de concierto.

Al siguiente día, 13 de julio, la mayoría de los delegados marcha hacia Gerona y la frontera con Francia, quedando en España un numeroso grupo, entre ellos, la mayor parte de la delegación mexicana, Juan Marinello y Malcolm Cowley. El discurso de despedida fue pronunciado en Gerona por Pau Balcells, secretario de la Alianza de Intelectuales para la Defensa de la Cultura, en Cataluña. El 14 de julio, aniversario de la Toma de la Bastilla, arriban los delegados a la estación D O'rsay, de París. Abordados por periodistas de diarios de izquierda, los delegados ofrecen declaraciones que tienen como denominador común la admiración por el pueblo español, la confianza en su victoria, y la certeza de que los delegados, al volver a sus respectivos países, desarrollarán una intensa labor de propaganda a favor de la República y de lucha contra el fascismo.

Tiene lugar la primera sesión del Congreso en el teatro de la Porte Saint Martin, en París, el viernes 16 de julio. En el escenario se encontraba un inmenso retrato de Federico García Lorca, detrás de la presidencia ocupada por Heinrich Mann, Bergamín, Langston Hughes, Stephen Spender, Karin Michelis, Pablo Neruda, Nicolás Guillén, Vsevolod Vishnevsky, André Chansom, Louis Aragon, Paul Nizan y Alberto Romero.

En sus palabras, Heinrich Mann declaró: "[…] hubiera querido combatir como soldado"[59] en España, y rindió homenaje a los intelectuales caídos en la contienda, y proclamó que "[…] la solidaridad humana es el privilegio de los pueblos fuertes y optimistas".[60] Afirmó también que un pueblo, como el español, "[…] mientras combate, siembra y aprende".[61]

Después de Chamson habló Langston Hughes, poeta negro norteamericano, quien aborda un asunto tocado en España por Nicolás Guillén: el del racismo y sus nexos orgánicos con el fascismo. Habló en nombre de los "oprimidos de América", por ser pobre y negro, y expresó que en su país los negros no necesitan que se les explique el significado de la palabra "fascismo", pues lo vienen sufriendo en carne propia desde hace mucho tiempo, y es el mismo que ahora se desarrollaba en Alemania, Italia o Japón, o en España, con Franco.

La danesa Karin Michaelis aporta la confirmación de que, después de la barbarie que vive España, es imposible para los intelectuales del mundo mantener una neutralidad a ultranza:

> Hoy tengo la firme convicción de que cada uno debe decidirse, que cada uno debe afirmar abiertamente: ¡estoy de este lado o del otro! […] no digo que sea preciso empujar a todas las personas hacia un partido, que sea necesario obedecer ciegamente. No es necesario. El partido de los combatientes de la libertad es hasta tal punto grande que puede contener a todos los grupos diferentes.[62]

Nicolás Guillén pronunció palabras poéticas y firmes al manifestar que si triunfaban las fuerzas franquistas en España, tendrían que asesinar a todo el pueblo, porque "[…] donde quiera que quedara un pequeño tallo vivo, una brizna de protesta y de lucha, donde quedara una mujer, un niño o un anciano, allí estaría también la voz para apostrofar a los verdugos de la democracia".[63] El delegado cubano reafirmó su adhesión a la causa española "[…] como escritor, porque estoy convencido de que nadie puede serlo honradamente sin poner esfuerzo al servicio de la cultura; como cubano, porque mi país se halla en lucha contra el fascismo […]; y como hombre que pertenece a una raza discriminada y perseguida […]".[64]

Neruda informó al Congreso que el mismo día que se inauguraban los debates en Madrid, 16 delegados latinoamericanos se reunieron para dejar constituido un grupo de trabajo en defensa de la causa del pueblo español, y a la vez, para coordinar acciones de resistencia y lucha contra los males que aquejaban las naciones del continente. El objetivo, afirmaba, es "[…] llevar esta lucha contra el fascismo criminal a todos los rincones del mundo y, puesto que en España se defiende, con una calma salvaje, la libertad y la grandeza del hombre, aunque no la nombremos, incluso sin saberlo, será por España por quien lucharemos, será por España por quien combatiremos".[65]

Cierra esta primera sesión en París Louis Aragon, el cual hace un llamado a los escritores presentes a que reencuentren en las masas las raíces de su creación, y brinden todo su apoyo a la causa del pueblo español.

El sábado 17 de julio, bajo la presidencia de Aragon, Spender, Jacques Romaine, Julien Benda, Bergamín, Koltzov, Claude Aveline, González Muñón, Ramón Sender, Heinrich Mann, Jean Richard Bloch, Bertolt Brecht, Alexei Tolstoi, Vaillant-Couturier y Ambroglio Donini, este último explica a los delegados que el papel de los intelectuales en la coyuntura que atraviesa la humanidad, tal como comprendió en España, "[…] tiene hoy una inmensa trascendencia histórica en nuestra sociedad amenazada por la destrucción, la barbarie y la miseria",[66] y consiste en contribuir a la formación de la conciencia de los trabajadores. El delegado italiano tuvo palabras de recordación y homenaje para Antonio Gramsci, muerto en las cárceles fascistas.

Las palabras del argentino González Muñón resultaron interesantes porque comparó el carácter de los debates del Congreso de París y el de Valencia: "[…] no ha habido polémica [en España] puesto que estamos todos de acuerdo en el punto esencial [y] tampoco han existido vedettes, porque no estamos en un congreso de los Pen Clubs".[67]

Para González Tuñón, refiriéndose indirectamente a Gide, "[...] atacar a la Unión Soviética es atacar a España y servir al fascismo internacional".[68]

El discurso de Benda fue sumamente importante, pues demostró que había experimentado una saludable radicalización en la misma medida que avanzaba el fascismo por Europa. El autor de *La traición de los intelectuales,* y de las polémicas posiciones en el Congreso de 1935 ha quedado atrás, emergiendo un hombre honesto y coherente que declaró, sin ambages:

> Defiendo que hay una doctrina política que el intelectual tiene el derecho, e incluso el deber, de suscribir: la doctrina republicana, que proclama los derechos del hombre e inclusive los derechos del espíritu, mientras que los sistemas adversos, y el fascismo lo manifiestan abiertamente, prolongan el espíritu de la burguesía [...]. Esto nos obliga a repetir una vez más que cuando damos nuestra adhesión al Gobierno de Valencia, estamos exactamente en la lógica más esencial, la más orgánica de nuestra profesión intelectual [...].
>
> [...]
>
> Camaradas, hago una simple recapitulación: *affaire* Dreyfuss, 6 de febrero, cuestión etíope y guerra española, la burguesía francesa no ha cesado en ninguna ocasión de dirigirse contra los partidos que defienden la justicia y la libertad. Por tanto, declaro que en tanto intelectual, y por esta razón ligado al principio democrático, arrojo mi desprecio al rostro de esta burguesía y doy mi apoyo al Partido que los defiende, y digo que sin ese Partido esos principios hubieran sido exterminados en Francia desde hace mucho tiempo.[69]

Bertolt Brecht afirmó que cuando la cultura está amenazada, como ocurre con el avance del fascismo, se hace necesario "[...] defenderla con las armas materiales".[70] Vichnevsky expresó que se debe luchar para hacer del siglo XX, "[...] el siglo de la gran revolución libertadora del mundo".[71] Vaillant-Couturier declaró que el Congreso es "[...] uno de los momentos más emocionantes y decisivos de la historia de la inteligencia".[72]

También hacen uso de la palabra el profesor argelino Bodbil, quien declara el apoyo de millones de musulmanes a la lucha contra el fascismo; Claude Aveline y Carlos Pellicer, quien denuncia la expansión imperialista en América Latina como expresión de las mismas fuerzas que amenazan hoy a Europa, así como el español Ramón Sender, el holandés J. Brouwer y el haitiano Jacques Roumaine. Correspondió al francés Jean Richard Bloch cerrar esta sesión de trabajo, al filo de la una y media de la madrugada.

El domingo 18 de julio, después del mediodía, el Congreso se reúne a puertas cerradas en el local de la AEAR, en la calle de Anjou. Allí se aprueba la Resolución Final y se nombran nuevas comisiones y delegaciones. El documento declaraba, en nombre de los delegados:[73]

1) Que la cultura, que se han comprometido a defender, tiene por enemigo principal al fascismo.

2) Que están dispuestos a luchar, por todos los medios de que disponen, contra el fascismo [o sea], […] contra los factores de la guerra.

3) Que en la guerra efectiva que el fascismo ha abierto contra la cultura, la democracia, la paz y, en general, la felicidad y el bienestar de la humanidad, ninguna neutralidad es posible […].

Por los referidos motivos hacen este llamamiento solemne a los escritores de todo el mundo […] a fijar su posición, sin tardanza ante la amenaza que se cierne sobre la Cultura y la Humanidad.

[…]

Saludan a España republicana, a su pueblo, a su Gobierno, a su Ejército, vanguardia en el lugar más responsable en esta lucha que declaran abierta y en la que no retrocederán.

Saludan en ella al campeón de las democracias, fiador de la cultura y de la paz, como ha sabido demostrar noblemente la Unión Soviética, aportando su ayuda fraternal a la España de la libertad, así como a los demás pueblos que siguen su ejemplo.

Se dedicarán a defender a la España republicana en todas partes donde esté amenazada y a ganar para su causa a los vacilantes y extraviados. En fin, hacen constar aquí muy alto su confianza inquebrantable en la victoria del pueblo español.

Para terminar, queda constituida la Secretaría General y el Buró Internacional, formado por las delegaciones de los diferentes países, 30 en total, donde se constituyeron filiales.

En el Presidium se encontraban Rolland, Malraux, Benda, Bloch, Aragon, Thomas y Heinrich Mann, Hemingway, Feuchtwanger, Bernard Shaw, Forster, Lehman, Tolstoi, Sholojov, Machado, Bergamín, Nexo, Selma Lagerlof y Ferrero.

A las ocho y media, en el teatro de la Porte Saint Martin, tuvo lugar la velada artística en honor a los congresistas, presentado por Robert Desnos.

Fue interesante constatar que junto a actores, músicos, cantantes y declamadores franceses, vascos, españoles y catalanes, actuó un conjunto de danzas javanesas y el Cotton Club, de New York, formado por excelentes bailarines y músicos negros.

Una mezcla de razas y nacionalidades se unía a los intelectuales llegados de muchos puntos del planeta para defender la cultura. Precisamente el fascismo odiaba especialmente a esa mezcla de nacionalidades, pueblos e ideas libertarias, como odiaba los versos de Federico García Lorca, que estuvieron también presentes en la combativa velada donde se declaró clausurado el II Congreso Internacional de Escritores en Defensa de la Cultura.

REFERENCIAS

1. "De la génesis al tránsito". Schneider, Luis Mario. *I Congreso Internacional de Escritores para la Defensa de la Cultura (1937). Inteligencia y Guerra Civil Española.* Valencia: Generalitat Valenciana, 1987. t. 1, pp. 34-35.

2. Ídem, p. 35.

3. "De la génesis al tránsito. Cita 17". Schneider, L. M. *Op. cit.* (3). p. 39.
   Ver también: Spender, Stephen. A Communication. *London Mercury:* 373; mayo-oct. 1937.

4. "Los trabajos y los días". Schneider, L. M. *Op. cit.* (1). p. 42.

5. Ídem, p. 43.

6. Polo, Higinio. Brigadas Internacionales: el nombre de la libertad.
   En: http://www.lainsignia.org/2004/febrero/dial_001.htm
       Ver también: *La Insignia* (España) febr. 2003.

7. Schneider, L. M. *Op. cit.* (1). p. 67.

8. Ídem, p. 69.

9. Ídem, p. 74.

10. Ídem, p. 76.

11. Ídem, p. 78.

12. Ídem.

13. Ídem.

14. Ídem, p. 80.

15. Ídem.

16. Ídem, pp. 86-87.
       Ver también: *Nosotros* 5 jul. 1937:7.

17. Carpentier, Alejo. "España bajo las bombas I". En: *Crónicas*. La Habana:
    Editorial Arte y Literatura, 1976. t. 2, p. 230.

18. Schneider, L. M. *Op. cit.* (1). p. 95.

19. Ídem, pp. 100-101.

20. Ídem, pp. 105-106.

21. Ídem, p. 106.

22. Ídem, p. 108.

23. Ídem, pp. 109-110.

24. Ídem, p. 113.

25. Ídem, p. 114.

26. Ídem, p. 115.

27. Ídem.

28. Ídem.

29. Ídem, p. 119.

30. Ídem, p. 125.

31. Ídem, pp. 128-129.

32. Ídem, p. 132.

33. Ídem.

34. Ídem, p. 137.

35. Ídem, p. 138.

36. Ídem, p. 139.

37. Ídem, pp. 141-142.

38. Ídem, p. 145.

39. Ídem, p.149.

40. Ídem, p. 154.

41. Ídem, p. 155.

42. Ídem, p. 156.

43. Ídem, p. 159.

44. Ídem, p. 161.

45. Ídem.

46. Ídem, p. 166.

47. Ídem, p. 168.

48. Ídem, p. 171.

49. Ídem.

50. Antonio Machado. Sobre la defensa y la difusión de la cultura.
    En: http://www.filosofia.org/hem/193/hde/nde08011.htm
       Ver también: *Hora de España* (Valencia) ag. 1937.

51. Ídem.

52. Ídem.

53. Ídem.

54. Schneider, L. M. *Op. cit.* (1). p. 179.

55. Ídem, p. 184.

56. Ídem, p. 187.

57. Ídem, p. 188.

58. Ídem, p. 190.

59. Ídem, p. 199.

60. Ídem.

61. Ídem.

62. Ídem, p. 203.

63. Ídem, p. 204.

64. Ídem, p. 205.

65. Ídem, p. 206.

66. Ídem, p. 208.

67. Ídem, p. 210.

68. Ídem, pp. 210-211.

69. Ídem, pp. 211-212.

70. Ídem, p. 213.

71. Ídem, p. 214.

72. Ídem.

73. Ídem, p. 222.

CAPÍTULO 7

SENTIDO DE LA DERROTA

Corría el mes de agosto de 1937, probablemente no habían regresado a sus países de origen todos los delegados presentes en el encuentro antifascista español, cuando uno de ellos publicó en *Hora de España,* de Valencia, el artículo "El II Congreso Internacional de Escritores: su significación", donde su autor, Corpus Barga declaraba:

> [...] hora se ha perdido la medida de todas las cosas, mucho más si esta medida es el hombre; es decir, que se está en guerra, en la verdadera guerra europea, de la cual la gran guerra fue [la I Guerra Mundial] —con toda su enormidad— únicamente el comienzo. Guerra sin cuartel y sin neutralidad. El escritor que no hace política, hace esta guerra.[1]

Tras el encuentro de Valencia, un sentido de urgencia, movilización y toma de partido recorrió los ambientes intelectuales del mundo. El reclamo de España estremeció a artistas, escritores y creadores de todas las ideologías y capas sociales. Pocos quedaron indiferentes ante el espectáculo constatado por los delegados al Congreso de un pueblo entero erigiéndose en valladar viviente entre la cultura y la barbarie, entre la luz y la sombra. Pero con la victoria militar del franquismo y el inicio de la Segunda Guerra Mundial el consenso intelectual volvió a quebrarse, fragmentándose en tantas partes como países intervinieron en la contienda.

La derrota militar de la República española fue también el resultado final de las divisiones internas en el campo republicano. A partir de la estrepitosa caída del paradigma soviético a los ojos de muchos combatientes y simpatizantes del comunismo, roído por la incapacidad profunda del estalinismo de comprender a la revolución y a los revolucionarios como algo distinto a las almas muertas de Gógol, la nueva cultura que propugnaban las fuerzas de izquierda, la misma de la que tanto se habló en el París de 1935, y que parecía entonces al alcance de la mano, quedó en suspenso. Mientras tanto, los nazis iniciaban su avance fulminante hacia las principales capitales europeas.

Lamentablemente, no todos los oídos fueron receptivos, cuando pudieron serlo, ni todos los ojos vieron, cuando debieron ver. Tampoco todas las manos se alzaron, cuando tanta falta hacía.

Mientras los franquistas y sus aliados alemanes e italianos bombardeaban Barcelona y masacraban a sus niños, el 8 de diciembre de 1937, Walt Disney retocaba los últimos cuadros de *Blanca Nieve y los siete enanitos,* el primer film de animados, que se presentaría en premier, apenas trece días después. Sin duda, un magnífico regalo para los niños sobrevivientes, pero absolutamente inofensiva a los efectos de evitar nuevos bombardeos.

En octubre de 1938, cuando los brigadistas internacionales son retirados del frente español, por decisión del Gobierno de la República, a pocos días de desfilar por las calles de Barcelona, y marchar luego a la frontera con Francia y a los campos de concentración, Orson Welles no utiliza la radio para denunciar la barbarie franquista, sino para aterrorizar a sus oyentes con una truculenta adaptación de *La guerra de los mundos,* de H.G. Wells; al año siguiente se estrenaba *Lo que el viento se llevó,* y en 1940, *Por quién doblan las campanas.*

La experiencia internacionalista en la guerra de España, el más elevado exponente de esa nueva cultura humana, solidaria, redentora y justiciera que soñaban los intelectuales más avanzados de la época al enfrentarse a la decadencia del capitalismo y a los peligros del fascismo, uno y lo mismo, se interrumpió, abruptamente, cuando los brigadistas, entre los que se encontraban no pocos escritores y artistas del mundo, parten de Barcelona a la frontera francesa. "Soldados del más alto ideal de redención humana, desterrados de su patria, perseguidos por las tiranías de todos los pueblos" —los llamó en su discurso de despedida, pronunciado el 1ro de noviembre de 1938, Dolores Ibárruri, *La Pasionaria*.[2]

Es cierto que el 26 de enero de 1939 Barcelona cae en manos de las fuerzas de Franco; que el 27 de marzo, tras tres años de sitio, cae Madrid, y que tres días después lo hará Valencia, última sede del Gobierno de la República. Pero también lo es que con el éxodo hacia los cuatro puntos cardinales de cientos de miles de republicanos, como antes ocurriese con los brigadistas internacionales evacuados, viajaron las ideas cuyos ecos tanto se escucharon en los días del II Congreso. Ellas se desparramaron por todos los rincones de la Tierra, y también, ocupando un lugar preeminente, el concepto del intelectual militante, comprometido con su tiempo, capaz de arriesgar la vida y de postergar la propia obra, por una causa común: la de los humildes, la de la justicia.

María Zambrano, uno de aquellos intelectuales exiliados resume:

> [...] de la derrota, del fracaso han surgido las más bellas obras de la poesía, y los más claros pensamientos de la mente humana.
>
> [...]
>
> La derrota es creadora en la historia como el fracaso individual lo es en el pensamiento, en el arte más perenne [...]. Por [las derrotas] se da testimonio de la historia, tal como debería ser [...] en ellas se esconde, a veces, el secreto del porvenir.[3]

Es posible que esas palabras de María Zambrano fuesen recibidas en su tiempo con el escepticismo con que el pensamiento racional, desprovisto de poesía, suele recibir las parábolas del Nuevo Testamento. En ellas se profetizaba que el proyecto ideológico de la República española, del cual formaban parte activa y destacada sus intelectuales más avanzados, y que era compartido y apoyado por muchos en el mundo, a pesar de su derrota, cumpliría su destino histórico desperdigándose por todos los rincones del planeta, y por tanto la lucha de ideas que se había circunscrito a la geografía peninsular, no tardaría en prender en todas las costas adonde arribasen los exiliados o las noticias de aquel crimen.

Terminada la Segunda Guerra Mundial con la derrota de la Alemania nazi, de la Italia fascista y del Japón militarista; con la destrucción de buena parte de la cultura europea y mundial; con más de 50 millones de muertos, y la pérdida definitiva de la inocencia humana, fruto de la barbarie inenarrable del Holocausto, los campos de concentración, y también, de las dos bombas atómicas arrojadas por los Estados Unidos sobre Hiroshima y Nagasaky, la unidad de los Aliados comenzó a ceder ante la disyuntiva de a quién se garantizaría la supervivencia y el predominio entre los dos sistemas opuestos que emergían vencedores.

Tras una alianza precaria, y dividido el mundo de posguerra en dos bloques antagónicos, comenzó un período de confrontación de baja y mediana intensidad, conocido como Guerra Fría, caracterizado por la competencia militar, económica, política, científica, ideológica y cultural, las guerras locales, así como por las acciones de espionaje y desestabilización en el tablero geopolítico mundial, que por momentos, como ocurrió durante la guerra de Corea y la Crisis de Octubre, en Cuba, llegó al borde de la guerra nuclear.

La Guerra Fría fue, ante todo, la nueva expresión del enfrentamiento clasista que venía dirimiéndose desde inicios del siglo XX, entre las fuerzas revolucionarias y contrarrevolucionarias del mundo, entre trabajadores y capitalistas, entre explotados y explotadores, entre los imperialismos y los pueblos, entre la reacción y el progreso. Fue la manifestación, tras la derrota militar del fascismo y el surgimiento del socialismo como bloque, del mismo fenómeno que había condicionado la actitud y la obra de los intelectuales ante problemas tales como la Primera y Segunda guerras mundiales, el triunfo de la Revolución de Octubre, el surgimiento de la URSS, el avance del fascismo en Europa, la defensa de la República española, la lucha contra el colonialismo y el neocolonialismo, y finalmente, la posibilidad de que la paz, una vez más, fuese vencida por los partidarios del militarismo y la expansión territorial y económica.

Tanto como en los días de París y Valencia, la nueva situación exigió de todos los artistas, de todos los escritores, de todos los filósofos, de todos los creadores, de cada uno de los países, la toma de partido ante los problemas del momento, la pertenencia a uno de aquellos dos bloques que se enfrentaban a muerte.

La Guerra Fría significó, para los intelectuales del momento, la toma definitiva de partido, no ya ante un enemigo evidente como el fascismo, repudiable por igual para los demócratas de derecha o de izquierda, lo mismo socialdemócratas y liberales que comunistas y anarquistas; tanto para surrealistas y partidarios del realismo socialista, como para religiosos y ateos, idealistas y materialistas, blancos y negros. La línea del frente de las ideas ahora se tornaba más tenue, de hecho, casi invisible: no enfrentaba sólo a países, sino también deslindaba campos en el interior de cada país; no tanto entre naciones, como entre las clases sociales y sus voceros. Nunca antes la humanidad había presenciado una compactación tal de los contendientes culturales como en aquellos días, una polarización semejante y antagónica de las contradicciones culturales de dos sistemas y dos visiones del mundo contrapuestas que se disputaban, con fiereza, no sólo a los creadores contemporáneos, sino también a la herencia cultural.

Durante aquellos años cada uno de los bloques dedicó ingentes recursos a promover sus intereses y puntos de vista entre los intelectuales del mundo, buscando adhesiones y apoyo, restando fuerzas al contrario, sometiendo a feroz crítica sus puntos de vista y sus bases culturales e ideológicas.

Correspondió a un diplomático norteamericano, George Frost Kennan, experto en cuestiones relacionadas con Rusia, destacado en aquel país entre 1933 y 1937, y en un segundo período, a partir de 1947, elaborar el bosquejo de la política de la Guerra Fría. Esta primera formulación se conocería como "El telegrama largo", un informe que intentaba explicar las razones por las que la URSS no había aceptado formar parte del Fondo Monetario Internacional ni del Banco Mundial, a la vez que se intentaba fundamentar la forma en que los Estados Unidos debían relacionarse con la URSS:

> El punto de vista neurótico del Kremlin [acerca del capitalismo y la imposibilidad de la coexistencia pacífica] es producto de su tradicional instinto de inseguridad.
>
> [...]
>
> Los dirigentes rusos sólo conciben la seguridad como resultado de una lucha mortal y de la destrucción completa del rival, nunca de los compromisos [...].
>
> Tenemos ante nosotros una fuerza política que cree, fanáticamente, en la imposibilidad de coexistencia pacífica con los Estados Unidos [...], que desea que nuestro modo tradicional de vida sea destruido [...]. [A pesar de ello], tengo la convicción de que la solución del problema soviético está en nuestras manos, sin necesidad de llegar a un conflicto militar generalizado.

El poder soviético [...] no asume riesgos innecesarios, se retira cuando encuentra resistencia [...].

[...]

Debemos estudiar [este movimiento] con el mismo coraje, objetividad y determinación [...] con que un doctor estudia a un paciente irracional e incontrolado [...].

Debemos educar al público americano en las realidades de la situación rusa [...].

El mundo comunista es como un parásito maligno que se nutre en ambientes enfermizos.

[...] Debemos formular ante las demás naciones, de manera mucho más constructiva y positiva, la imagen del mundo que deseamos [...]. [4]

El 5 de marzo de 1946 Winston Churchill pronunció un discurso en el Westminster College, de Missouri, al recibir un Doctorado Honoris Causa. Para muchos, este discurso marcó el inicio de la Guerra Fría, pues en él se acuñó el concepto de "Cortina de Hierro" para definir la frontera que irremisiblemente separaba al Occidente capitalista, al que se llamaba también "Mundo libre", del Oriente socialista, simbolizado en la URSS. Churchill declaró en él con astucia que:

Los Estados Unidos se encuentra hoy en el pináculo del poder mundial. Este es un momento solemne para la democracia americana.

[...]

Desde Stettin, en el Báltico, hasta Trieste, en el Adriático, una cortina de hierro ha descendido sobre el continente. Tras esa línea se hallan todas las capitales antiguas de la Europa Central y Oriental, entre ellas, Varsovia, Berlín, Praga, Viena, Budapest, Belgrado, Bucarest y Sofía; todas ellas, junto con su población, se encuentran dentro de lo que se llama "esfera soviética", y se hallan sujetas, no sólo a su influencia, sino también a crecientes niveles de control moscovita.

[...]

En un gran número de países del mundo, alejados de las fronteras rusas, las quinta columnas comunistas se han establecido y trabajan en completa unidad y absoluta obediencia con respecto a las órdenes que parten del centro. Excepto en el Commonwealth británico, y en los Estados Unidos, donde el comunismo está en pañales, los partidos comunistas o sus quinta columnas constituyen un creciente peligro para la civilización cristiana.

[...]

Yo rechazo la idea de que la guerra sea inevitable, mucho menos inminente.

[...]

No creo que la Rusia soviética quiera la guerra. Lo que ella desea son los frutos de ella y la expansión infinita de su poder y doctrina.

[...]

[...] los rusos admiran la fuerza, y no hay nada que respeten menos que la debilidad, especialmente, la militar.

Por todas estas razones, la antigua doctrina del balance de poderes resulta hoy obsoleta.[5]

El 14 de marzo Stalin respondió a Churchill a través de una entrevista concedida a *Pravda,* acusándolo de atizar la guerra, junto a sus aliados norteamericanos:

En ese aspecto, [Churchill] nos recuerda a Hitler y sus amigos. Hitler comenzó la guerra al exponer sus teorías raciales y declarar que sólo los pueblos germanos constituían una nación respetable. Churchill hace lo mismo al afirmar que sólo las naciones de habla inglesa son respetables, y están llamadas a regir los destinos del mundo.[6]

El conocido "Telegrama Novikov", enviado por el Embajador soviético en Washington a Molotov, ministro de Relaciones Exteriores de la URSS, con fecha 27 de septiembre de 1946, permite comprender la manera en que los gobernantes soviéticos aquilataban la amenaza de los círculos imperialistas más agresivos con respecto a su país.

El 12 de marzo de 1947, el presidente Truman formuló, ante una sesión conjunta del Congreso, la esencia de lo que sería conocida como la Doctrina Truman, expresión de la política oficial de su gobierno, y de los sucesivos, durante la Guerra Fría. Con el pretexto de brindar asistencia militar y financiera, ascendente a 400 millones, a los gobiernos de Grecia y Turquía, supuestamente amenazados por la amenaza comunista y la expansión soviética, Truman declaró sin ambages:

> La existencia del estado griego está hoy amenazada por las actividades terroristas de algunos miles de hombres armados dirigidos por los comunistas [...]. El futuro de Turquía, como estado independiente, no es menos importante [...]. Uno de los objetivos primarios de la política exterior de los Estados Unidos es la creación de condiciones en las que nosotros y otras naciones podamos vivir y trabajar libremente [...]. No cumpliremos este objetivo si no estamos dispuestos a ayudar a los pueblos libres a mantener sus instituciones y su integridad territorial ante quienes intentan imponerles regímenes totalitarios [...]. Las semillas de estos regímenes se nutren de la miseria y las necesidades, [...] encuentran su pleno desarrollo cuando ha muerto la esperanza de las gentes en una vida mejor. Debemos mantener esa esperanza viva [...].[7]

En junio de 1947, durante un discurso pronunciado en la Universidad de Harvard, George C. Marshall, secretario de Estado norteamericano, delineó la política de reconstrucción de Europa que sería conocida como "Plan Marshall". La razón esencial de esta inversión (pues de esto se trató, más que de una verdadera ayuda desinteresada), se condensó en el razonamiento, expuesto ese día, y que constituye la primera declaración oficial de la política de confrontación que se conocería como "Guerra Fría":

> La pobreza y el desempleo [en Europa] reforzarán las posiciones del comunismo, mientras que la recuperación [capitalista] traerá estabilidad y apoyo a las instituciones democráticas [...]. Nuestra política no está dirigida contra ningún país o doctrina, sino contra la pobreza, el hambre, la desesperación y el caos [...]. Su propósito es revitalizar la economía mundial, de manera tal que permita la emergencia de condiciones políticas y sociales en las cuales las instituciones libres puedan existir [...]. Gobiernos, partidos o grupos que busquen perpetuar la miseria para lograr ventajas políticas o de otro tipo, encontrarán nuestra oposición.[8]

Un mes después, en julio de 1947, un artículo anónimo publicado en la revista cuatrimestral *Foreign Affairs* bajo el título de "The Sources of Soviet

Conduct", firmado por "Mr. X", sentaba las bases de lo que se conocería luego como la política de los Estados Unidos hacia la URSS, o sea, la filosofía que fundamentaría la posición de este país en la Guerra Fría. Por supuesto que el misterioso autor no podía ser un desconocido carente de poder e influencia, sino un vocero autorizado para publicar semejantes "indiscreciones" políticas. En él George Kennan expresaba:

> La ideología original del comunismo ruso se mantiene inalterable, y se caracteriza por la creencia en la maldad intrínseca del capitalismo, en la inexorabilidad de su destrucción, y en el deber del proletariado de participar en ello [...]. En las actuales circunstancias, cualquier política de los Estados Unidos hacia la URSS debe considerarse a largo plazo, ser paciente, pero firme, y mantener una vigilante contención de las tendencias expansivas rusas [...]. Las presiones soviéticas sobre las instituciones libres del mundo occidental tienen que ser contenidas aplicando contramedidas constantes y crecientes en los puntos geográficos y políticos donde se exprese la política soviética [...]. Los Estados Unidos, en la arena política, deben seguir considerando a la URSS como rival, y no como socio.[9]

Lejos de detenerse en cuestiones generales de política exterior, o en reflexiones filosóficas abstractas, aprovechando su cómodo "anonimato", Kennan adelantó estrategias concretas para la desestabilización ideológica de su enemigo, en lo cual, como se aprecia, jugaban un importante papel la labor intelectual:

> Los Estados Unidos están en condiciones de ejercer influencia en el interior de Rusia y sobre el movimiento comunista internacional, del cual ella depende [...]. Los Estados Unidos pueden crear en el mundo la impresión de ser un país que sabe lo que la gente quiere, que está resolviendo exitosamente sus problemas internos y lidiando con las responsabilidades inherentes al hecho de ser una potencia mundial con capacidad espiritual para sortear los mayores retos ideológicos de la época. De ello depende que el comunismo ruso parezca estéril y quijotesco, y que las esperanzas y el entusiasmo de sus partidarios parezcan vanos e impuestos por la política exterior del Kremlin [...]. El

tema de las relaciones soviético-norteamericanas es, en rigor, una prueba a la capacidad de Estados Unidos para ocupar un lugar hegemónico entre las demás naciones.[10]

En medio de semejante atmósfera, no es de extrañar que a los intelectuales de la época se les haya convocado a alinearse a uno u otro lado de lo que Churchill llamó, con su agudo sentido propagandístico, "La Cortina de Hierro". Debe destacarse que en todas las exposiciones de Kennan, Truman y Churchill acerca de la manera de llevar adelante la Guerra Fría, se incluía a las manifestaciones culturales como armas para enfrentar y, eventualmente, derrotar los desafíos que la URSS y el comunismo planteaban al futuro de la sociedad capitalista de posguerra.

La Guerra Fría en la cultura se expresó en la literatura, el teatro, el cine, las artes plásticas, la radio y las modas, por sólo citar algunas de sus manifestaciones más evidentes. Cualquier producto cultural o espiritual era utilizado para seducir a las poblaciones del enemigo, socavar sus puntos de vista, desacreditar la gestión de sus gobiernos, exaltar las ventajas del sistema que se representaba, y propiciar una relectura de la Historia Universal. La propaganda más descarnada, frecuentemente alejada de la realidad o maquilladora de ella, tomó el lugar de la creación cultural. Los asalariados, los escribanos a sueldo suplantaron a los pensadores, los filósofos y los escritores. Lo que fue en los años 30 expresión de toma de conciencia, de militancia expresada en términos literarios o artísticos, de uno u otro bando, se adulteró mediante la coacción, el miedo, las persecuciones, las descalificaciones y las campañas más feroces. Los órganos de inteligencia, los aparatos de coerción ideológica terminaron, con agudo sentido utilitario, financiando las publicaciones, persiguiendo a los disidentes, promoviendo a los fieles, premiando a los seleccionados. Las persecuciones y purgas estalinistas en esta época tuvieron su reflejo exacto, su imagen gemela de la tragedia, en las persecuciones que el McCarthismo norteamericano desplegó contra lo que llamó "actividades anti-norteamericanas" de artistas y escritores de ese país.

No es osado decir que la Guerra Fría introdujo elementos inéditos en la relación de los intelectuales con la política, liquidando todo vestigio de libre albedrío en los creadores. En esta guerra de nuevo tipo, más que las ideas, contendieron los estilos de propaganda y las técnicas para influir sobre los seres humanos. No es que no se hayan promovido ideas, sino que estas ocuparon un plano completamente secundario con respecto a lo que se procuraba obtener, a toda costa: la derrota del enemigo, la obtención, a cualquier precio, de la supremacía cultural, importante escalón para lograr la contención, primero y, después, la victoria total.

Aquel período histórico, que empezó con una costosa derrota en España de las fuerzas progresistas, terminaba con dos sistemas enfrentados a muerte en todos los campos de la actividad humana, sobre todo, la cultura, la literatura, las artes y la ideología, en pos de una victoria decisiva.

Paradojas de la dialéctica histórica.

REFERENCIAS

1. Barga, Corpus. El II Congreso Internacional de Escritores: su significación. En: http://www.filosofía.org/hem/193/hde/hde08005.htm
     Ver también: *Hora de España* (Valencia) ag. 1937.

2. Ibárruri, Dolores, *La Pasionaria*. Mensaje de despedida a los voluntarios de las Brigadas Internacionales. Barcelona, 1 nov. 1938. En: http://www.guerracivil.org/brigadas/pasio-cast/htm

3. Zambrano, María. Sentido de la derrota. *Bohemia* (La Habana) (43):3, 135; 25 oct. 1953.

4. George Kennan, Excerpts from Telegraphic Message from Moscow of February 22, 1946. En: http://www.mytholyoke.edu/acad/intrel/longtel.html

5. Churchill, Winston S. Iron Courtain Speech. 5 mar. 1946. En: http://www.fordham.edu/halsall/mod/churchill-iron.html

6. Stalin, Joseph. Réplica a Churchill. *Pravda* (Moscú) 14 mar. 1946. En: http://www.fordham.edu/halsall/mod/1946stalin.html

7. Mensaje del Presidente Truman a la Sesión Conjunta del Congreso, 12 de marzo de 1947. En: http://www.cnn.com/special/cold.war

8. Marshall, George C. The European Recovery Program. Harvard, jun. 1947. En: http://www.cnn.com/special/cold.war

9. Kennan, George F. The Sources of Soviet Conduct. *Foreign Affairs*. jul. 1947. En: http://www.cnn.com/special/cold.war

10. Ídem.

CAPÍTULO 8

SIGUIENDO LA RUTA DEL GLACIAL

Las recomendaciones de Kennan para detener el avance de las ideas comunistas, y disminuir el prestigio de la URSS en el mundo de la posguerra, incluían la vertebración de un movimiento contrarrevolucionario en el plano cultural, utilizando las concepciones académicas o artísticas afines a una visión del mundo anticomunista y conservadora. Se trataba de poner en práctica todos los medios a la mano para eludir la confrontación militar directa, al menos, hasta que Occidente no se considerase preparado para desatar la agresión. En manos de los artífices e ideólogos de la Guerra Fría, la cultura no tenía valor intrínseco alguno, ni más significación espiritual que servir de ariete contra los muros del Kremlin. Ingentes cantidades de dinero comenzaron a invertirse en la puesta a punto de semejante máquina de asedio.

Como herramientas de la campaña cultural de la Guerra Fría se comenzaron a utilizar las emisiones radiales. En 1948 la administración Truman creó el National Comittee for a Free Europe (NCFE), organismo que llegaría a dirigir las emisiones radiales contra los países socialistas y la URSS, utilizando la Voz de las Américas, creada en 1942, Radio Europa Libre, y Radio Liberty, esta última fundada en 1953, año en que se creó la US Information Agency (USAID). En este sector del frente cultural, por ejemplo, en la nómina de Radio Liberty, como asesores, se encontraban académicos de la talla de Walt W. Rostov, Merle Fainsod y Richard Pipes.

En el cine, tras los ataques del McCarthismo contra Hollywood, en 1947, como resultado de los cuales se incluyeron en la lista negra a cientos de cineastas, escritores y técnicos, y diez de ellos fueron enviados a prisión, se impuso la más completa censura sobre los temas que debían abordar los filmes, y la manera en que podían hacerlo los creadores. Una verdadera saga de películas dirigidas contra la URSS y el comunismo inundaron las pantallas del mundo, entre ellas, *The Iron Curtain* (1948), *I Married a Communist* (1950), *My Son John* (1952), *Pickup in the South Street* (1953), *The Red Danube* (1950), *Big Jim McLain* (1952), *I Was a Communist for the FBI* (1951) y *Trial* (1955), incluso, algunas realizadas fuera de los Estados Unidos, como fue el caso de *It Can't Happen Here* (1950), de Ingmar Bergman, y *High Treason* (1951), de los hermanos Boulting.

A la moda tampoco le fue permitido sustraerse de este reclutamiento forzoso a la hora de enfrentar "la amenaza roja". El "New Look" de Christian Dior, de 1947, marcó el retorno del lujo a la pasarela, tras las privaciones de la guerra. Como bien señala Lourdes Font, de la New York University, "[...] la sola existencia de tales lujos, al parecer, certificaba la superioridad del capitalismo, como sistema.[1] Al menos, ese era el sentido del mensaje que se intentaba transmitir.

Lógicamente, donde se expresó con mayor virulencia la nueva guerra fue en el campo de la creación literaria y las ciencias sociales. Allí los especialistas de la CIA, nuevos comisarios políticos culturales, invirtieron la mayor cantidad de recursos, compraron la mayor suma de voluntades, fabricaron una buena parte de las reputaciones y utilizaron otras para sus propios fines, sin experimentar el menor remordimiento ni confrontar el menor vestigio de lo que se conoce como escrúpulos morales. Debe decirse, sin temor a exagerar, que una buena parte de la política de promoción cultural de la época de la Guerra Fría, en los Estados Unidos y Europa, también en el resto del mundo, permite seguir la trayectoria de los programas de subversión implementados por el gobierno de los Estados Unidos para derrotar estratégicamente a la URSS y al socialismo.

James Petras, al comentar el libro de Frances Stonor Saunders *La CIA y la Guerra Fría Cultural*, denunció:

> La CIA organizó congresos culturales, exposiciones y conciertos También publicó y tradujo autores conocidos que seguían la línea de Washington,

apadrinó el arte abstracto para contraatacar a cualquier manifestación artística con contenido social, subsidió revistas que criticaban al Marxismo, al comunismo y a los políticos revolucionarios, y defendían, o al menos, callaban ante la política destructiva del imperialismo yanqui. La CIA fue capaz de domesticar a algunos de los más altos exponentes de la libertad intelectual de Occidente, y ponerlos al servicio de tales políticas, pagándoles por ello.[2]

Ha sido demostrado, hasta la saciedad, que el rumbo conservador, anticomunista y acomodaticio adoptado por una parte de los intelectuales europeos de posguerra se debió a esta política corruptora norteamericana, y a los beneficios personales que obtenían de ella. Su brusco despertar, después de un efímero tránsito a través de las luchas sociales, adonde llegaron más espantados por el avance del fascismo que por conciencia o principios, los retrata como aves de paso que, aleteando elegantemente, se alejaron por sobre las cabezas de quienes luchaban por construir un mundo mejor. La coartada para completar esta puesta en escena fueron los crímenes del estalinismo, el visceral rechazo que decían sentir, por principios, ante cualquier coacción a la libertad intelectual y las persecuciones a los creadores, y en no menor medida, afirmaban, por su compromiso indeclinable con la democracia. Al menos, así lo declaraban, a tambor batiente, en todas las tribunas que les organizaban los eficientes oficiales CIA que trabajaban para que nada les faltase; para que sus voces esclarecidas no se perdiesen sin llegar a oídos receptivos, como correspondía a los apóstoles de lo que llamaban "Mundo Libre", apelando a un delicioso eufemismo.

Por ello nos recuerda Petras:

Lo chocante de esta colección de intelectuales pagados por la CIA no fue solo su partidismo político, sino sus pretensiones de que eran buscadores desinteresados de la verdad, iconoclastas, intelectuales de espíritu libre o artistas puros que se oponían, por principios, a los seguidores del aparato estalinista [...], [pero], ¿cómo podían explicar el silencio, en esas revistas, del menor criticismo hacia los numerosos linchamientos que por entonces ocurrían en el sur de los Estados Unidos? ¿Y la ausencia de crítica, en sus congresos, a las intervenciones imperialistas en Guatemala, Irán, Grecia y Corea, y los millones de muertos que provocaron? ¿Cómo ignorar la apología a cada crimen imperialista, en las revistas donde escribían? Todos ellos eran soldados disciplinados [de aquel ejército] —concluye Petras—, algunos ácidos y polémicos, como Hook y Lasky, ensayistas elegantes, como Spender, o vulgares informantes, como Orwell.[3]

Stonor Saunders analiza en su libro las rutas directas e indirectas utilizadas por la CIA para financiar el desmedido amor que de pronto sintieron muchos intelectuales europeos de posguerra por la libertad y la democracia y afirma:

> Conocidos como fondos de contraparte de la CIA llegaron a destinarse más de 200 millones de dólares anuales para financiar "proyectos especiales", de ellos, $200 000 fueron destinados para pagar los gastos administrativos básicos del Congreso por la Libertad de la Cultura.[4]

Los avispados oficiales CIA de la época, al estilo de Michael Josselson, Nicolai Nabokov, Lawrence de Neufville, John Hunt y Melvin Lasky, pagaron no sólo por los congresos, sino también por las obras literarias y filosóficas en alquiler, y hasta por los silencios.

Petras, siguiendo el discurso de Stonor Saunders, denuncia:

> Entre las publicaciones europeas anticomunistas que recibían fondos de manera directa o indirecta se encontraban *Partisan Review, Kenyon Review, New Leader* y *Encounter*. Entre los intelectuales que fueron pagados y promovidos por la CIA estuvieron Irving Kristol, Melvin Lasky, Isaiah Berlin, Stephen Spender [delegado a los Congresos de París y Valencia], Sidney Hook, Daniell Bell, Dwight Mc Donald, Robert Lowell, Annah Arendt y Mary McCarthy [...]. En Europa, la CIA estuvo especialmente interesada en promover "la izquierda democrática", cuyos representantes eran ex izquierdistas como Ignacio Silone, Spender, Arthur Koestler, Raymond Aron, Anthony Crosland, Michael Josselson y George Orwell.[5]

El uso de desertores ideológicos, de desilusionados que jamás estuvieron verdaderamente ilusionados, de cambiacasacas de toda laya, ha sido siempre una especialidad de la CIA y del gobierno de los Estados Unidos. La lucha contra la ideología y la cultura del comunismo justificó todas las armas empleadas en este enfrentamiento. Un historiador de la CIA llamado

Michael Werner, citado por Stonor Saunders, así lo corroboró, al escribir:

> La Agencia llevaba tiempo dándole vueltas a una idea: quiénes mejor que los ex comunistas para luchar contra los comunistas [...]. La destrucción del mito comunista sólo se podría conseguir movilizando, en una campaña de persuasión, a aquellas figuras de la izquierda que no eran comunistas [...]. Esto pasó a ser "el fundamento teórico de las operaciones políticas contra el comunismo de la Agencia, durante las siguientes décadas".[6]

En esta línea de acción se inscribe la publicación, y generosa promoción, de libros por encargo o detectados tempranamente como obras de utilidad, a las que, más allá de sus valores intrínsecos, se les dispensó un tratamiento como si se tratase de obras clásicas, de libros de culto, al estilo de *The Vital Center: A Fighting Faith*, de Arthur Schlesinger, *The God that Failed*, de un colectivo de autores, entre los que se contaban Silone, André Gide, Richard Wright, Arthur Koestler, Louis Fischer y Stephen Spender, y *1984*, de Orwell, todas publicadas en 1945.

Comentando el libro de Stonor Saunders, Robert de Neufville, nieto de uno de aquellos oficiales CIA de igual nombre, declaró que la campaña de la Agencia fue tan extensa que "[...] no sería exagerado afirmar que actuó como un ministerio secreto de cultura. Casi todos los más prominentes intelectuales occidentales de los primeros años de la Guerra Fría, de manera consciente o inconsciente, se relacionaron con los programas promovidos por la CIA".[7] Tras destacar que entre los intelectuales favoritos de la Agencia estaban el historiador Arthur Schlesinger, el teórico francés Raymond Aron, el novelista y ensayista Arthur Koestler, y el filósofo inglés Bertrand Russell, Neufville recordaba que un comité del propio gobierno norteamericano reconoció que "[...] a mediados de los 60, la mayoría de las becas otorgadas por las instituciones filantrópicas, al estilo de la Rockefeller y la Ford Foundation, incluían dinero de la CIA".[8]

La visión que tuvo la CIA de poner al servicio de la lucha contra las ideas de izquierda, y especialmente contra el comunismo y la URSS, a los servicios de comunistas arrepentidos e intelectuales liberales, generosamente retribuidos por debajo de la mesa, tuvo mucho que ver con la manera en que los estrategas políticos y filosóficos de la contención, en tiempos de la

Guerra Fría, al estilo de Kennan, Charles Bonnen, Isaiah Berlin y Josselson, concebían que debían hacerlo: estableciendo una estructura simétrica de lucha con respecto a los métodos utilizados por el movimiento comunista internacional, contraatacando cuando consideraban que el sistema que representaban y defendían era desafiado, en cualquier punto del planeta. Cuando la CIA creó la División de Organismos Internacionales (OID), en 1950, bajo la dirección de Tom Braden, este estaba convencido de que "[...] si el otro bando puede utilizar ideas camufladas como si fueran del propio país, en lugar de que parezcan que están apoyadas o estimuladas por los soviéticos, entonces, nosotros deberíamos poder utilizar ideas camufladas de locales".[9] En su política de "ojo por ojo y diente por diente", la OID creó una organización cultural, política, sindical y profesional afín a sus intereses, por cada una que surgiese para defender lo contrario. De esta manera, por ejemplo, a la Organización Internacional de Periodistas, la CIA contrapuso la Federación Internacional de Periodistas Libres, y a la Federación Mundial de Sindicatos, la Federación Internacional de Sindicatos Libres.[10]

En esta misma línea de actuación y pensamiento se inscribió la creación, financiamiento y promoción del Congreso por la Libertad Cultural, considerado por muchos como la mayor acción "cultural" de la CIA en la época de la Guerra Fría, su programa más ambicioso para vencer en lo que Braden llamaba "la batalla por la mente de Picasso". Quien analice la forma en que se estructuró y convocó el Congreso encontrará extrañas similitudes con las que se estructuraron y convocaron los Congresos de París, en 1935, y Valencia, en 1937, aunque, por supuesto, con el signo invertido. James Petras lo definió de la siguiente manera:

> La CIA, a través de Sidney Hook y Melvin Lasky, pagó el "Congress for Cultural Freedom", una especie de OTAN cultural que agrupó a todo tipo de "anti-estalinistas" de derecha y de izquierda, que decían defender la cultura y los valores occidentales, atacando el "totalitarismo estalinista", obviando, gentilmente, el racismo y el imperialismo de los Estados Unidos.[11]

Comparando este Congreso con los de la Internacional Comunista, la periodista norteamericana Carol Brigthman expresó en entrevista al *New York Times* citada en el libro de Stonor Saunders: "Los nombres eran los mismos que en el Partido Comunista, por ejemplo, el cargo de Secretario General. La CIA creó estas organizaciones culturales a imagen y semejanza del Partido Comunista, incluyendo el secretismo [...]".[12]

Entre el 26 y el 29 de junio de 1950 en Berlín Occidental, entonces la avanzadilla del capitalismo en el corazón de Europa, a escasos metros de su enemigo visceral, tuvo lugar el Congreso por la Libertad Cultural, que contó con la presencia de alrededor de 200 delegados atraídos por la convocatoria a una cruzada anticomunista. Entre los delegados se encontraban los norteamericanos Tennessee Williams, David Lilienthal, presidente de la Comisión de Energía Atómica; Sol Levitas, editor de *New Leader*; Carson McCullers, Schlesinger, Sidney Hook, Nabokov, James Burnham, Lasky, Koestler, Silone y Joselsson; entre los ingleses: Hugh Trevor Roper, Julian Amery, A. J. Ayer y Harold Davis; entre los franceses: Raymond Aron, André Philip, André Malraux, Jules Romain y George Altman. La sesión inaugural fue presidida por el alcalde de la ciudad, Ernst Renter, ex comunista y compañero de Lenin, quien pidió un minuto de silencio para rendir homenaje a "los muertos por la libertad".

Los temas que abordaron los delegados, siguiendo un agenda que resulta vagamente familiar, fueron: "Ciencia y totalitarismo", "Arte, artistas y libertad", "El ciudadano en una sociedad libre", "La defensa de la paz y la libertad", y "Cultura libre en un mundo libre".

Una de las ideas expresadas en este Congreso por Melvin Lasky, la de la obligatoriedad de tomar partido, parece el eco de tantas expresadas en Valencia, cuando los pilotos fascistas bombardeaban la ciudad indefensa, solo que en Berlín fue dirigida a respaldar la campaña contra el comunismo: "La neutralidad como idea y como movimiento es algo patrocinado por los soviéticos",[13] a lo que Montgomery agregó que "[...] no hay rincón neutral en la habitación de la libertad".[14]

El 29 de junio, al clausurar el Congreso en el Funkturn Sporthalle, ante más de 15 000 personas, Arthur Koestler resumió el sentir triunfalista que embargaba a los promotores de la CIA que lo había organizado: "¡Amigos, la libertad ha pasado a la ofensiva!", leyendo a continuación el Manifiesto por la Libertad, que recogía, entre sus principales ideas, las que sus redactores consideraban eran especialmente destructivas o adversas a los comunistas:

Pensamos que es evidente que la libertad individual es uno de los derechos inalienables del hombre [...]. Privado del derecho de decir "no", el hombre se convierte en esclavo [...]. El principio de la tolerancia no admite la práctica de la intolerancia [...]. Denunciamos a los estados totalitarios, cuyos medios de coerción sobrepasan con mucho las de todas las anteriores tiranías de la historia [...]. Indiferencia o neutralidad ante un desafío equivale a una traición a la Humanidad y la renuncia a una mente libre [...]. Tenemos un compromiso con la defensa de las actuales libertades, la reconquista de las libertades perdidas y la creación de nuevas libertades.[15]

De no haber estado detrás de este Manifiesto la mano macabra de la CIA y el gobierno imperialista norteamericano, negaciones palpables y flagrantes de tan elevados propósitos, muchos intelectuales del mundo, incluidos los comunistas, hubiesen podido suscribirlo, en aquel lejano verano de 1950.

Mientras la CIA proclamaba, abiertamente, a través de estos voceros inteligentes y refinados, las ideas que deseaba oponer a las del socialismo, destinaba en secreto ingentes cantidades de dinero a la nada elegante tarea de comprar voluntades, de sobornar inteligencias para fundar, a lo que diese lugar, lo que Denis Boneau llamó "[...] red de elites [europeas] pronorteamericanas".[16] En consecuencia, desde una perspectiva histórica demostrable, muchas de las deserciones ideológicas y del giro derechista que adoptó un amplio grupo de intelectuales europeos de posguerra, "justificada" entonces con la decepción ante los crímenes del estalinismo, fue un proceso inducido que evidenció la existencia de un lucrativo mercado de la carne, donde era posible cotizar bien la deserción política, así como abjurar de los credos anteriores y de las luchas y militancias pasadas, usando la coartada hermosa de la defensa de las libertades, la democracia y los derechos: bellas ilusiones para la propaganda, útiles para exorcizar la mala conciencia y acallar algunos rescoldos de vergüenza ante la nada edificante imagen que devolvía el espejo.

Las ideas filosóficas que sustentaban la acción del Congreso por la Libertad de la Cultura fueron tomadas de la obra *The Managerial Revolution* (1941), de James Burnham, dirigida contra la concepción materialista de la Historia, de Carlos Marx. En ella se expresaba que junto al fracaso de la URSS, la humanidad entraría en una nueva era, a la que denominó "revolución de los managers". En ella, la acción la clase dirigente permitiría rebasar la dicotomía entre explotados y explotadores, entre obreros y capitalistas, haciendo obsoleta la lucha de clases y las propias revoluciones sociales. Este enfoque, no importa si engañoso, sirvió de maravillas a los alegres chicos de la CIA que promovían la contrarrevolución cultural de la Guerra Fría, y especialmente, a los tránsfugas de la izquierda, de todos los pelajes que, como el propio Burnham, veían así "justificadas por los nuevos tiempos", sus renuncias ideológicas. Uno de ellos, Raymond Aron sintetizó la "nueva posición" al definirla como "ni de derecha, ni de izquierda", simplemente una "Tercera Vía".[17]

Burnham es un buen ejemplo para entender cómo soplaba el viento polar en tiempos de la Guerra Fría, la manera en que fue derivando la posición de algunos intelectuales, antes comprometidos, hacia posiciones que les marcaban previamente sus enemigos de las vísperas. Burnham fue, como demuestra su biografía, uno de los "desencantados por encargo", de aquellos tiempos, como lo fue también Raymond Aron.

Burnham nació en el seno de una familia obrera. Su padre era dirigente sindical de los ferrocarriles. Estudió en Oxford y Princeton, interesándose por el trotskismo. Conoce a Sidney Hook y colabora con él participando, en 1937, en la fundación del Socialist Workers Party de los Estados Unidos. Participa en las labores de la IV Internacional, contribuyendo regularmente en sus revistas *New International* y *Partisan Review*, polemizando, incluso, con el propio Trotsky.

La época en que Burnham escribió para *Partisan Review* marcó su etapa más militante. Este período se caracterizó por su ferviente crítica al estalinismo, a la construcción del socialismo en la URSS, a la ideología y acción política de los partidos comunistas. Para Irving Kristol, otro desertor del trotskismo, y uno de los padres fundadores del movimiento neoconservador norteamericano, esta revista era "[...] el órgano teórico del trotskismo, encerrado en un pensamiento dogmático, exponente del escolasticismo marxista [...] muy similar, en su rigor e ilustración, al escolasticismo jesuita [...]".[18] El intento de los redactores de la revista en la que Burnham colaboraba era la de constituirse en una especie de "aristocracia intelectual",[19] según palabras de Kristol, con la misión de "[...] intentar reconciliar el humanismo socialista con un modernismo individualista en las artes (que por aquellos años se asociaba con actitudes políticas reaccionarias) [...]".[20] Sin duda, y a la vista de los resultados hasta el presente, quienes así pensaban tenían toda la razón.

Burnham participó activamente en la celebración del Congreso por la Libertad de la Cultura, y ocupó cargos importantes en las organizaciones derivadas y dependientes de aquel. Su papel de apólogo de la deserción ayudó a justificar otras deserciones, marcando la ruta que lleva del trotskismo al más visceral y militante anticomunismo. Su obra sirvió como "[…] instrumento práctico de conversión para los demás miembros del Congreso",[21] aportando la plataforma ideológica que, aparentemente, permitía superar la dicotomía entre capitalismo y socialismo, a favor, por supuesto, del primero. En efecto, la retórica de la Tercera Vía permitía desviar el debate verdadero hacia derroteros falsos, trocando los conceptos y perpetuando el *statu quo*. El resultado de aquel experimento fue "[…] la elaboración de una ideología anticomunista aceptable en Europa, tanto por la derecha conservadora como por la izquierda reformista".[22]

A la moda de "el fin de las ideologías" y de la "competencia técnica de los dirigentes", elaborada inicialmente por el grupo de los New York Intellectuals, al que pertenecían Kristol, Diana y Lionel Trilling, Daniel Bell, Mary McCarthy, Sydney Hook, Natham Glazer, y otros, pronto se unieron, jubilosamente, sus epígonos europeos, como Aron, Georges Friedmann, Eric De Dampierre, Edgar Morin y Michael Crozier. Instituciones como el Centro de Estudios Sociológicos, financiadas bajo cuerda por fundaciones como la Ford y la Rockefeller, pantallas de la CIA, sirvieron de plataforma de lanzamiento para estas ideas, actuando de la misma manera que los tanques pensantes de la derecha norteamericana.

El Congreso por la Libertad de la Cultura y la Asociación por la Libertad de la Cultura, continuadora del primero, contribuyeron de manera decisiva a la tarea de contrarrestar la influencia de las ideas socialista y de izquierda en el panorama cultural de la Guerra Fría, principalmente en Europa, evitando que se profundizase en la necesidad de transformar las sociedades de posguerra, domesticando a la intelectualidad y creando reputaciones y vanguardias falsas. Europa fue el campo de batalla escogido para esta lucha porque, a pesar de los destrozos de la guerra, continuaba siendo el centro cultural mundial, capaz de irradiar e influir en el resto de las culturas del planeta.

Semejante giro hacia la derecha de una intelectualidad que algo más de una década antes proclamaba en el Congreso de París su plena identificación con la transformación revolucionaria del mundo, su apoyo a la URSS y al comunismo, no puede ser explicada sólo por los crímenes y errores del estalinismo, como han pretendido los mismos que abjuraron de los principios que decían defender, sino también, y sobre todo, por oportunismo político y la acción corruptora y manipuladora de los ideólogos de la Guerra Fría, especialmente, por el soborno y las prebendas que a manos llenas repartieron la CIA y su red de fundaciones "filantrópicas" en Europa y los Estados Unidos.

El escándalo de las revelaciones estallará en 1967, cuando en la revista *Ramparts* se publicarían una serie de artículo sobre el financiamiento secreto del Congreso por la Libertad de la Cultura por parte de la CIA.

Para entonces, el daño ya estaba hecho.

Entonces, irónicamente, para equilibrar en algo la correlación de fuerzas en el campo intelectual entre los apóstatas, los indiferentes, los anticomunistas y los conservadores, de un lado, y los intelectuales comprometidos con la transformación del mundo, la causa del socialismo y del progreso social, del otro, comenzó la década de los 60.

Pronto regresarían las polémicas que habían centrado la atención de los intelectuales en París, Londres y Valencia, en un clima político y social tan explosivo o más que entonces. El enemigo, por primera vez, era identificado claramente dentro de casa. Las amenazas a la cultura y a la propia humanidad no provenían del exterior, sino de lo profundo del sistema capitalista, de su propensión a las guerras imperialistas, al saqueo y a la exclusión. Por primera vez sus mecanismos de dominación se transparentaban y quedaban en evidencia, provocando una ola de denuncias desde el interior de los países capitalistas, en primer lugar, de los propios Estados Unidos, desde sectores como el intelectual, el artístico, el académico y el estudiantil que se creían "pacificados y domesticados", asimilados al sistema y convencidos de sus supuestas bondades.

Todo lo logrado en el campo intelectual por las redes de la CIA y de las demás agencias del gobierno de los Estados Unidos, utilizando el pretexto de la Guerra Fría; toda la acción corruptora y disuasiva de las fundaciones "filantrópicas" que les servían de fachada en su lucha por debilitar el apoyo intelectual al socialismo y en la promoción de un pensamiento reaccionario y conservador se tambaleó, amenazando con hacer caer al propio sistema.

LA CONTRACULTURA DE LOS 60

La década de los 60 fue una época donde más de 70 millones de niños nacidos en la era de posguerra alcanzaron la adolescencia y juventud. Tal masa de personas que debutaban de golpe en la vida social, en medio de una profunda crisis producida por el agotamiento de una década conservadora y conformista, como fue la del 50, provocó un cambio sensible en la apreciación de los valores y las estructuras sociales, y un ferviente deseo de transformarlas de raíz.

En esta década, en los Estados Unidos, la población era de 177 830 000 personas, de los cuales, 3 852 000 estaban desempleados, la deuda pública era de 286,3 billones de dólares, la esperanza de vida de los hombres era de 66 años y 73, la de las mujeres.

Las ansias de cambio penetraron todas las facetas de la vida social de ese período, como precondición y consecuencia de las transformaciones revolucionarias que se observaban en el terreno de la política. A la tradicional hostilidad entre los dos sistemas que dominaban entonces las relaciones internacionales, a los sucesos vinculados con la Guerra Fría, se agregaron otros, como por ejemplo, el ascenso de la lucha anticolonial de los pueblos del Tercer Mundo y el auge del Movimiento de los No Alineados, donde jugó un papel decisivo el triunfo de la Revolución cubana, el desarrollo acelerado de la ciencia y la tecnología y su incidencia directa sobre la vida humana y el inicio de la carrera por la conquista del cosmos.

La atmósfera intelectual en los Estados Unidos, por ejemplo, fue extremadamente abigarrada, una mezcla de influencias, a veces contradictorias, que demostraba la existencia de avidez y desorientación en sus animadores: la idea predominante era la del cambio, la de la renovación radical de la vida a partir de la negación de toda la herencia cultural precedente, y del *establishment,* en su conjunto. Pero no se logró consenso acerca de los mecanismos y agentes de dicho cambio, ni sobre la manera de hacerlo en la práctica, ni tampoco hasta dónde llevar esas transformaciones. Una de las debilidades de semejante actitud fue intentar la construcción de una contracultura que negaba la validez de casi todo lo precedente, incluso, de las tradiciones y aportes intelectuales revolucionarios de épocas anteriores.

La arquitectura de esta época se caracterizó por la búsqueda de una apariencia de modernidad, a toda costa, utilizando para ello la luz y el espacio. Las obras de Gropius, Pei, Venturi y Frank O. Gehry sirvieron para transformar los referentes visuales tradicionales del entorno urbano de la década. En las artes plásticas, el afán predominante fue el de cambiar la manera de hacer arte, incluso, de qué entender por objeto artístico. Para ello se apeló a una extrema intelectualización del hecho artístico y a formas de expresión libres y técnicas combinadas con otras manifestaciones. La intención era provocar reacciones extremas en los espectadores. Los móviles y esculturas de Calder, el arte pop de Andy Warhol, el arte óptico de Vasarely y las abstracciones cinéticas de Duchamp se dirigieron hacia esta dirección.

En la literatura, las tendencias fueron similares, a partir del redescubrimiento de la denuncia social, de la protesta, de la descalificación de todo lo que anteriormente se reputaba como valores intocables de la sociedad norteamericana y occidental, en general. De esta manera, la novela *To Kill a Mockingbird* de Harper Lee, ganadora de un Pulitzer, atacaba ferozmente la hipocresía racista de la vida en un pequeño poblado sureño; las obras de Maya Angelou, Gwendolyn Brooks y Margaret Walker Alexander proponían una nueva mirada rebelde sobre la situación de la mujer en los Estados Unidos. A esta tendencia se sumaron también las obras de Sylvia Plath, Mary McCarthy, y Betty Friedan, autora, esta última de *The Feminine Mystique.* Libros como *In Cold Blood,* de Truman Capote, *The Silent Spring,* de Rachel Carson y *The Gutenberg Galaxy,* de Marshall McLuhan fueron característicos de este período.

La vida política y social no fue menos agitada, sacando del sopor conformista a una buena parte de la juventud norteamericana. El movimiento por los derechos civiles se inició de manera pacífica con Martin Luther King y Stokely Carmichael, continuando su radicalización con Malcolm X y el Partido Panteras Negras. Los hispanos, y especialmente los chicanos, se agruparon en sus reivindicaciones alrededor de César Chávez y de la United Farm Workers Association. Los indios norteamericanos también se incorporaron a las luchas reivindicativas, al igual que las mujeres, quienes lograron la legalización de las píldoras anticonceptivas y del aborto, en algunos estados. Desilusionados con las religiones occidentales tradicionales, muchos jóvenes se integraron a distintas corrientes religiosas orientales como el budismo o la meditación trascendental. El movimiento hippie unió, entre sus seguidores, a la música rock, la mística religiosa, la liberación sexual, el pacifismo y el consumo de drogas, teniendo uno de sus hitos principales en la celebración del Festival de Woodstock, que reunió durante tres días a cerca de medio millón de jóvenes.

La música fue uno de los símbolos más visibles de los cambios provocados por los 60. Elvis Presley, Jerry Lee Lewis, Paul Anka, The Supremes, Aretha Franklin, James Brown, Jimi Hendrix, Bob Dylan, Joan Baez y Janis Joplin, entre otros, unidos a The Beatles, Led Zeppelin y Rolling Stones, de Inglaterra, y grupos como Jefferson Airplane, Grateful Dead, The Doors y The Temptations conformaron un cambio de sensibilidad en la juventud, estimulando la rebeldía contra el sistema.

Todos estos ingredientes mezclados experimentaron una catalización a partir de la escalada que sufrió en esta década la guerra de Vietnam, las invasiones e intervenciones norteamericanas en República Dominicana, el Congo y Bolivia, la invasión de Playa Girón, la Crisis de los Misiles, el asesinato del Che Guevara, los disturbios del 68 francés, la lucha por la liberación de Argelia, y el auge de los movimientos de liberación en América Latina y África.

La contracultura de los 60 brindó una plataforma de encuentro a millones de jóvenes del mundo que, aunque precaria y ambigua, ostentaba rasgos comunes, independientemente de que en cada país se mezclaba con otras influencias locales. Entre estos rasgos cabe destacar el rechazo a todas las autoridades precedentes, en primer lugar, a la autoridad familiar y por extensión, a la gubernamental en todas su manifestaciones; el rechazo a la violencia institucional y social, y por extensión, la denuncia de las guerras, en primer lugar, de la guerra de los Estados Unidos en Vietnam; el rechazo a las exclusiones por razones de clase social, raza, género, religión o ideología, resultando una filosofía ecléctica por momentos contradictoria, abierta a cualquier influencia ideológica o filosófica y, en consecuencia, fácil de neutralizar por el sistema; un estilo de vida anarquista, iconoclasta, liberal en extremo, en abierta contradicción con los valores tradicionales, sobre todo, con los preceptos de la moral burguesa; una crítica radical a la herencia cultural, a la historiografía, la pedagogía, la literatura y las artes precedentes, estimulándose la relectura del pasado desde la más completa desconfianza hacia el sistema capitalista y sus instituciones; la prédica de la igualdad y el estímulo a una vida comunal, alejada de los elementos de poder y control del sistema capitalista, entre ellos, el dinero; la más completa libertad en materia de creencias religiosas, incluso, la mezcla sincrética de todas las religiones, priorizando aquellas que propiciaban la meditación, la introspección, una nueva espiritualidad en comunión con los demás hombres y la naturaleza y el rechazo a las formas exteriores de culto apreciables en las grandes religiones universales.

La expresión ideológica más decantada que surgió de esta mezcla abigarrada de influencias y aspiraciones fue el movimiento conocido como Nueva Izquierda. Grupos como Students for a Democratic Society (SDS) animaron los debates ideológicos de entonces, propiciando la toma de partido ante las injusticias sociales y las desigualdades, los crímenes y la represión del sistema, el movimiento por los derechos civiles y la guerra de Vietnam. Con su amplia experiencia en la lucha contra todo movimiento disidente, en primer lugar, dentro de su propio país, y contando con los mecanismos represivos de la Guerra Fría y el McCarthismo, el sistema desplegó un inmenso arsenal de medidas para preservar a toda costa su dominio, desde la penetración de esos movimientos y el descrédito de sus líderes, la exacerbación de las contradicciones entre las diferentes tendencias y grupos, hasta la abierta represión sangrienta, como la que tuvo lugar en la Universidad de Kent, Ohio, ante las protestas de los estudiantes por la orden de reclutamiento obligatorio emitida por el presidente Nixon para efectuar la invasión a Cambodia, la que costó la vida a varios de los manifestantes.

Las indicaciones enviadas por Edgar Hoover, jefe del FBI, a uno de sus subordinados a cargo del Programa de Contrainteligencia conocido como COINTELPRO, dedicado a combatir a la Nueva Izquierda, es una buen prueba de cómo funcionaba la represión en esa época. Fechada en Albany, el 5 de julio de 1968, las indicaciones estimulaban a los agentes del FBI a utilizar de manera "creativa y entusiasta" todo el arsenal legal e ilegal de que se disponía:

> Utilizar la propaganda que permita demostrar que el SDS y otros grupos minoritarios no representan los intereses de la mayoría de los estudiantes universitarios [...]. Instigar conflictos personales entre los líderes de la Nueva Izquierda [...]. Crear la impresión de que ciertos líderes de la NI son informantes del FBI y otras agencias federales [...]. Usar artículos de periódicos estudiantiles y de la prensa "underground" para mostrar la depravación de los líderes y seguidores de la NI, su propensión a los

narcóticos y el sexo libre […]. Alertar a las autoridades locales para que arresten a los líderes y seguidores de la NI, siempre que sea posible, bajo cargos relacionados con la posesión y uso de narcóticos […]. Enviar anónimos a familiares, vecinos y empleadores de los padres de los líderes de la NI bajo la firma de "estudiantes preocupados" o "contribuyentes preocupados", para obligarlos a tomar medidas […]. Estimular la animosidad existente entre el SDS y otros grupos de la NI con los representantes de grupos y partidos de la izquierda tradicional, como el SWP (Socialist Workers Party), la YSA (Young Socialist Alliance) y el PLD (Progressive Labour Party) […]. Utilizar las caricaturas, las fotografías y las cartas anónimas para ridiculizar a la NI […].[23]

Las posturas radicales en los 60, si bien estremecieron al sistema hasta los cimientos y provocaron un cambio de signo en la orientación ideológica de los *campus* universitarios norteamericanos y europeos, en la labor editorial y literaria, en la producción cinematográfica, las artes plásticas y la música, activando a los intelectuales hasta alcanzar posiciones contestatarias e incluso, militantes, no logró concretarse en el fervor, la entrega, ni el consenso alrededor de cuestiones esenciales logrado en los ya míticos años anteriores a la Segunda Guerra Mundial. En ello pesó, decisivamente, la larga sombra de los errores y crímenes del estalinismo y la labor de zapa de los gobiernos burgueses, especialmente de los Estados Unidos durante los años de la Guerra Fría.

Contrariamente a lo que muchos piensan, los 60 vieron emerger no sólo actitudes de izquierda entre los intelectuales, estudiantes y académicos, sino también de derecha. Ello constituyó una diferencia esencial con los períodos precedentes, cuando era raro encontrar defensores conscientes del *statu quo* dentro del gremio de los trabajadores del pensamiento. Como apunta Paul Lyons en su ensayo "Another Sixties: The New Right" "[…] la generación de los 60 fue algo similar a un circo de dos pistas donde actuaban bajo los reflectores las elites de la Nueva Izquierda y la Nueva Derecha, mientras sus colegas generacionales, o sea, el resto de la nación, miraba el espectáculo desde las gradas […]".[24]

Es interesante constatar, y tiene importancia a los efectos de nuestro análisis, que a pesar de los aires renovadores de los 60, y conviviendo con sus exponentes de izquierda, quizás como reacción a su predominio y denotando alarma ante su avance, debutaban también algunos personajes que marcarán el ascenso de la derecha intelectual y política conservadora y neoconservadora norteamericana. Con razón Lyons comenta que "[…] Richard Cheney, al parecer, fue inmune a los desafíos de los 60, a pesar de hallarse en el epicentro de su erupción, en el *campus* de la Universidad de Wisconsin, en Madison. Cheney y Eliot Abrams jamás sintieron ninguna atracción por la Nación de Woodstock […]".[25]

Entre los "disidentes" de la derecha norteamericana de los 60 se encuentra el escritor James Webb, comandante de una unidad de Infantería de Marina en la guerra de Vietnam, y autor de una novela apologética de aquella agresión imperialista como lo fue *Fields of Fire.* Junto a él se hallaba un personaje como Eliot Abrams, que había crecido en un ambiente judío liberal de New York y educado en el progresista colegio de Elizabeth Irving High School, donde se habían graduado antes personajes liberales y críticos del sistema de la talla de Adlai Stevenson y Jack Kerouac. Su autocontrol e interés hacia cuestiones monetarias lo hicieron inmune a la influencia rebelde de la época, manteniéndose hasta el presente, según uno de sus amigos, en permanente confrontación con los 60, aún indignado ante la imagen de los militantes de la Nueva Izquierda y las revueltas en los *campus*.[26]

El panorama de una década caracterizada por todo tipo de revueltas y revoluciones que amenazaron la estabilidad del mundo aparentemente apacible de la burguesía; que reverdeció, aunque de manera epidérmica, contradictoria, y también efímera, en algunos casos, el compromiso de los intelectuales con su época; que puso en entredicho los valores que afirmaba sustentar el Occidente capitalista e intentó hallar bajo sus ruinas otra sociedad más igualitaria y pacífica, sin plantearse expresamente la opción socialista, en la que desconfiaba; en la que muchos intelectuales se sintieron obligados a pronunciarse y a incorporarse a las manifestaciones contra la guerra, la represión, la censura y la falta de libertades, espantó a los defensores del sistema, que no escatimaron recursos para restablecer el orden y conjurar los peligros internos, mucho más apremiantes que los procedentes del exterior.

Sobre ello un espantado Irving Kristol escribía en 1970:

> Es la ausencia de valores donde reside la auténtica crisis urbana de nuestra democracia […]. El desafío [mayor] a nuestra democracia radica

en la necesidad de desarrollar un conjunto de valores y una concepción propia que pueda funcionar como equivalente de la moral republicana de ayer [...]. O dicho en las palabras inmortales de Pogo: "He visto al enemigo, y se halla entre nosotros [...]".[26]

REFERENCIAS

1. Font, Lourdes. En: http://www.cnn.com/special/cold.war

2. Petras, James. "The CIA and the Cultural Cold War Revisited". *Monthly Review* 51(6); Nov. 1999.

3. Ídem.

4. Stonors Saunders, Frances. *La CIA y la Guerra Fría Cultural*. Barcelona: Editorial Debate, 2003. p. 156.

5. Petras, J. *Op. cit.* (2).

6. Werner, Michael. "Origins of the Congress for Cultural Freedom".
    Cit. por Stonor Saunders, F. *Op. cit.* (14). p. 97.
    Ver también: *Studies in Intelligence* 38(5); Summer 1995.

7. Neufville, Robert de. Spies with Poems.
    En: http://www.washigntonmonthly.com/books/2000/0005.deneufville.html
    Ver también: *Washington Monthly*. Mayo 2000.

8. Ídem.

9. Braden, Tom. I'm Glad the CIA is Immoral. En: Stonor Saunders, F. *Op. cit.* (4). p. 141.
    Ver también: *Saturday Evening Post.* 20 mayo 1967.

10. Ídem, p. 147.

11. Petras, J. *Op. cit.* (2).

12. Brightman, Carol. Entrevista al *New York Times*. Junio 1994.
    En: Stonor Saunders, F. *Op. cit.* (4). p. 132.

13. Stonor Saunders, F. *Op. cit.* (4). p. 119.

14. Ídem.

15. Koestler, Arthur. "Manifiesto por la libertad". En: Ídem, p. 124.

16. Boneau, Denis. Cuando la CIA financiaba a los intelectuales europeos.
    En: http://www.redvoltaire.nrt/article6492.html

17. Ídem.

18. Kristol, Irving. *Neoconservatism: Selected Essays 1949-1995.* New York: Free Press,
    1995. p. 478.

19. Ídem.

20. Ídem, p. 479.

21. Boneau, D. *Op. cit.* (16).

22. Ídem.

23. Carta de Edgar Hoover a jefes de agentes especiales del FBI en Albano.
    5 jul. 1968. En: http://www.hippy.com/php/article.91htm

24. Lyons, Paul. Another Sixties: the New Right. Part 1.
    En: http://lists.village.virginia.edu/sixties/html_docs/texts/scholarly...

25. Ídem.

26. Kristol, Irving. "Urban Civilization and Its Discontents". En: *Neoconservatism: the
    Autobiography of an Idea.* New York: The Free Press, 1995. pp. 342-343.

CAPÍTULO 9

DE LA NUEVA IZQUIERDA A LOS NEOCONSERVADORES

Según un escritor norteamericano, diez fueron los eventos iniciados en los años 60 que influyeron de manera decisiva en las décadas sucesivas, marcando de una u otra forma a las actitudes de los hombres del planeta, incluyendo, por supuesto, a los intelectuales: [1]

1) La derrota de los Estados Unidos en la guerra de Vietnam y el fin de su hegemonía mundial.

2) El aumento de la riqueza del Medio Oriente, a partir de la creación de la OPEC.

3) El incremento del poder de Japón y Alemania.

4) El renacer de las principales religiones universales.

5) La renuncia de Nixon.

6) La aprobación de la legislación sobre derechos civiles.

7) La revolución sexual de los 60.

8) COINTELPRO [programa de contrainsurgencia aplicado en el interior de los Estados Unidos].

9) La decadencia de los sindicatos.

10) El cambio de liderazgo en los partidos Demócrata y Republicano.

A esta lista, por supuesto, pueden agregarse otros sucesos que no aparecen aquí recogidos, pero lo más importante es constatar que al terminar la turbulenta década de los 60, la humanidad había cambiado sensiblemente, mucho más de lo que se pensaba entonces, y a la vez, mucho menos de lo debido. Así lo ha sentenciado Paul Lyons:

> Aunque hay aspectos criticables en los 60, el dilema de la Nueva Derecha radica en que muchos de los elementos que hoy fundamentan su preocupación por los derechos civiles, a lo Dan Quayle, y que son generalmente aceptados, formaron parte de la agenda de la Nueva Izquierda, como la igualdad de todos ante la ley, la inclusión de los históricamente excluidos como los afroamericanos, latinos, indios, mujeres, discapacitados, homosexuales y ancianos; la oposición a la carnicería sin sentido en Indochina, la sensibilidad ante el medio ambiente y los problemas vinculados a la salud, etc. [...]. Mucho de lo que hoy se reputa como normal, lo "políticamente correcto" [...] proviene de la Nueva Izquierda.[2]

En efecto, los 60 marcaron la sensibilidad de las generaciones posteriores y del propio debate intelectual, tanto en sus aportes progresistas, como los señalados por Paul Lyons, y también en la confusión, la impotencia, el desaliento, el sentido de derrota, la asimilación al sistema, la renuncia a la lucha y al compromiso que dominó aquellos sectores burgueses y pequeño-burgueses que se habían incorporado a la marea de los cambios que marcaron esa década, no por conciencia, sino por inercia o snobismo.

Un ejemplo elocuente de semejante transfiguración y decadencia, que marcaría buena parte del itinerario de los intelectuales actuantes en el período que va desde los albores de la década de los 70 del siglo XX, hasta los primeros años del XXI, y que tan radicalmente se diferencia de la atmósfera reinante en los Congresos de París y Valencia, se sintetiza en el destino histórico de los principales animadores del Mayo francés de 1968.

El 22 de marzo de 1968, ocho estudiantes de Nanterre, entre los que se encontraba Daniel Cohn-Bendit, activista anarquista del grupo Noir et Rouge, protestaron por el arresto de algunos miembros del Comité Nacional de Vietnam. A partir de esta acción, se desató una secuencia de mítines estudiantiles y medidas represivas de la policía gaullista que fueron escalando hasta llegar al viernes 3 de mayo. Ese día, en un mitin convocado en la Sorbona, se produjeron detenciones y la convocatoria a la huelga de la Unión Nacional de Estudiantes y el Sindicato de Profesores. El lunes 6 comenzaron los choques entre la policía y los huelguistas del que resultaron más de 400 arrestados y 345 gendarmes heridos. El viernes 10 la policía tomó la Universidad de Nanterre y más de 30 000 estudiantes marcharon hacia la Sorbona, levantando barricadas y concitando la solidaridad de la población. Por la brutalidad policial resultaron 460 arrestados y 367 heridos. El lunes 13 se convocó a una huelga general y los sindicatos organizaron una marcha sobre París que reunió a más de 200 000 personas. Ante la retirada de las fuerzas del orden, los estudiantes ocuparon la Sorbona, colgaron banderas rojas y negras, retratos de Marx, Lenin, Mao, Trotsky, Fidel y el Che, junto a consignas tales como "Todo el poder a la imaginación" y "Prohibido prohibir", entre otras.

La ocupación de la Sorbona y de otras instituciones educacionales provocó una reacción en cadena. Los paros y ocupaciones de fábricas se suceden por todo el país. Nantes es ocupada durante toda una semana por los trabajadores. El viernes 24 de mayo 30 000 personas marchan sobre el Palacio de la Bastilla, y terminan incendiando la Bolsa. Unas declaraciones de Cohn-Bendit lo obligan a exiliarse en Alemania. De Gaulle promete aumentos salariales, la convocatoria a un referéndum y elecciones anticipadas. Para el miércoles 5 de junio la mayoría de las huelgas han terminado y el resto son aplastadas por la fuerza. A fines de junio las manifestaciones callejeras son prohibidas. En las elecciones, De Gaulle ganó el 60% de los votos.

Muchos de los líderes de aquel movimiento, lejos de sacar las debidas lecciones del fracaso, terminaron desertando y asimilándose al mismo sistema político que antes juraron transformar. El Partido Comunista francés había alertado que muchos de aquellos activistas eran "[...] hijos de la gran burguesía, despectivos hacia los estudiantes de origen obrero, que se cansarían pronto de protestar para heredar los negocios de papá [...]".[3] Cohn-Bendit, por ejemplo, expulsado a Alemania, abandonó la actividad política, rompió en 1981 con el anarquismo, publicó en 1986 el libro *Nos gustó tanto la revolución,* que marca el fin de su adhesión revolucionaria, se incorporó al Partido de los Verdes, y es electo en el 2004 al Parlamento europeo, defendiendo el federalismo. Benny Levy, líder maoísta, conocido entonces como Pierre Victor, se convirtió en 1974 en secretario particular de

Sartre y terminó, a la muerte de este, dedicándose a la teología y el talmud, actuando como un judío ortodoxo e instalándose en Jerusalén en 1995 hasta su fallecimiento, ocurrido en octubre de 2003, poco antes de escribir su obra póstuma, *Ser judío.*

Entre las consecuencias del 68 se cuentan el alejamiento de la lucha revolucionaria de la mayoría de los partidos comunistas europeos, dando lugar al eurocomunismo; la creación de una Nueva Izquierda que intentó mantenerse equidistante tanto del capitalismo como del socialismo; el aumento del recelo hacia los partidos comunistas y obreros; la ruptura de las tradicionales jerarquías políticas y sindicales dentro de la izquierda; la pérdida, en fin, del sentido de la lucha, sustituyéndose así por un reconocimiento tácito de la imposibilidad de transformar radicalmente la sociedad capitalista. Estos resultados explican mejor el sentido de algunos eslóganes del Mayo francés, tales como "Haz el favor de dejar al Partido Comunista tan limpio al salir de él como te gustaría encontrarlo entrando en él".[4]

Lejos de incentivar la aparición o el retorno del intelectual militante, el Mayo francés provocó una reacción contraria como se evidencia en las siguientes palabras sobre Sartre de Benny Levy:

> Sartre llamaba intelectual propiamente a la persona que, a partir de las contradicciones de su propia *praxis,* intenta encontrase con lo universal y no está maniatado por nadie [...]. En los años sesenta distinguía entre el intelectual clásico y el que tenía un estatuto popular [...]. No hay intelectuales; existen algunos signos, pero todos son ambiguos, como si tuvieran el lastre de la anterior diferencia.[5]

La involución política de los líderes intelectuales del Mayo francés contrasta con la resistencia y fidelidad a sus ideas de otros protagonistas de entonces. Ciertas luces y sombras se perciben al compararla con la actitud de luchadores más humildes, incluso menos ilustrados. En 1978, por ejemplo, un colectivo de obreros catalanes ocupa la fábrica Numax, de Barcelona tras varias crisis laborales, manteniéndose al frente de ella hasta dos años después. El realizador Jordi Jordá filmó por aquellos días el documental *Numax presenta...,* donde se mostraba "[...] el sueño de un colectivo de izquierdas que soñaba con cambiar el mundo".[6] Transcurridos 25 años, Jordá reunió a los obreros de entonces y rodó un nuevo documental titulado *Veinte años no es nada* para verificar "[…] lo que ha sido su vida […] y lo que queda de aquellas ansias de libertad y sueños revolucionarios […]".[7] Las respuestas que recibió fueron muy diferentes a las que hubiesen dado pensadores brillantes, al estilo de Cohn-Bendit o Levy, o mejor aún, las actitudes ante la vida de aquellos luchadores humildes han sido muy diferentes a las de aquellos líderes "revolucionarios" tan famosos en 1968. Según el periodista que reseñó el estreno del documental:

> Más emocionante aún que el reencuentro mismo de los personajes, es comprobar hasta qué punto permanece entre ellos un cariño de hermanos, el orgullo de haber vivido una experiencia única que les marcó para siempre, y hasta una cierta rebeldía […], emociona comprobar que, en la mayoría, pervive un espíritu independiente, combativo y progresista, aunque les decepcione el sistema político y sindical actual. Siguen hablando claro, siendo críticos y, aunque realistas y algo escépticos, siguen manteniendo esperanza en un mundo mejor desde la óptica humanista y progresista.
>
> Y gratifica poder escuchar en sus bocas palabras y conceptos tan en desuso hoy como justicia social, solidaridad e idealismo.[8]

Aun cuando los 60 no lograron revolucionar el sistema, sí alertaron a sus defensores de que tal peligro existía, y que se hacía impostergable completar el proceso de adocenamiento y domesticación de los intelectuales y de todos los enemigos, reales o potenciales, que se había iniciado durante los años de la Guerra Fría.

Los 70 marcaron una paulatina recuperación de la iniciativa de las fuerzas conservadoras, y permitieron un respiro a sus representantes en el mundo académico e intelectual, tan vapuleados en la anterior década. Los actuales exponentes del neoconservatismo norteamericano, por ejemplo, reconocen que por esos años se vertebró ese movimiento que de manera más acabada ha logrado construir una relación de los intelectuales con su tiempo radicalmente opuesta a la manera en que tal compromiso había sido entendido y practicado hasta entonces. Sin duda, como señala Paul Lyons, "[…] la reacción a la rebelión de los 60, generó la revolución reaganista de los 80",[9] pero el período de tránsito para semejante cambio o involución se ubicó en los 70.

Jeane Kirkpatrick, una de sus más destacadas representantes, expresó: "[...] el neoconservatismo surgió como reacción a la contracultura que dominó el panorama político norteamericano a través de los 60 y los 70".[10]

En la década de los 70, de manera lenta, casi imperceptible, los intelectuales neoconservadores norteamericanos, al estilo de Irving Kristol, Daniel Bell, Lionel Trilling, Irving Howe, Nathan Glazer y Norman Podhoretz, comenzaron a organizar las ideas y la práctica de una concepción contrarrevolucionaria que unía ciertos valores y tácticas del liberalismo tradicional, incluso, de las aportadas por los movimientos contraculturales de los 60, con las misiones estratégicas de la más rancia reacción conservadora. Para lograrlo, en tanto movimiento surgido en el seno de ciertos círculos intelectuales, los neocons partieron de plantear una nueva relación de los intelectuales con su tiempo.

Para entender cómo esto fue posible, debemos remontarnos a los años 30, a New York, metrópoli cosmopolita, bien alejada de los aires revolucionarios que soplaban sobre la intelectualidad europea de la época.

Provenientes de familias judías de New York, miembros o simpatizantes de organizaciones sindicales radicales y del Partido Socialista, algunos de ellos, miembros a su vez de la Young´s People Socialist League, como fue el caso de Bell y Howe, el grupo de intelectuales que daría origen al movimiento neoconservador, se caracterizó por su tránsito orgánico (y organizado) desde posiciones de izquierda, a otras de defensa del capitalismo, en la misma medida que avanzaba el siglo XX. Escritores brillantes, de un estilo literario decantado y una cultura enciclopédica, entraron al ruedo de las discusiones políticas de su época blandiendo las coartadas ideológicas que los errores del movimiento comunista norteamericano y mundial les brindaron y, a la vez, de manera sumamente extraña, ignorando las razones que para actuar y pensar de manera contraria les brindaba la realidad del capitalismo circundante.

Cuando en 1935, coincidiendo con el Congreso de París y el avance arrollador del fascismo en Europa, Stalin declara que ha llegado la era de los Frentes Populares, el Partido Comunista norteamericano abandona sus anteriores posiciones revolucionarias y termina apoyando la política reformista del New Deal propugnado por el presidente Roosevelt. Organizaciones dependientes del partido, como la League Against War and Fascism y la League of American Writers alcanzaron una gran popularidad, pero situaron también sobre la palestra la cuestión de la influencia secreta del comunismo en los Estados Unidos. La controversia intelectual generada a su alrededor, incentivada por las fuerzas y la prensa reaccionarias, sembró la desconfianza sobre la buena fe de un partido que actuaba de tal manera, obviando que sólo así este podía burlar la represión de la reacción. A partir de 1936, con el inicio de los procesos de Moscú y las purgas estalinistas, este deterioro se acrecentó, llegando al clímax, muy bien utilizado por el enemigo, en 1939, cuando se firmó el Pacto de No Agresión entre Stalin y Hitler y cae la República española.

A finales de los 30 y principios de los 40, una parte de estos intelectuales neoyorkinos se encontraban estudiando o graduándose en el City College de Harlem, considerado por ellos mismos como "una especie de Harvard proletario". Se reunían regularmente para discutir todos los temas de actualidad, comenzaron a identificarse por su anti-estalinismo militante, moviéndose luego en la órbita de la revista *Partisan Review,* fundada por Phillip Rahv y William Phillip en 1934, originalmente como iniciativa del Partido Comunista, para unir "[...] el marxismo radical con la sensibilidad literaria moderna".[11] A partir de 1937, con la ruptura de sus editores con el Partido, la revista comienza una vida independiente.

El círculo de *Partisan Review,* después de 1937, aunque distanciado del Partido Comunista y en camino de enfrentarlo, mantuvo algunos rasgos intelectuales aprendidos en la escuela marxista, como, por ejemplo, "[...] un sentido de compromiso intelectual [con los problemas de su tiempo], que llegó a ser la marca distintiva del grupo [...] y la conciencia de la necesidad de cambiar el mundo, no sólo de explicarlo",[12] según la conocida Tesis 11 de Marx sobre Feuerbach, pero en este caso, esta actitud revolucionaria ostentaría signo conservador.

En los años 40, el grupo continuó moviéndose en círculos literarios y filosóficos de variados matices ideológicos como el de la revista intelectual judía *Commentary,* entre cuyos editores estuvieron Kristol y Glazer, o *New Leader,* cuyo editor principal llegó a ser Bell. Elocuentemente, en palabras de este, "[...] lo que realmente nos animaba y nos dominaba era la sed de cultura",[13] o dicho de otra manera, la literaturización de la política, proceso pensado, a la vez, como despolitización de la literatura, que tendría su apoteosis muchos años después. De entonces data el inicio de una maniobra estratégica destinada a refrenar, primero, y revertir, después, la sed intelectual y el imperativo moral que habían condicionado y respaldado las actitudes comprometidas con su tiempo de artistas y pensadores.

Tras la Segunda Guerra Mundial se abrieron las puertas para que miembros de este grupo comenzaran a enseñar en diversas universidades norteamericanas. Lionel Trilling fue el primer judío en ser admitido como profesor de inglés en la Columbia University, Bell y Glazer comenzaron como docentes en la Universidad de Chicago, y Howe, en la recién creada Universidad de Brandeis. Se iniciaba así un acelerado proceso de asimilación a la sociedad norteamericana, bien recompensado, de estos antiguos intelectuales rebeldes, el cual se complementó con la autoconciencia de su origen judío, con toda la carga conservadora que esto implicaba.

El grupo empezó a ser conocido, combatido o respetado en círculos intelectuales cada vez más amplios. Ellos fueron, según Howe

> [...] los primeros exponentes de un intelectual de nuevo tipo, la primera *intelligentsia* norteamericana [léase, de tipo reaccionario y conservador, tras el paso de una generación de intelectuales revolucionarios]: un grupo de intelectuales surgidos de la clase obrera, cuyas obras se caracterizaban por las preocupaciones políticas. Eran mitad luchadores callejeros, mitad investigadores, y su estilo reflejaba también ese carácter mixto: una mezcla de sentido común de la calle, con sofisticación intelectual.[14]

No debe extrañar a nadie que en medio de semejante proceso, por un lado espontáneo y casual, por el otro, premeditado y dirigido, este grupo, que ya para los 50 ostentaba una influencia real sobre el panorama cultural del país, haya continuado profundizando su anti-estalinismo, pasando en los años de la Guerra Fría, con el apoyo jubiloso y generoso de la CIA, a ocupar la primera línea de combate contra el comunismo y el marxismo.

Bajo la influencia del teólogo protestante y activista político conservador Reinhold Neihbur, al que se atribuye, desde 1926, una "Oración de la Serenidad" escrita para perpetuar el orden reinante, por toda la eternidad, ("Dios, concédeme la Serenidad para aceptar las cosas que yo no puedo cambiar, la Valentía para cambiar aquellas cosas que puedo, y la Sabiduría para reconocer la diferencia...", e influenciados por la obra de Annah Arendt *Los orígenes del totalitarismo*, donde se vinculaba al fascismo de Hitler y al gobierno soviético como a fenómenos del mismo tipo, los intelectuales de New York comenzaron a defender la concepción de que la naturaleza pecadora original del hombre deja sin efecto todas las empresas que este acometa para la transformación revolucionaria de sus circunstancias, condenando al fracaso sus planes utópicos de redención, como era el caso del comunismo. La conclusión a la cual arribaban no podía ser diferente: en el mejor espíritu de la astuta sabiduría clasista de Neibuhr, llamaban a la reconciliación, de manera pragmática, ¡qué extraordinaria casualidad! con el modelo capitalista encarnado en la sociedad norteamericana.

La parábola ejecutada por estos pensadores, tempranamente descubiertos y promovidos por el sistema, llegaba, en este punto, a la formulación exacta de lo que sería desde entonces su más poderosa guía para la acción y el norte de sus ideas, la coartada perfecta para su defensa, y la justificación más brillante de su involución política: "Sentían que la defensa de los valores culturales y políticos de los Estados Unidos era consustancial y esencial para asegurar la libertad [y el éxito] de cualquier empresa intelectual".[15]

Activamente relacionados con la CIA e identificados con el sistema, los años de la Guerra Fría exigieron de ellos desarrollar una labor proselitista de primera magnitud con la eficacia y la pasión tradicionales en los conversos. Bell, Kristol y Glazer fueron activistas principales del American Comitteé for Cultural Freedom, que formaba parte del Congreso por la Libertad Cultural, como hemos visto, el frente cultural principal de la CIA durante aquellos años; Kristol incluso llegó a dirigir en Londres, la revista *Encounter,* su vocero. Los tres jugaron un papel especial en la campaña de apoyo a la cruzada anticomunista y la cacería de brujas dirigida entonces por el senador McCarthy.

Cuando el 11 de septiembre de 1960 se reúnen en Sharon, estado de Connecticut, tierra natal de William Buckley, cerca de 90 jóvenes conservadores, para aprobar la "Declaración de Sharon", compendio de los principios que enarbolaban los más reaccionarios y despavoridos defensores del sistema ante los aires de renovación que corrían, se iniciaba un período de confrontación ideológica el cual daría lugar a la convocatoria, entre el 11 y el 15 de junio de 1962, de la Convención Nacional de Students for a Democratic Society (SDS), en Port Hurón, Michigan, a la aprobación de la "Declaración de Port Hurón", y al debut de lo que se conocería como la Nueva Izquierda.

Mientras los miembros reaccionarios de Young Americans for Freedom (YAF) declaraban en Sharon:

> Que la libertad es indivisible, y que la libertad política no existe sin liber-
> tad económica;
>
> [...]
>
> Que cuando el gobierno interfiere en el accionar de la economía de
> mercado reduce la fortaleza moral y física de la nación [...];
>
> [...]
>
> Que las fuerzas del Comunismo constituyen la principal amenaza
> contra las libertades [que gozan los ciudadanos norteamericanos];
>
> Que el país debe buscar la victoria sobre esa amenaza, antes que con-
> vivir con ella [...][16]

Los miembros de la Nueva Izquierda, agrupados en el SDS, declaraban en Port Hurón que:

> La nueva izquierda norteamericana deberá ser, en gran medida, una
> izquierda con formación intelectual, preocupada, antes que deliberativa,
> honesta y reflexiva. Las universidades permiten unir la vida académica y
> la acción política [...].
>
> La nueva izquierda debe extender su labor social por todo el país.
>
> [...]
>
> La nueva izquierda une a liberales y socialistas, con el objetivo de
> llevar adelante reformas en el sistema, siendo las universidades más
> adecuadas a estos fines que los partidos tradicionales [...].[17]

Y se añade que "[...] la alianza de los estudiantes con los profesores [...] permitirá, de manera conciente, sentar las bases para el asalto al poder".[18]

Entre ambos fuegos, el ya para entonces maduro grupo de Intelectuales de New York se alineó junto a quienes, aunque de manera minoritaria, defendían el *statu quo* enfilando todos sus ataques contra la Nueva Izquierda y combatiéndola desde las cátedras que ya ocupaban: Bell, en Columbia University, Nathan Glazer en Berkeley, y Howe, en el Hunter College, de New York. Para entonces publicarían obras cardinales para seguir la evolución futura del desmontaje ideológico de cualquier intento verdaderamente revolucionario que tuviese entre sus animadores a los intelectuales.

Una somera revisión de la bibliografía perteneciente a los autores de este grupo, durante las décadas de los 60 a los 80, muestra que sus principales "aportes" teóricos, la "fundamentación" de la imposibilidad de transformar el sistema capitalista, la "descaracterización" de todas las teorías y figuras históricas que lo han intentado y, en primer lugar, las vinculadas con el marxismo, datan de esta época, y coinciden cronológicamente, con el ascenso del movimiento neoconservador y la llegada de Ronald Reagan al poder. Vale la pena citar, entre ellas:[19]

- Daniel Bell: *The Cultural Contradictions of Capitalism* (New York, Basic Books, 1976), *The End of Ideology: on the Exhaustion of Political Ideas in the Fifties* (Cambridge, Harvard University Press, 1960), *The Winding Passage, Essays and Sociological Journey 1960-1980* (Cambridge, Abt Books, 1980), *The Radical Right. The New American Right Expanded and Updated* (Garden City, NY., Doubleday, 1964).
- Irving Howe: *A Margin of Hope* (New York, Harcourt, Brace and Jovanovich, 1982), *World of Our Fathers, The Journey of the East European Jews to America and the Life they Found and Made* (New York, Simon and Schuster, 1976), *Socialism in America* (New York, Harcourt, Brace and Jovanovich, 1985).
- Sidney Hook: *Out of Step, An Unquiet Life in the 20th Century* (New York, Carroll and Graf, 1987).
- Irving Kristol: *Reflections of a Neoconservative, Looking Back, Looking Ahead* (New York, Basic Books, 1984).
- Lionel Trilling: *The Middle of the Journey* (New York, Harcourt, Brace and Jovanovich, 1975).

A manera de ilustración, tomemos el caso de Daniel Bell, quien pasó de una activa militancia socialista a la defensa de las posiciones capitalistas desde las filas neoconservadoras.

Entre 1961 y 1974 escribió una serie de ensayos acerca de los problemas culturales de su tiempo, espantado ante la desintegración de la cultura y la sociedad burguesa tradicional, los cuales serían recogidos en el libro *Las contradicciones culturales del capitalismo,* publicado por Basic Books Inc, de New York, en 1976. Una exploración de las causas del surgimiento de la contracultura de los 60 y las posibles vías para superar lo que se consideraba como un extravío momentáneo de la cultura occidental, constituyeron las misiones que se trazó Bell, quien escribió: "Lo que existe hoy es una radical disyunción de la cultura y la estructura social, y tal disyunción ha preparado el camino para revoluciones sociales más directas".[20]

La clara percepción de los peligros que amenazaban al capitalismo, más allá de la acción directa de artistas e intelectuales rebeldes, explicaba el denodado interés y la expresa voluntad de los neoconservadores de revertir la situación mediante una permanente campaña de ideas contrarias al rumbo seguido por los acontecimientos en los 60. La frontera, el límite a imponer a la contracultura filo-revolucionaria para salvar de su desaparición a "la sociedad liberal", eufemismo usado para no llamar por su nombre a la sociedad capitalista, fue definida por Bell, siguiendo el discurrir de Kristol y Podhoretz, como resultante de tres medidas de obligatoria aplicación:

> [...] la reafirmación de nuestro pasado, pues sólo si conocemos la herencia del pasado podemos adquirir conciencia de la obligación con nuestra posteridad; el reconocimiento de los límites de los recursos y la prioridad de las *necesidades,* individuales y sociales, sobre los apetitos y deseos ilimitados; y el acuerdo sobre una concepción de la equidad que dé a todas las personas una sensación de justicia y de inclusión en la sociedad, y que promueva una situación en la cual, dentro de las esferas relevantes, las personas *lleguen a ser* iguales, de modo que puedan ser *tratadas* de igual manera.
>
> Esto sería una especie de pacto social [...].[21]

El programa reformista de Bell apuntaba a eliminar, de manera dirigida y consciente, las causas de la rebeldía cultural, por ser esta portadora de los gérmenes de crecientes rebeldías sociales. Precisamente, uno de los rasgos distintivos del movimiento neoconservador y una de las explicaciones de su éxito transitorio, radicó en la envoltura liberal con que disfrazó su contenido conservador. Sus representantes intelectuales acuñaron una manera de actuar y pensar destinada a revertir la participación de los intelectuales en la lucha por cambiar las injusticias del mundo.

Según Jeane Kirkpatrick:

> El aspecto central del movimiento antibelicista no fue tanto la oposición a la Guerra de Vietnam, como la oposición a los Estados Unidos. Su argumento no era tanto que la guerra fuese absurda o innecesaria, sino que los Estados Unidos era una nación inmoral, una sociedad enferma, culpable por su racismo, su materialismo, su imperialismo, y el asesinato de un pueblo tercermundista en Vietnam.
>
> Esta apasionada oposición fue un ataque frontal contra la legitimidad de la sociedad norteamericana. *Estoy convencida de que semejante ataque provocó el surgimiento de la postura opuesta, la de los neoconservadores.* Los neoconservadores no estaban alienados de la vida y de la sociedad.[22]

En efecto, la razón esencial que justificó este movimiento fue la necesidad de defender y conservar el sistema, y estaba muy lejos de la de aquellos intelectuales que durante la mayor parte del siglo XX lucharon por transformarlo.

El propio Bell en su obra *The End of Ideology. On the Exhaustion of Political Ideas in the Fifties with the Resumption of History in the New Century*, publicada en 1960 (también editada en español por la Editorial Tecnos, de Madrid, en 1964; junto con *Las contradicciones culturales del capitalismo* figura entre las 100 libros más importantes publicados en los Estados Unidos durante el siglo XX), realiza un temprano estudio de la peligrosa decadencia en que se hallaban la ideología y la cultura capitalistas, su incapacidad para dar respuestas adecuadas a los retos de los nuevos tiempos, y la necesidad de avanzar hacia la reformulación de ambas. El análisis de algunos aspectos del índice de esta obra permite conocer el objeto de investigación seleccionado por el autor y los principios que condicionaron su acercamiento al tema:[23]

- Crítica a la sociedad norteamericana como sociedad de masas.
- La bancarrota de la familia capitalista.
- La reconsideración del poder de las elites.
- Los pronósticos para el futuro del capitalismo en los Estados Unidos, según Keynes, Schumpeter y Galbraith.
- Análisis del problema del carácter nacional.
- Análisis de la política y las "nuevas ansiedades", estudio de la "derecha radical" y las ideologías heredadas de los 50.

- El crimen como modo de vida americano.

  [...]

- El trabajo y quiénes están inconformes con sus resultados: el culto a la eficiencia en los Estados Unidos.
- Parte 3: El agotamiento de las utopías.
- El descalabro del socialismo en los Estados Unidos: las tensiones entre ética y política.

  [...]

- La pérdida de la inocencia en los años 30.
- La política de los 40.
- El disenso en los 50.

  [...]

- El fin de las ideologías en Occidente, un epílogo.

Es interesante constatar en esta obra de Bell, por ejemplo, las razones que, en su opinión, condicionaron la derrota de la visión del mundo promovida por los intelectuales norteamericanos en los años 30, la década de mayor compromiso y militancia de estos con las mejores causas de su país y el resto del mundo. En alguna medida, esta razón expuesta por Bell justificaría el desencuentro entre los intelectuales posteriores y esas mismas causas:

> A fin de cuentas, esta generación falló, no porque el impulso idealista [que la animaba] se haya agotado; probablemente, esa es la trayectoria inevitable de toda generación radical; no porque los sucesos posteriores no hayan dado la razón a sus predicciones [...]. Esta bien podría ser la última generación radical durante cierto tiempo, pues fue la primera [de ese origen] que accedió al poder y se corrompió.[24]

Intentando explicar cómo en los Estados Unidos, a diferencia de Europa, los intelectuales han tenido más "independencia" con respecto al comunismo y las ideas de izquierda, lo cual resultó decisivo en la conformación de las líneas esenciales de su evolución hasta las posiciones que luego serían conocidas como neoconservadoras, Bell apuntaba:

> Las razones sociológicas de estos comportamientos tan diferentes, son varias: los radicales norteamericanos no fueron directamente afectados

por el auge del fascismo europeo, por lo tanto, no tuvieron que emigrar como refugiados, y tuvieron más razones para dudar políticamente de la realidad de la URSS y del campo socialista [...]. En los Estados Unidos, el partido [comunista] nunca tuvo una decisiva influencia sobre los sindicatos, jamás existió una fuerza emocional capaz de retener a los intelectuales junto a sus posiciones, de tal manera que los intelectuales fueron seres libres, antes que funcionarios sujetos a una disciplina partidista, y pudieron, por tanto, ser más "irresponsables" en sus discusiones [...]. La libertad espiritual de esta antigua intelectualidad de la izquierda norteamericana de los 40 y los 50 condicionó una tendencia política, en cuya base se encontraba la postura anti-ideológica, caracterizada por el escepticismo hacia los postulados racionalistas del socialismo, aquellos que definían la eliminación de las bases económicas de la explotación como condición suficiente para la solución de los problemas sociales. La extensión de esta posición anti-racionalista es la fuente de la popularidad de la escuela freudiana y de la teología neo-ortodoxa de Niebuhr y Tillich [...]. Pero sobre todo, los intelectuales norteamericanos [de izquierda] descubrieron nuevas virtudes en los Estados Unidos por su pluralismo, aceptando el Estado de Bienestar, la expansión de la educación, y las posibilidades de empleo para los trabajadores intelectuales. Finalmente, en los años de la Guerra Fría aceptaron el hecho de que la Rusia Soviética era y es la principal amenaza para la libertad mundial [...]. Al nivel académico, esta reevaluación provocó el cuestionamiento de las bases populares del radicalismo norteamericano [...].[25]

En sus "Conclusiones", Bell pronosticaba cómo sería el futuro del mundo que se adentraba en una nueva década, la de los años 60, y cómo debía ser el papel de los intelectuales en él:

> En Occidente al finalizar los 50 [...] entre los intelectuales, las viejas pasiones están agotadas. La nueva generación, con insuficiente memoria de los viejos debates y sin una tradición sobre la cual levantarse, se encuentra buscando nuevos derroteros, dentro de una estructura política que, intelectualmente hablando, ha rechazado las viejas visiones apocalípticas.
>
> [...]

La cultura norteamericana ha aceptado a las vanguardias, sobre todo, en las artes, mientras el viejo orden académico ha sido barrido. La ironía de esta situación, no obstante, radica en que quienes buscan una "causa" para luchar entienden que los obreros, considerados, tradicionalmente, como la fuerza motriz de los cambios sociales, se sienten más satisfechos con nuestra sociedad, que los propios intelectuales.

[...]

El fin de las ideologías no significa, y no debe significar, el fin de las utopías, sólo que las nuevas discusiones sobre ellas deberán tener conciencia sobre las trampas de las ideologías.

[...]

Las "Nuevas Izquierdas" tienen pasión y energía, pero escasa claridad acerca de su futuro [...]. Deberán cuestionar qué entienden por socialismo, cómo defenderse de la burocratización, qué entender por planificación y control de los trabajadores [...].

Las utopías se depreciarán si los mismos que hoy claman por nuevas utopías comienzan a justificar ideas degradadas en nombre de las utopías o de objetivos revolucionarios, olvidando lecciones muy simples, pues si bien los viejos debates han pasado, no ha ocurrido así con sus conclusiones, que continúan vigentes, como vigentes están la libertad de expresión, de prensa, el derecho a la oposición y la libre indagación.[26]

De cierta manera, una buena definición sobre Bell y sus contradictorias posiciones ideológicas se debe al propio Bell al calificarse como liberal en lo político, socialista en lo económico, y conservador en lo cultural.[27] Sus puntos de vista son muy elocuentes para comprender la evolución de los intelectuales, a partir de la década de los 60. A pesar de sus brillantes galimatías para eludir la toma concreta de posición ante los problemas de su tiempo, más allá del seguro claustro del Alma Máter, o de las páginas de las publicaciones que animó, entre ellas *The Public Interest*, fundada en 1965 junto a Irving Kristol, lo cierto es que Daniel Bell pertenece por entero al grupo de pensadores que en los 60, tras abjurar de sus ideas socialistas o de izquierda, terminó elaborando el credo neoconservador. Con razón James Nuechterlein, uno de sus críticos, ha expresado que la insistencia vergonzante de los neoconservadores en reconocerse como "liberales" se debe a las ventajas que reporta hacerlo en el mundo académico e intelectual, aun cuando "[…] el liberalismo está muerto, desde hace tiempo, y lo que pueda quedar de él con vida debe buscarse entre los neoconservadores".[28]

Muy atrás quedaban las tradiciones intelectuales que nunca se avergonzaron de tener como meta la transformación radical del capitalismo. Aunque tal afirmación y la práctica que la encarnaba no garantizasen la dulce bonanza económica a la cual no quieren renunciar los actuales neoconservadores, ellos no admiten que se les llame, siquiera, conservadores, si esto hace descender en algunos puntos sus abultados sueldos y regalías académicas.

REFERENCIAS

1. Those Damn Hippies are still Trouble: How the 60s still Affect Us.
   En: http://www.spiritone.com/~gdy52150/hippy.html
2. Lyons, Paul. Another Sixties: The New Right. Part III.
   En: http://lists.village.virginia.edu/sixties/HTML_docs/Texts/Scholarly...
3. Mayo francés. En http://es.wikipedia.org/wiki/Mayo_franc%C3%A9s
4. Ídem.
5. Benny Levy: "Sartre fue siempre un moralista".
   En: http://www.filosofos.org/articulos/2003/levy.htm
      Ver también: *El País. Cultura,* 26 nov. 1980.
6. Angulo, Javier. Veinte años no es nada: lo que queda de una aventura revolucionaria en los años 70. *Cinemanía* (Madrid) (123):103; dic. 2005.
7. Ídem.
8. Ídem.
9. Lyons, P. *Op. cit.* (2).
10. Kirkpatrick, Jeane. "Neoconservatism as a Response to the Counter-Culture". En: *The Neocon Reader.* Irwin Stelzer, ed. New York: Grove Press, 2004. p. 235.
11. A Short History of the New York Intellectuals.
    En: http://www.pbs.org/arguing/resources_essays.html
12. Ídem.
13. Ídem.

14. Ídem.

15. Ídem.

16. Sharon Statement. Adopted in Conference at Sharon, Connecticut, on September 11, 1960. En: http://www.YAF.com/sharon.shtml

17. Port Hurón Statement of the Students for a Democratic Society, 1962). En: http://coursesa.matrix.msu.edu/~hst306/documents/huron.html

18. Ídem.

19. Selected Bibliography. En: http://www.pbs.org/arguing/resources_bib.html

20. Bell, Daniel. *Las contradicciones culturales del capitalismo*. Madrid: Alianza Editorial, 1982. p. 62.

21. Ídem, pp. 263-264.

22. Kirkpatrick, J. *Op. cit.* (10). p. 239.

23. Table of contents: *The End of Ideology. On the Exhaustion of Political Ideas in the Fifties with the Resumption of History in the New Century*, de Daniel Bell. En: http://www.hup.harvard.edu/contents/BELINY_toc.html

24. Daniel Bell. *The End of Ideology. On the Exhaustion of Political Ideas in the Fifties with the Resumption of History in the New Century*. Chapter 13. "The Mood of Three Generations". En: http://www.writing.upenn.edu/~afilreis/50s/bell-chap13.html

25. Ídem.

26. Daniel Bell: *The End of Ideology*. En: http://www.writing.upenn.edu/~afilreis/50s/bell-endofi.html

27. Daniel Bell. En: http://www.pbs.org/arguing/nyintellectuals_bell.html

28. Nuechterlein, James. The Good Liberal Daniel Bell. En: http://www.findarticle.com/articles/mi_m1282/is_n9_v42/ai_89

CAPÍTULO 10

LA REVOLUCIÓN CUBANA, EL TRIBUNAL RUSSELL Y LA ERA REAGAN

Cuando el 1ro de enero de 1959 se producía el triunfo de la Revolución cubana, su significado no se limitaría a la demostración palpable de que era posible derrotar en América Latina a un ejército regular, aun en contra de la opinión y los intereses de los Estados Unidos. Un aspecto menos apreciable de tal suceso, pero no menos trascendental, radicó en que la política cultural de la Revolución triunfante reabriría las viejas polémicas a las que se refería Daniel Bell en su nostálgica visión del pasado, en su actual etapa de neo-conservador bien acomodado al sistema que había jurado transformar en su juventud socialista.

La Revolución cubana, como es conocido, no triunfó por la acción revolucionaria de un partido comunista, ni siguiendo el modelo clásico de la Revolución de Octubre. Las transformaciones que comenzó, las fuerzas sociales que desató e incorporó a la lucha para el logro de la justicia social, la manera en que se relacionó con la herencia cultural precedente, y la forma de vincularse con los artistas e intelectuales tuvieron mucho de inédito, incluso, de herético, con relación a la ortodoxia comunista de entonces. No debe asombrar a nadie, en consecuencia, que a su alrededor se reiniciasen las polémicas culturales que Bell creía definitivamente enterradas en 1960, cuando decretó "el fin de las ideologías".

La Revolución cubana hizo regresar el modelo de intelectual militante, comprometido con su tiempo, entregado a la causa de la transformación revolucionaria de la sociedad. Alejada de la tradición a la que tanto daño había hecho el estalinismo con sus errores y crímenes, pudo pedir, y recibir, la adhesión de sus intelectuales y artistas, sin mala conciencia, sin desconfianza, sin límites infranqueables. Garantizando la más amplia libertad creativa, de escuelas y tendencias, sin renegar de lo mejor de la historia y la cultura precedente, pudo impulsar cambios que suscitaron la atención y las pasiones a su alrededor. No sería osado decir que llegó en el momento exacto, reverdeciendo un compromiso intelectual de nuevo tipo, diferente al que se había visto en la Europa posterior a la Primera Guerra Mundial, libre y nacional, moderno y plural, que dejó intrigados, sin argumentos, tanto a sus defensores como a sus detractores. Mucho de la resistencia cultural, la participación y el compromiso social que se produjo, a partir de 1959, en regiones de América Latina, Europa y los propios Estados Unidos deben verse desde esta perspectiva.

Mientras en Europa y los Estados Unidos languidecía una tradición intelectual combativa que había visto pasar sus mejores momentos, en una pequeña isla del Caribe, en el Tercer Mundo, regresaba con fuerza redoblada, irradiando una inquietud creciente en la aparente paz de la década que terminaba, e inyectando un vigor renovado en aquellos que no habían arriado las banderas de la lucha.

Durante los días 16, 23 y 30 de junio de 1961 tuvo lugar en el teatro de la Biblioteca Nacional de Cuba un encuentro con los principales intelectuales del momento, con el objetivo de discutir los lineamientos de la política cultural de la Revolución. El último día Fidel Castro realizó las conclusiones de aquellas jornadas, pronunciando un discurso conocido como *Palabras a los intelectuales.* Vale la pena reseñar algunas de sus ideas esenciales, sobre todo aquellas que se relacionan con el tema del papel de los intelectuales en la vida social y la filosofía que en este campo animaba a la Revolución:

- Sobre la relación existente entre las transformaciones sociales y la cultura: "[…] esa Revolución económica y social tiene que producir inevitablemente también una Revolución cultural […]".[1]
- Refutación del concepto que sitúa a las revoluciones como enemigas de las libertades:

[…] ¿por qué recelar de que la Revolución que nos trajo esas nuevas condiciones para trabajar pueda ahogar esas condiciones? ¿Por qué recelar de que la Revolución vaya precisamente a liquidar esas condiciones que ha traído consigo?

[…]

[…] es un problema que se ha planteado […] en todas las revoluciones.

[…] el problema fundamental que flotaba aquí en el ambiente era el problema de la libertad para la creación artística.

[…]

La Revolución no puede pretender asfixiar el arte y la cultura cuando una de las metas […] fundamentales de la Revolución es desarrollar el arte y la cultura, precisamente para que el arte y la cultura lleguen a ser un real patrimonio del pueblo.

[…]

La existencia de una autoridad en el orden cultural no significa que haya razón para preocuparse del abuso de esa autoridad, […] y si a alguien le preocupa tanto que no exista la menor autoridad estatal, entonces, que no se preocupe, que tenga paciencia, que ya llegará el día en que el Estado tampoco exista.

[…]

Nosotros no le prohibimos a nadie que escriba sobre el tema que prefiera […]. Nosotros apreciaremos siempre su creación a través del cristal revolucionario.

[…]

Creo que cuando al hombre se le pretende truncar la capacidad de pensar y razonar se le convierte de un ser humano en un animal domesticado…[2]

• Vínculos entre la libertad y la propia Revolución:

La gran preocupación que debemos tener es la Revolución en sí misma. […]. ¿Cuál debe ser hoy la primera preocupación de todo ciudadano? ¿La preocupación de que la Revolución vaya a desbordar sus medidas, de que la Revolución vaya a asfixiar el genio creador de nuestros ciudadanos, o la preocupación de todos no ha de ser la Revolución misma? ¿Los peligros reales o imaginarios que puedan amenazar el espíritu creador o los peligros que puedan amenazar a la Revolución misma? [...] lo primero es eso: la Revolución misma [...].

[...]

[...] que la Revolución ha traído al país una suma muy grande de libertades; no puede ser [...] enemiga de las libertades [...].[3]

- Relación de la Revolución con los intelectuales y artistas, papel de estos en la nueva sociedad que se construye:

[...] el artista más revolucionario sería aquel que estuviera dispuesto a sacrificar hasta su propia vocación artística por la Revolución.

[...]

Es precisamente el hombre, el semejante, la redención de sus semejantes lo que constituye el objetivo de los revolucionarios.

[...]

[...] para nosotros será bueno todo lo que sea bueno para [las clases oprimidas y explotadas del pueblo]; para nosotros será noble, será bello y será útil, todo lo que sea noble, sea útil y sea bello para ellas.

[...]

[...] a la Revolución le interesa que [muchos escritores y artistas que no son revolucionarios] aportaran sus conocimientos y su esfuerzo en beneficio de la misma.

[...]

[...] la Revolución no puede renunciar a que todos los hombres y mujeres honestos, sean o no escritores o artistas, marchen junto a ella; la Revolución debe aspirar a que todo el que tenga dudas se convierta en revolucionario [...]. Eso significa que dentro de la Revolución todo; contra la Revolución nada, [...] porque la Revolución tiene también sus derechos y el primer derecho de la Revolución es el derecho de existir [...].

[...]

> Estamos pidiendo el máximo desarrollo a favor de la cultura y [...] en función de la Revolución, porque la Revolución significa, precisamente, más cultura y más arte.[4]

No eran estos los conceptos ni los principios políticos acostumbrados en las polémicas a las que hacía referencia Daniel Bell; no en las clásicas discusiones que recorrieron buena parte del siglo XX.

El 12 de marzo de 1965, en el semanario *Marcha*, de Montevideo, Uruguay, se publicaba una carta de Ernesto Che Guevara dirigida a Carlos Quijano, su director, texto que ha pasado a la posteridad como *El socialismo y el hombre en Cuba*, magnífica síntesis de las búsquedas ideológicas de la Revolución, las acciones y propósitos finales de las transformaciones que se acometían en la sociedad, y la relación existente entre dichos propósitos y los intelectuales. En este documento se concentra una concepción del mundo que incluía a los intelectuales como elementos esenciales para acometer la transformación revolucionaria sin idealizaciones ni manipulaciones. Algo que también era un hecho inédito para las concepciones y la práctica apreciables en el decursar del siglo XX.

La superioridad del socialismo, en tanto sociedad orientada hacia la emancipación del individuo y la liquidación de las condiciones de enajenación heredadas del capitalismo, es destacada por el Che cuando afirma que "El hombre, en el socialismo, a pesar de su aparente estandarización, es más completo; a pesar de la falta de mecanismo perfecto para ello, su posibilidad de expresarse y hacerse sentir en el aparato social es infinitamente mayor".[5]

Desde esta ventaja, se deriva el papel que juegan el arte y la cultura, considerados como herramientas para la liberación del hombre y perfeccionamiento de la sociedad:

> Todavía es preciso acentuar su participación consciente, individual y colectiva, en todos los mecanismos de dirección y producción [...]. Así logrará la total conciencia de su ser social, lo que equivale a su realización plena como criatura humana, rotas todas las cadenas de la enajenación.
>
> Esto se traducirá concretamente en la reapropiación de su naturaleza a través del trabajo liberado y la expresión de su propia condición humana a través de la cultura y el arte.[6]

La concepción del Che exige el análisis de qué se entiende y cuál es la esencia del arte y la cultura en las condiciones del capitalismo, o lo que es lo mismo, en qué consiste la herencia que debe ser superada:

> Desde hace mucho tiempo el hombre trata de liberarse de la enajenación mediante la cultura y el arte. Muere diariamente las ocho y más horas en que actúa como mercancía para resucitar en su creación espiritual, pero este remedio porta los gérmenes de la misma enfermedad: es un ser solitario que busca la comunión con la naturaleza. Defiende su individualidad oprimida por el medio y reacciona ante las ideas estéticas como un ser único cuya aspiración es permanecer inmaculado.[7]

No escapa a este análisis la existencia de mecanismos de control y represión que el capitalismo despliega para adocenar a artistas e intelectuales y ponerlos a trabajar a su servicio, precisamente, los usados para reprimir la rebeldía y la crítica intelectual que cuando el Che escribe, se encuentran en una profunda crisis bajo el embate de los aires libertarios de los años 60:

> La superestructura impone un tipo de arte en el cual hay que educar a los artistas. Los rebeldes son dominados por la maquinaria y sólo los talentos excepcionales podrán crear su propia obra. Los restantes devienen asalariados vergonzantes o son triturados.
>
> Se inventa la investigación artística, a la que se da como definitoria de la libertad, pero esta "investigación" tiene sus límites imperceptibles hasta el momento de chocar con ellos, vale decir, de plantearse los reales problemas del hombre y su enajenación [...]; se combate la idea de hacer del arte un arma de denuncia.
>
> Si se respetan las reglas del juego se consiguen todos los honores; los que podría tener un mono al inventar piruetas. La condición es no tratar de escapar de la jaula invisible.[8]

Tampoco es sencillo, en opinión del Che, romper las reglas del juego y avanzar hacia una relación nueva entre los artistas, los intelectuales y la sociedad que se desea construir. Las experiencias del realismo socialista en este campo, afirma, han sido desesperanzadoras, reproduciendo muchos de los errores que se intentaban superar, limitando las libertades que son consustanciales a la propia creación, e hipotecando con ello el futuro de la sociedad:

> En países que pasaron por un proceso similar se pretendió combatir estas tendencias con un dogmatismo exagerado. La cultura general se convirtió casi en un tabú y se proclamó el *summun* de la aspiración cultural, una representación formalmente exacta de la naturaleza, convirtiéndose esta, luego, en una representación mecánica de la realidad social que se quería hacer ver; la sociedad ideal, casi sin conflictos ni contradicciones, que se buscaba crear.[9]

Avanzar hacia formas nuevas de relación de los intelectuales con el arte y la cultura, y con la sociedad en su conjunto, exige, según el Che, unir "[…] los conocimientos y la audacia intelectual necesarias para encarar la tarea del desarrollo de un hombre nuevo por métodos distintos a los convencionales […]".[10] Para superar lo que llamó "el pecado original" de muchos artistas e intelectuales, o sea, el no ser "auténticamente revolucionarios", el Che proclamaba un camino distinto: el adoptado por la Revolución cubana, diametralmente opuesto al proclamado por el socialismo europeo:

> Las posibilidades de que surjan artistas excepcionales serán tanto mayores cuanto más se hayan ensanchado el campo de la cultura y la posibilidad de expresión […]. No debemos crear asalariados dóciles al pensamiento oficial, ni "becarios" que vivan al amparo del presupuesto, ejerciendo una libertad entre comillas. Ya vendrán los revolucionarios que entonen el canto del hombre nuevo con la auténtica voz del pueblo.
>
> […]
>
> Una nueva generación nace.
>
> […]
>
> La arcilla fundamental de nuestra obra es la juventud […].[11]

La estrategia cultural de la Revolución cubana, delineada por Fidel y el Che en las dos exposiciones reseñadas, y sobre todo, en su práctica cotidiana, vino a introducir un elemento nuevo en las antiguas polémicas sobre la relación de los intelectuales con su época, propiciando una sensibilidad y una actitud que condicionarían la rebeldía cultural de estos años, e incidiría decisivamente sobre el fenómeno de varias generaciones de intelectuales y artistas críticos que buscaron para sus pueblos vías distintas a la capitalista, y que fueron especialmente perseguidas y reprimidas por sucesivas dictaduras auspiciadas por los gobiernos de los Estados Unidos en América Latina y otras regiones del mundo, con especial fuerza, partir del 11 de septiembre de 1973, al producirse el golpe de Estado en Chile contra Salvador Allende.

Las dramáticas convulsiones de aquellos años, especialmente en el Tercer Mundo, mantendrían activado un fermento de rebeldía y un sentido de profunda resistencia entre sus intelectuales, de lo cual es ejemplo la rica actividad que se nucleó alrededor de la Casa de las Américas, de La Habana, y que ha atravesado diversas etapas hasta la actualidad. Un buen ejemplo de ello lo constituyó el Congreso Cultural de La Habana, que sesionó entre los días 4 y 12 de enero de 1968 y concluyó con un discurso de Fidel, pronunciado ante intelectuales de más de 70 países. De él vale la pena extraer algunas ideas esenciales caracterizadoras del momento histórico en que fue convocado, y los rasgos del movimiento intelectual que se movía entonces en la órbita más revolucionaria:

- Carácter del Congreso, de acuerdo con los pronunciamientos de los delegados y las resoluciones adoptadas:

  > [...] el factor que ha inspirado las discusiones de este Congreso, el factor que ha dado un profundo carácter revolucionario a este Congreso, el cual excede los vaticinios más optimistas que se hubiesen podido formular; el factor que hizo posible este Congreso y determinó sus resultados, radica en la conciencia universal que se está desarrollando acerca de los profundos problemas que afectan hoy al mundo contemporáneo, de los graves peligros que penden sobre todos los países del mundo, del sentido universal de justicia que se difunde hoy por el mundo [...]. El factor que ha creado semejante conciencia universal es, precisamente, la agresión que sufren varios pueblos del mundo, y que amenaza también al resto de los países del mundo.[12]

- Identificación del enemigo universal, lo cual permite determinar los peligros principales de la época, estableciendo un paralelo apreciable con respecto a la época de auge del fascismo en Europa, y en consecuencia, de unidad y activación militante y revolucionaria de los intelectuales, como ocurrió en el Congreso de 1937:

> Existe un enemigo que puede ser considerado universal. Si alguna vez en la historia de la humanidad existió semejante enemigo; un enemigo cuyos actos y actitudes preocupan a todo el mundo, y que de una u otra forma arremete contra el mundo entero, ese enemigo universal es el imperialismo yanqui. En la medida que la humanidad adquiera conciencia de este problema, se movilizará y comenzará a actuar, de una u otra manera.[13]

- Papel de los intelectuales en aquella coyuntura de la humanidad:

> Independientemente de la eficacia de este movimiento de los trabajadores intelectuales, lo cierto es que está creciendo, se está desarrollando. Podemos decir que en la medida que se produzcan más amenazas, más agresiones, y más crímenes, existirá más apoyo, más respuestas, más protestas, y más combatividad entre los trabajadores intelectuales, incluso, más que entre ciertas organizaciones políticas de las que se esperaba mayor combatividad. En ocasiones hemos visto a algunas supuestas vanguardias muy alejadas de la primera línea de lucha contra el imperialismo […]. ¿Quiénes alzan hoy las banderas [del Che]? ¿Quiénes son los que la llevan por todo el mundo? ¿Quiénes son los que alzan su nombre por toda Europa, los que exaltan su ejemplo? ¿Quiénes son los que se movilizan, pintan consignas y organizan homenajes a su memoria? ¿En qué sector la muerte del Che causó un mayor impacto? Fue, precisamente, entre los trabajadores intelectuales.[14]

Coincidencia entre los delegados acerca de cuál debe ser la sociedad futura por la que deben (y están) luchando:

> Debemos decir que este Congreso nos ha impresionado por su conciencia acerca de que los problemas del mundo moderno no podrán ser resueltos en el marco de este sistema social obsoleto [el capitalismo]. […]. Hubo coincidencia unánime entre los trabajadores intelectuales del primer y del tercer mundo alrededor del hecho de que es imposible resolver

los grandes problemas de cualquier país moderno, desarrollado o sub-
desarrollado, en el marco de las contradicciones del capitalismo.[15]

- Apreciación del papel que juegan las ideas en este contexto, y de la
necesidad de luchar contra los dogmas reinantes:

  No hay nada más antimarxista que los dogmas; nada puede ser más
  antimarxista que la osificación de las ideas. Algunas ideas que se invocan,
  en nombre del Marxismo, parecen verdaderos fósiles […]. Cuando ciertos
  sectores de la iglesia se convierten en fuerzas revolucionarias, ¿cómo
  podemos resignarnos ante el hecho de de que ciertos sectores marxistas
  se conviertan en fuerzas eclesiásticas? [...]. Nadie puede pretender tener
  el monopolio de la verdad […].[16]

- Significado del Congreso Cultural de La Habana en el momento histórico
en que se convocó, especialmente, para el sector intelectual: "De este
Congreso el imperialismo probablemente dirá que constituyó su Vietnam
en el terreno de la cultura […]".[17]

En el ensayo del chileno Germán Albuquerque Fuschini titulado "Red
de escritores latinoamericanos en los años sesenta" se analiza la estrecha
comunicación que se estableció entre representantes de la intelectualidad
latinoamericana de esta década, a partir de la influencia de dos países: Cuba
y Chile; en el primer caso, gracias a la acción de Casa de las Américas, en el
segundo, por la acción de las universidades. Como precisa este autor: "La
principal forma de relaciones que tuvo esta red fue a través de congresos,
simposios, encuentros, seminarios […]. Son, a su vez, importantes las declaraciones públicas firmadas por amplios conjuntos de intelectuales.[18]

Varios congresos de escritores organizados en Chile, México y Venezuela,
en opinión de Alburquerque, ponen en comunicación a diferentes intelectuales del continente alrededor de un grupo de preocupaciones comunes,
probablemente diferentes a los planes de quienes los convocaron, entre ellas,
la propia Revolución cubana y la situación explosiva que vivía la región.
Entre estos encuentros se citan:[19]

1960: *Primer Encuentro de Escritores Americanos,* Universidad de
Concepción, Chile.

1962: *Congreso de Intelectuales de la Universidad de Concepción*, Chile.

[...]

1966: *Primer Encuentro de la Comunidad Cultural Latinoamericana*, Arica, Chile.

1967: *Segundo Congreso Latinoamericano de Escritores*, Ciudad de México, Guanajuato, Guadalajara, México.

1969: *Encuentro Latinoamericano de Escritores*, Concepción, Santiago, Valparaíso, Chile.

1970: *Tercer Congreso Latinoamericano de Escritores*, Puerto Azul, Venezuela.

Sin duda, como Alburquerque concluye, y más que nada por la acción articulada alrededor de la Casa de las Américas, la red creada:

> [...] reunió a un conjunto de intelectuales de izquierda que, unidos por el apoyo de la Revolución cubana, logró situarse en la escena internacional a través de congresos y declaraciones. A través de esta última vía se pueden conocer las ideas fundamentales de la red: fomento de la integración cultural latinoamericana, acentuación del compromiso político-social del escritor [y el intelectual], defensa de la causa cubana, promoción de cambios revolucionarios, antiimperialismo y latinoamericanismo.[20]

Por su parte, una de las últimas grandes acciones colectivas con participación de la intelectualidad de Europa y los Estados Unidos, una de sus postreras actuaciones como conciencia moral de una época, y continuación de la tradición de los Congresos de 1935 y 1937, tuvo lugar alrededor del Tribunal Internacional Russell, convocado para juzgar, primero, los crímenes de guerra de los Estados Unidos en Vietnam, y luego, contra las poblaciones indígenas.

El Tribunal Russell, convocado por el filósofo y pacifista Bertrand Russell, fue constituido en noviembre de 1966, y tuvo dos sesiones de trabajo en 1967, una en Estocolmo, y la otra en Copenhaguen. Formado por 25 personalidades representantes de 18 países, entre las cuales estaban Lázaro Cárdenas, Simone de Beauvoir, Stokely Carmichael, Isaac Deutscher y la cubana Melba Hernández, desarrolló sus sesiones bajo la presidencia de Jean Paul Sartre. Tras escuchar las declaraciones de más de 30 testigos, arribó a la conclusión de que el gobierno de los Estados Unidos había agredido a Vietnam; bombardeado objetivos civiles; experimentado armamento prohibido por las convenciones internacionales; sometido a tratamientos ilegales a prisioneros de guerra y a tratos inhumanos a la población civil, todo lo cual permitía concluir que era culpable del delito de genocidio.[21]

En su ponencia conocida como *On Genocide*, Jean Paul Sartre sintetizó la responsabilidad moral de los hombres ante los crímenes que se estaban cometiendo en Vietnam, dirigiéndose especialmente a los intelectuales:

> Contra los guerrilleros respaldados por la población, los ejércitos coloniales son impotentes. Su única vía para escapar del acoso que los desmoraliza […] es la eliminación de la población civil […]. La tortura y el genocidio son la respuesta del colonialismo a la rebeldía de los nativos […]. [En el caso de Vietnam] este crimen se comete ante nuestros ojos, cada día, haciendo cómplices del mismo a quienes no lo denuncian.[22]

Las cosas habían llegado demasiado lejos. A la vez que se producía esta radicalización y activación de los intelectuales, el sistema contra el que dirigían sus acciones avanzaba por todos los medios a su disposición en la lucha contra las ideas encarnadas en las redes intelectuales creadas alrededor del ejemplo y la obra de la Revolución cubana, en el caso de América Latina, y también del resto del mundo.

Correspondió también a Sartre, en entrevista concedida en 1964 a la revista italiana *Rinascita,* resumir el aporte de la Revolución cubana a las discusiones ideológicas y culturales de entonces, incluso, el papel estratégico que su ejemplo, sin proponérselo, desempeñaba en el contexto de un agotamiento del modelo socialista europeo y de enfrentamiento renovado al capitalismo, a escala planetaria:

Antes del año 1939, en Francia, por ejemplo, el pensamiento revolucionario quería combatir directamente las producciones de la ideología burguesa. Después de 1945, todo se ha centralizado, tanto por una parte como por la otra, y la lucha cultural está totalmente condicionada por las grandes partidas de ajedrez que se desarrollan a todos los niveles del plano internacional. Hoy, la situación se ha transformado de nuevo, afortunadamente; sobre todo, desde que se ha visto que un país como Cuba podía hacer su Revolución a dos pasos de los Estados Unidos.[23]

Entre las medidas tomadas por los defensores del capitalismo, junto a la activación de todas las instituciones creadas en el frente cultural de la Guerra Fría, se encontraba el impulso para el ascenso del pensamiento conservador y neoconservador en los Estados Unidos. Con la llegada al poder de Ronald Reagan se aceleró el proceso de enfrentamiento directo a las fuerzas e ideas que desafiaban el predominio imperial e intentaban construir alternativas al sistema.

El 4 de noviembre de 1980 Ronald Reagan triunfa en las elecciones de los Estados Unidos y se convierte en su Presidente número 40, teniendo a George Bush, Sr. como vicepresidente. Este período se caracterizó por el despliegue de una agenda conservadora, lo suficientemente agresiva, dentro del país y fuera de él, como para ser equiparado a una revolución. La apreciación de uno de sus partidarios, Gil Troy, así lo resume:

> Las compras [en este período] se convirtieron en una religión, con los jingles comerciales unificando a los norteamericanos en una liturgia única.
>
> La retórica de Reagan hizo de esta prosperidad algo patriótica y trascendente.
>
> [...]
>
> Durante esta década comenzó la era de la información, emergió la nueva economía, la nueva cultura, un nuevo *look,* y un desplazamiento de las preocupaciones comunales a las individuales.
>
> [...]
>
> Una historia resumida de su presidencia comienza en los años 60 y 70, con un país desmoralizado, debilitado por la inflación, estrangulado por gobiernos grandes, humillado por los fundamentalistas iraníes, aventajado por el comunismo soviético, traicionado por los representantes de su juventud más educada [...], aquí es cuando triunfa Reagan para salvar al país, con un mandato para el cambio [...].[24]

Más que de manera frontal, el enfrentamiento del reaganismo con los fantasmas heredados de los 60 y 70 fue oblicuo. No se dedicó a combatir de manera clara las posiciones intelectuales más avanzadas, sino a mediatizarlas mediante una "conciliación" con las ideas conservadoras, incorporándolas a su sistema de propaganda como si fuesen propias, orgánicas. Según Troy:

> Mirando atrás, la década de los 80 [...] fue el momento de la Gran Reconciliación entre el conservatismo reaganista y el liberalismo de los 60 [...], muchas innovaciones culturales y sociales de los 60 fueron rutinizadas e institucionalizadas. El tono cambió, todos los Estados Unidos se volvieron [...] menos idealistas, más materialistas, pero las melodías de fondo se mantuvieron, desde el ambientalismo hasta el feminismo, desde la revolución de la derecha hasta la revuelta continua contra las autoridades. Reagan jamás fue un revolucionario de corazón, sino un gran conciliador [...].[25]

Pero tal conciliación, en realidad, fue una manera astuta de llevar a cabo una guerra simétrica contra las ideas de los adversarios ideológicos del sistema. Se iniciaba, de esta manera, una estrategia ampliamente desarrollada hasta el presente por el movimiento neoconservador, y que se explica, en parte, a partir del carácter de apostasía conferido por muchos de sus promotores, militantes o simpatizantes, en sus inicios, de las ideas que luego combatirían.

La era Reagan trató a las ideas de sus adversarios como botín de guerra. También a los intelectuales que se habían comprometido con las causas de su época. Cuando dirigió su mensaje final a la nación, antes de entregarle el mandato a su más cercano colaborador, George Bush, Sr. el 11 de enero de 1989, la economía, la cultura, y la sensibilidad intelectual del mundo y de los Estados Unidos habían cambiado de manera radical, con respecto a las décadas precedentes.

Un jubiloso Irving Kristol escribió, a las puertas de la década de los 90, en un artículo de elocuente título, "The Coming Conservative Century": "El punto de partida de la sabiduría política de los 90 estriba en el reconocimiento de que el liberalismo intelectual está acabado. No importa quién gane las elecciones [...]".[26]

Lo peor de todo era que no le faltaba razón.

REFERENCIAS

1. Castro, Fidel. Palabras a los intelectuales.
   En: http://www.min.cult/historia/palabrasalosintelectuales.htm
2. Ídem.
3. Ídem.
4. Ídem.
5. Guevara, Ernesto Che. El socialismo y el hombre en Cuba.
   En: http://www.patriagrande.net/cuba/ernesto.che.guevara/ensayos/el.so
6. Ídem.
7. Ídem.
8. Ídem.
9. Ídem.
10. Ídem.
11. Ídem.
12. Castro, Fidel. Discurso de clausura del Congreso Cultural de La Habana. Teatro Chaplin, 13 de enero de 1968.
    En: http://lanic.utexas.edu/la/cb/cuba/castro/1968/19680113
13. Ídem.
14. Ídem.
15. Ídem.
16. Ídem.
17. Ídem.
18. Albuquerque Fuschini, Germán. Red de escritores latinoamericanos en los años sesenta. *Revista Universum* (15):338; 2000.
19. Ídem, p. 341.
20. Ídem, p. 350.
21. Tribunal Russell. En: http://en.wikipedia.org/wiki/Russell-Tribunal
22. Sartre, Jean Paul. On Genocide.
    En: http://www.vietnamese-american.org/b17.html
23. *Rinascita* entrevista a Sartre. *La Letra del Escriba* (La Habana) (45):8; nov. 2005. Publicado también en *Unión,* en el número de enero-marzo de 1964.
24. Troy, Gil. Morning in America: How Ronald Reagan invented the 1980's.
    En: http://www.popress.princeton.edu/chapters/i7920.html
25. Ídem.

26. Kristol, Irving. "The Coming Conservative Century". En: *Neoconservatism: Selected Essays 1949-1995*. New York: Free Press, 1995. p. 364.

CAPÍTULO 11

LA SEGUNDA MUERTE DE DON QUIJOTE

En 1986 se cumplieron 50 años del momento en que Valencia se convirtió en la capital de la República española, tras el traslado de las principales instituciones del gobierno que había evacuado Madrid. Coincidiendo con esta efemérides se convocó a un encuentro de historiadores bajo el lema de "Valencia, capital de la República", en el donde comenzó a tomar cuerpo una idea que venía rondando desde 1985: la de convocar a un nuevo Congreso Internacional de Intelectuales y Artistas, coincidiendo con su cincuenta aniversario.

Debemos recordar cuáles eran los principales acontecimientos del mundo por aquellos años, y cómo marchaba la "revolución conservadora" que llevaban adelante Ronald Reagan y Margaret Thatcher.

- El 30 de octubre de 1984 era asesinada Indira Gandhi.
- El 6 de noviembre de 1985 Reagan ganaba las elecciones, tras vencer a Walter Mondale, obteniendo un segundo mandato.
- El 6 de febrero presentaba su Informe sobre el Estado de la Unión, conocido por "American Revolution II". En él, un eufórico Presidente le anunciaba al país que después de cuatro años de esfuerzos unidos, el pueblo norteamericano había logrado una nación renovada, más fuerte, más libre y más segura que nunca antes.

- El 11 de marzo, tras la muerte de Konstantin Chernenko, Mijail Gorbachov se convertía en Secretario General del PCUS.
- El 12 de junio la Cámara de Representantes aprueba la ayuda militar a la llamada Resistencia Democrática Nicaragüense.
- El 6 de noviembre se iniciaba en Ginebra la cumbre URSS-Estados Unidos.
- El 7 de enero de 1987 se ponían en vigor las sanciones económicas contra Libia.
- El 3 de febrero estallaba en pleno vuelo el trasbordador espacial Challenger.
- El 14 de abril aviones militares norteamericanos bombardeaban Libia.
- El 25 de abril tuvo lugar la catástrofe de Chernobyl.
- El 24 de junio Reagan se dirige a la nación buscando apoyo para la Contra nicaragüense.
- El 13 de noviembre informa sobre el escándalo que se conocería como "Irán-Contra", lo cual se ve obligado a repetir el 2 de diciembre.
- El 19 de febrero de 1987 el gobierno de los Estados Unidos levanta las sanciones adoptadas contra Polonia.
- El 26 de mayo William Webster juraba el cargo de director de la CIA.
- El 2 de junio Allan Greenspan comenzó su labor al frente de la Reserva Federal.
- El 12 de junio se produce la visita de Reagan a Berlín y su exhortación a Gorbachov para derribar el Muro de Berlín.
- El 15 de junio Reagan se dirige a la nación para informar sobre las conversaciones para la reducción de armamentos y la Cumbre de Venecia. Ese mismo día era inaugurado en Valencia el Congreso de Intelectuales y Artistas, cincuenta años después del de 1937.

Según escribe Joan Álvarez Valencia, uno de sus organizadores, era el objetivo fundamental de esta convocatoria:

> […] conseguir un foro de debate, de la misma categoría que había tenido el de 1937, y en el que el examen del pasado fuera solamente uno de los materiales de trabajo que la inteligencia utilizase para determinar la función y los compromisos del intelectual aquí y ahora.
>
> […]

Las otras grandes preocupaciones eran el equilibrio político — dentro de un planteamiento progresista y de pluralidad rigurosa, para la estructura misma del comité organizador y la lista de participantes; darle un carácter abierto y participativo a las sesiones; y encontrar un personaje carismático que capaz de conectar con el espíritu de la lucha antifascista de los años treinta, sin dejar de lado el deseo de encontrase con la renovación profunda que el discurso de y sobre los intelectuales se ha podido producir desde 1937 y, sobre todo, desde la experiencia traumática de 1968 en las sociedades industrializadas.[1]

Tales eran los tiempos. Con semejante cuidado se convocaba a un evento que se decía destinado a homenajear a aquel de 1937, que fue caótico y crítico, militante y comprometido. Con toda escrupulosidad se buscaban equilibrios imposibles y se intentaban ajustar los ánimos intelectuales de los participantes a límites que no ofendiesen ni recordasen las jornadas de 1968, que tan severamente habían traumatizado la sensibilidad burguesa, y tanto espanto habían provocado, como si de la verdadera revolución se tratase.

El Consejo del Comité Ejecutivo estuvo conformado por Joan Fuster, Juan Cueto, Juan Goytisolo, Fernando Savater, Jorge Semprún y Manuel Vázquez Montalbán, escogidos, según Ricardo Muñoz Suay porque "[...] representaban distintas tendencias ideológicas y [tenían] el común denominador de sus quehaceres y deberes antifranquistas".[2] Junto a estas exigencias, se adicionaba algo que, si bien a primera vista podía extrañar, era perfectamente comprensible de cara a tanta escrupulosidad y lo políticamente correcto de la era Reagan. Y agregaba Muñoz Suay; "Por otra parte éramos conscientes de que el análisis del Congreso de 1937 no debería ser el de siempre [...], por honestidad histórica, había que reflexionar sobre lo que de manipulación soviética se había ejecutado en unos momentos en los que la crueldad estalinista iniciaba su ya inextinguida represión".[3]

La primera reunión del Consejo se produjo el 21 de abril de 1986 y la tercera y última, el 18 de marzo de 1987. En ella Muñoz Suay solicitó que Semprún redactase el Manifiesto-convocatoria, lo cual fue aprobado unánimemente. Juan Goytisolo propuso que Octavio Paz fuese el presidente del Congreso, lo cual fue aceptado, aunque Vázquez Montalbán manifestó luego que hubiese preferido a Rafael Alberti. La primera invitación se envió a Gabriel García Márquez. En la reunión del 4 de noviembre de 1986 Muñoz

Suay presentó la propuesta el contenido de las siete mesas redondas del evento, a las que luego se incorporarían dos más.

El lunes 15 de junio de 1987 se inauguró el Congreso, el cual contó con la presencia de invitados que habían participado en el de 1937: Octavio Paz, Juan Gil-Albert, Fernando Gamboa, Félix Pita Rodríguez, Ángel Gaos, Ramón Gaya, Antonio Sánchez Andujar, y Stephen Spender. Paralelamente se presentaron exposiciones sobre Vicente Huidobro, otra con pinturas de Ramón Gaya, creador del cartel del Congreso de 1937, y otra con publicaciones del Centro "Generación del 27", de Málaga.

El Manifiesto-convocatoria, en su tercera y definitiva versión planteaba:

> Lo que nos interesa, cincuenta años después [...] es una reflexión crítica. Es hora, sin duda, de reafirmar verdades que siguen siéndolo, pero también de denunciar cegueras y engaños que siempre lo fueron. Hora de esclarecimiento teórico acerca del papel de los intelectuales, de la exacta naturaleza exacta de su compromiso [...].
>
> No se tratará [...] en nuestros trabajos de 1987, de elaborar —por necesaria que sea— una arqueología del saber histórico sino de fundar una estrategia del hacer intelectual.
>
> A poca distancia ya de un siglo XXI que exige de los intelectuales, ante la crisis —altamente saludable, por cierto— de todo discurso monolítico y monologante, un nuevo enfoque pluralista, pero teóricamente coherente, de las relaciones entre política y cultura, tecnología y valores morales, ciencia y complejidad, compromiso y soledad creadora.[4]

A partir de semejantes coordenadas, teniendo en cuenta la misión asignada al Congreso por los organizadores y formulada en su Llamamiento, y los aires adversos que se abatían sobre la experiencia socialista europea, jubilosamente avivados por Reagan y su equipo desde Washington, la suerte del Congreso estaba echada desde antes de que el primer delegado pisase Valencia. Es de observar que sólo se prestaba atención a la crisis del socialismo, en momentos en que el capitalismo se adentraba en una agudísima crisis en los Estados Unidos e Inglaterra, y en otros países europeos, incluyendo a España, fruto de las contradicciones del sistema, y de las reformas neoliberales, entonces en boga.

Tan "plural" resultó la Convocatoria, que su redacción se puso en manos de Jorge Semprún, quizás la figura menos independiente y plural de los integrantes del Consejo, tan cercano a los círculos socialistas gobernantes y tan sintonizado con ellos que meses después sería nombrado Ministro de Cultura del gobierno de Felipe González, cargo en el que se mantendría hasta 1991. Y para acentuar la sensación de que el juego comenzaba con cartas marcadas, las veladas condenas a "los diálogos monolíticos y monologantes", identificando de esa manera, por supuesto, sólo al socialismo y la política de los partidos comunistas, no podían menos que remitir a la expulsión de Semprún del Partido Comunista de España, en 1964.

Es importante reseñar que la amplia lista de participantes incluía a J. J. Armas Marcelo, Félix de Azúa, Miguel Barnet, Carlos Barral, Roger Bartra, Mario Bunge, José María Caballero Bonald, Guillermo Cabrera Infante, Cornelius Castoriadis, Juan Luis Cebrián, Fernado Claudín, Daniel Cohn-Bendit, Claude Couffon, Juan Cueto, Rosa Chacel, Jorge Edwards, Inge Feltrinelli, Carlos Franqui, Marta Frayde, Joan Fuster, Antonio Gala, Ángel Gaos, Juan Gil-Albert, José Agustín y Juan Goytisolo, Agnes Heller, Jesús Huguet, Jon Juaristi, Juan Madrid, José María Maravall, Pilar Miró, Carlos Monsivais, Ricardo Muñoz Suay, Lisandro Otero, Heberto Padilla, Octavio Paz, Nélida Piñón, Francisco Rabal, Julio Rodríguez Puertolas, Nicolás Sánchez Albornoz, José Saramago, Fernando Savater, Jorge Semprún, Stephen Spender, Antonio Tabucchi, Eugenio Trías, Mario Vargas Llosa, Manuel Vázquez Montalbán, Vicente Verdú, Luis Antonio de Villenas, y Saúl Yurkievich.

En la sesión inaugural, que en eventos de este tipo sirve para marcar la tónica de los debates a la que aspiran los organizadores, se dio la palabra a Stephen Spender, activo promotor, junto a Irving Kristol, de la revista *Encounter,* la misma que financiaba la CIA en Londres en los años de la Guerra Fría, al poeta valenciano Juan Gil Albert (una deferencia hacia los anfitriones), y a Octavio Paz, ya para entonces abierto partidario de la derecha ilustrada y animador de la revista *Vuelta.*

Para Spender, lo que se espera de los intelectuales es que apliquen desinteresadamente su mente a examinar un tema que afecte al futuro de la humanidad, sin adaptarlo al molde de una ideología política dada:

> Yo diría que el intelectual es alguien que tiene confianza en la independencia de la vida intelectual.

[...]

El intelectual de hoy no es un filósofo agudo como Bertrand Russell. Los intelectuales de hoy parecen ser unos tecnologistas [¿tecnócratas?] mirando hacia fuera en áreas particulares [...], ellos pueden ser expertos en discutir problemas que conciernen a la política [...] y en los cuales serán más expertos que los propios políticos.[5]

No podía haberlo expresado mejor su gran amigo Irving Kristol, padre fundador del movimiento neoconservador ni los patrocinadores secretos de *Encounter*. Octavio Paz continuaría por la misma vía, con entusiasmo, poniendo todo el brillo y lucidez de su prosa y su poesía, en marcar el derrotero:

En 1937 dos instituciones parecían heridas de muerte, aniquiladas primero por la violencia ideológica de unos y otros, después por la fuerza bruta; las dos resucitaron y son hoy el fundamento de la vida política y social de los pueblos de España. Me refiero a la Democracia y a la Monarquía constitucional.

[...]

En el caso de la guerra civil española, la victoria de nuestros enemigos se volvió ceniza, pero muchas de nuestras ideas y proyectos se volvieron humo [...]. La idea revolucionaria ha sufrido golpes mortales; los más duros y devastadores no han sido los de sus adversarios sino los de los revolucionarios mismos: allí donde han conquistado el poder han amordazado a los pueblos.

[...]

Quisimos ser los hermanos de las víctimas y nos descubrimos cómplices de los verdugos [...] es el estigma del intelectual moderno.

[...]

El Congreso [de 1937] estaba movido de una ola inmensa de generosidad y de auténtica fraternidad [...]. Todo esto —el amor, la lealtad, el valor, el sacrificio— es inolvidable, y en esto reside la grandeza moral del Congreso. ¿Y su flaqueza? En la perversión del espíritu revolucionario. Olvidamos que la Revolución había nacido del pensamiento crítico [...]. Olvidamos a nuestros maestros, ignoramos a nuestros predecesores.

Así contribuimos a la petrificación de la Revolución.

[...] la libertad de expresión está en peligro siempre, la amenazan no sólo los Gobiernos totalitarios y las dictaduras militares, sino también, en las democracias capitalistas, las fuerzas impersonales de la publicidad y el mercado. Someter las artes y la literatura a las leyes que rigen la circulación de la mercancía es una forma de censura no menos nociva y bárbara que la censura ideológica.[6]

Las palabras de Octavio Paz reflejaban los tiempos. El enemigo era y continuaba siendo "la perversión del espíritu revolucionario", no las fuerzas contra las cuales se hacían las revoluciones; la falta de crítica y de libertades entre los revolucionarios, no contra quienes ellos luchaban por la justicia, aunque estos últimos fuesen propensos a los crímenes más alevosos, como el caso de la propia España reflejaba, con tal de perpetuar sus privilegios. Las libertades siempre habían estado amenazadas por lo que Paz llamaba "regímenes totalitarios" (no es difícil adivinar a cuáles se refiere) y por aberraciones "impersonales" de las democracias capitalistas, jamás por la esencia represiva y violenta de ellas, fundamentadas en la privación del derecho de propiedad de las mayorías.

Avalado por las palabras de sus ilustres predecesores, Joan Lerma, presidente de la Generalitat, al pronunciar las palabras finales en el acto de apertura del Congreso, no pudo menos que remarcar el mensaje: "[...] el intelectual es aquel que toma partido por la inteligencia y el pensamiento, por la razón,[7] y por nada más.

¿Cuál debía ser, de esta manera, la relación entre los intelectuales y su tiempo, según las palabras iniciales del Congreso?

Los intelectuales, justificados por una interpretación histórica sesgada y la exaltación de razones y libertades suprahistóricas, en momentos de profunda crisis del socialismo europeo y de los partidos comunistas, deberían limitarse en sus debates a concluir el astuto periplo que se les trazaba de antemano: aceptar ser desterrados para siempre de la política, enclaustrados en su propio ghetto, considerados apenas apóstoles de una endogamia debilitante y decadente: un festín, en fin, para los explotadores, los claudicantes, los cambiacasacas que venteaban la debacle en la atmósfera. Y para colmo, como haría después Gorbachov con la *perestroika*, se proclamaba que el desmantelamiento, la claudicación, la rendición, se hacían para perfeccionar la revolución y el socialismo.

A partir de esta clarinada, lanzada sobre la misma línea de partida, los debates quedaban condicionados.

Las mesas o comisiones de trabajo en que se dividieron las intervenciones de los delegados y ponentes, fueron:

Mesa 1: "Incógnitas de la información".

Mesa 2: "Los intelectuales y la historia".

Mesa 3: "Ciencia y complejidad".

Mesa 4: "Del movimiento moderno al postmodernismo".

Mesa 5: "Los intelectuales y la memoria".

Mesa 6: "Cultura y culturas" (Intercomunicación e intercambio cultural).

Mesa 7: "Nuevas culturas" (Nuevas tecnologías y medios de comunicación masivos).

Mesa 8: "La guerra civil vista por los otros".

Mesa 9: "Los intelectuales, la violencia y las nuevas conciencias críticas".

En las palabras introductorias de la mesa dos, la de "Los intelectuales y la Historia", que tuvo lugar el martes 16 de junio, Fernando Savater abría los debates con afirmaciones tales como que:

> La época postmoderna que nos ha tocado vivir no parece ser de las más, digamos, entusiastas de la Historia. Es la celeridad, el momento, lo fugaz, digamos [...], lo que parece estar en el centro de la preocupación contemporánea. Antes se hablaba del "sentido de la Historia"; hoy son, más bien, los diversos sentidos, los que cada cual tiene en su Historia [...], todo ello plantea de manera suficiente y a la vez diferente de épocas anteriores, el tema de la relación entre el intelectual y la Historia.[8]

Pudoroso como una virgen vestal, a pesar de afirmar que "[...] mi misión aquí no es más que la de presentar a las personas que nos acompañan en la mesa [...]",[9] al presentar a Cornelius Castoriadis, lo identificó como autor del libro *Socialismo y barbarie*. Corregido su *lapsus* por el propio Castoriadis (*Socialismo o barbarie*), muy lejos de la aparente neutralidad y objetividad que reivindicaba terminó afirmando: "Socialismo y barbarie es lo que ha habido en la mayoría de los casos [...]".[10]

En esa misma mesa, tomando caballerosamente el guante que Savater lanzase al ruedo, un ponente como Hans Christoph Buch, terminó sus palabras tras analizar a la revolución sandinista, no al gobierno de los Estados Unidos que la agredía, afirmando que "[...] el estalinismo está muy latente y que no es sólo un problema geográfico [...] efímero".[11]

Cuando habló Cornelius Castoriadis, asentó las raíces del presente en su muy peculiar concepción de la Historia:

> [...] reconocemos que la Historia no está hecha por Dios ni por las leyes históricas sino, aunque de forma inconsciente, por los seres humanos.
>
> El pasado y el presente no son más que un hecho bruto que se transforma en la medida que son retomados y revalorados críticamente por nosotros.
>
> [...] [Intelectuales son] las personas que, cualquiera que sea su oficio, se interesan activamente por lo que ocurre en la sociedad en la que viven y que intentan sobrepasar su esfera de especialización. Esto que acabo de decir, lejos de ser la definición correcta del intelectual, debería ser [...] la de un verdadero ciudadano democrático.
>
> [...]
>
> Con Platón empieza el tipo de filósofo que se aleja, se separa de la ciudad y que, al mismo tiempo quiere, dominándola, dictarle la verdad política, ignorando la creatividad instituyente del pueblo.
>
> [...] este otro deplorable aspecto de la actividad de los intelectuales frente a la Historia es la racionalización de lo real [...], de la adoración del hecho realizado, de la legitimación a toda costa de la realidad existente [...].
>
> [...]
>
> Pero la más extraordinaria proeza, la farsa más trágica que nos presenta la Historia, es cuando el intelectual logra esta hazaña suprema de unir la crítica más avanzada de la realidad con la adoración de la fuerza establecida y el poder. Es lo que lograron los "compañeros de viaje" durante estos últimos setenta años [...]. Sartre defendió a Stalin.
>
> Es el ejemplo más triste [...] de lo que Octavio Paz llamó ayer "estigma de la infamia combinada con el estigma de la santidad".
>
> [...] no saldremos de la enfermedad y de la perversión que han caracterizado el papel de los intelectuales desde hace sesenta años, más que si

el intelectual vuelve a ser un verdadero ciudadano. Esto no significa que vuelva ser militante de partido [...] sino que debe reivindicar activamente su participación en la vida pública del mismo modo que los demás [...]. El intelectual debe reconocer [...] que la Historia es el dominio de la creatividad de hombres y mujeres como él.

Para terminar diré que lo que siempre me ha sorprendido de los intelectuales estalinistas es que creo que les hubiese sido suficiente leer tres líneas de Stalin para comprender, por razones estéticas, que la Revolución no podía ser eso.[12]

Fernando Claudín, al intervenir en esa misma mesa, enumeró las razones por las cuales los intelectuales deberían renunciar a sus luchas, partiendo de que:

El mito [de la Revolución] consiste en considerarla socialista, creadora de una nueva sociedad sin opresión, sin injusticias y desigualdades y a él va unido el mito del intelectual como mentor de la clase obrera.

[...]

La *perestroika* (que ojalá se abra paso, y en la medida de lo posible, debemos contribuir a su éxito) es [...] el certificado de defunción del gran mito. Este hundimiento de lo que fue el fundamento del compromiso del intelectual durante décadas no significa, yo creo, que debamos caer en la desesperanza, la indiferencia, el repliegue en lo privado [...]. Pero sí nos dicta la imperiosa obligación de extraer algunas lecciones de la Historia.

En primer lugar, se impone una lección de humildad: no somos tan importantes ni tan clarividentes como pudimos creer en el pasado.

En segundo lugar, la constatación banal de que el mundo actual es muy diferente de aquel en que se forjó históricamente la noción del "compromiso del intelectual".

[...] aún no se perciben con suficiente claridad los contornos de lo que está naciendo y de ahí la dificultad para teorizar nuevos paradigmas. Sin embargo, hay compromisos insoslayables para el intelectual, la crítica de todas las formas modernas de injusticia, la crítica de todas las formas de abuso de poder, de los atentados a la libertad.

[...]

Yo creo que si alguna lección se desprende de los cincuenta años transcurridos desde el Congreso de Valencia, y más concretamente desde los setenta años de la Revolución Rusa, es que la democracia política es una condición necesaria, aunque no suficiente, para la resolución de los actuales problemas de la humanidad.[13]

Con toda organicidad, el último ponente, Giovanni Levi, continuó el discurso de quienes le antecedieron declarando que "[...] no creo que la labor de los historiadores sea la de recordar, sino la de organizar el olvido [...], la de elegir qué pasado queremos tener".[14]

En esta definitoria mesa de discusión, volvió a hacer uso de la palabra Hans Christoph Buch. Su segunda intervención expresaba la mala conciencia de algunos de los presentes, su renuncia a luchar por las razones que antes los habían motivado, pero intentando justificarlo así:

La traición está definida en los diccionarios como refiriéndose a una causa o a una o varias personas, y estas dos especies de traición [...] son a menudo confundidas. ¿Acaso le está prohibido al intelectual, o a un ser cualquiera, sacar conclusiones de su experiencia ya sea personal o política?, ¿le está prohibido cambiar su orientación ideológica, política o religiosa?, ¿es eso traición?

Creo que fue Sartre quien dijo que el deber de los intelectuales es la traición, es su deber traicionar la causa si se han dado cuenta que ha sido traicionada, como la revolución fue traicionada por Stalin.[15]

André Schiffrin, uno de los asistentes llegado de New York, tras escuchar semejantes intervenciones, expresó ideas muy pertinentes, dirigidas a los miembros de la mesa:

Me preocupa y me sorprende ver que en estos dos días que llevamos de Congreso, se han hecho y escuchado denuncias totalmente merecidas de Stalin, Hitler y de otros hechos que ocurrieron hace cincuenta años [...], pero aún no he oído mencionar la palabra Nicaragua, Chile, El Salvador, Guatemala, en donde, en estos momentos, se están produciendo guerras que se parecen en muchos aspectos a la guerra de España.

[...]

La pregunta que debo formularles es si el trauma de la traición de Stalin a la revolución ha sido tal que no pueden ustedes encontrar simpatía ni comprensión hacia las otras víctimas actuales de regímenes asesinos.[16]

Las respuestas a la pregunta formulada fueron más elocuentes que un extenso tratado acerca de las motivaciones de quienes llevaban la voz cantante en el Congreso, diz que convocado para homenajear al de 1937. Tomado por sorpresa, un airado Semprún apenas pudo balbucear que un norteamericano podía formular esas críticas a su gobierno, pues vivía en democracia, pero no así un intelectual soviético. Castoriadis, por su parte, fue más agresivo, al firmar que "el abandono de la (sacrosanta) función crítica del intelectual" fue la causa de su claudicación ante "la revolución proletaria socialista", concluyendo, paladinamente que "[...] no nos olvidamos de Pinochet, simplemente que nuestro trabajo aquí no es hablar de Pinochet, sino observar el papel de los intelectuales y comprender por qué los iluminados de la humanidad se han vuelto apologistas de la dictadura".[17] Tampoco perdió la oportunidad, desde el público, un previsible Mario Vargas Llosa. Su intervención se dirigió a demostrar que en América Latina el estalinismo seguía vivo, y en consecuencia, que hasta que no se le erradicase, no triunfaría la democracia:

> [...] al igual que Guatemala, muchísimos países latinoamericanos en condiciones muy difíciles están tratando de consolidar regímenes democráticos y civilizados. La intelectualidad progresista norteamericana y europea haría muy bien en hablar de una manera solidaria y entusiasta de este esfuerzo, en lugar de seguir utilizando a la América Latina para desahogar problemas nacionales o problemas personales con sus propios gobiernos.[18]

Hablando también desde el público, Ignacio Sotelo fue aún más categórico, al intentar cerrar la lista de los problemas que el Congreso debería atender, al afirmar que:

> [...] desde un punto de vista de la filosofía de la Historia y de la interpretación del presente, sólo tenemos dos problemas fundamentales: entender qué fue eso del fascismo [...] y entender cómo fue posible el estalinismo.

> [...] lo que yo exijo para medir al intelectual, ya no es sólo su capacidad de análisis universal sobre estos dos grandes fenómenos sino, también, su relación con el poder de su propio país [...].[19]

Pero el público no se dejó apaciguar con semejantes malabarismos verbales, ni con el apego visible de los ponentes a una agenda negociada de antemano. Varios de los presentes discreparon con mayor o menor grado de acritud, destacándose un escritor turco, cuyo nombre no recoge la crónica, y que motivó un apresurado cierre de la mesa por parte de Savater. El anónimo escritor turco, exiliado en París afirmó:

> Estoy contento porque al final de este debate hemos llegado desde Sócrates y Platón hasta nuestros días, porque no se puede separar la Historia del presente de la del pasado.
>
> [...] durante mi experiencia en el exilio observé que no la mayoría, pero sí un gran número de intelectuales europeos son muy sensibles al peligro del estalinismo, más sensibles que al peligro del fascismo.
>
> [...] he observado que en ciertos países como Alemania, Francia, Suecia u Holanda, no es el estalinismo el peligro, sino ese nuevo racismo, ese nuevo nazismo que está surgiendo, lo que creo que es un verdadero peligro y, como siempre, se cierra los ojos, no se quiere ver.[20]

Alrededor de este tema y de otros, se enviaron ponencias que fueron recogidas en los cuatro tomos de la serie de memorias del Congreso, pero no consta que hayan sido presentadas. En cualquier caso, no tuvieron, como es lógico, la difusión ni el impacto que lograron los pronunciamientos realizados en las mesas centrales del evento. Algunos, como el de Ángel Gaos, defendían de manera frontal el compromiso de los intelectuales con las mejores causas de su época; otras, como la de Vittorio Strada, intentaban enterrar para siempre, de una vez y por todas, la tradición de ese mismo compromiso. Veamos cómo discurrían ambos:

• Ángel Gaos en "Estrategia de la lucha por la cultura": "[...] hoy, como ayer, es deber moral de los intelectuales y artistas ilustrar y movilizar a los pueblos para tratar de detener a los imperialistas de Washington y mantener abierta la opción del verdadero socialismo, condición política del óptimo desarrollo de la verdadera cultura occidental humanista".[21]

• Vittorio Strada en "El intelectual de izquierdas en el laberinto":

> En esta nueva situación la figura del "intelectual de izquierdas" ha desa-
> parecido, o se mantiene como un grotesco y amenazador residuo [...]. Ha
> llegado la época del intelectual no ya "comprometido", sino responsable,
> del intelectual inteligente [...]. Ha llegado la época de una izquierda
> cuya primera cualidad es aún negativa, ya que debe ser rigurosamente
> antitotalitaria, pero cuya segunda cualidad es positiva, puesto que debe
> ser moderna, viviendo toda la tensión de valores de la modernidad:
> entre libertad e igualdad, entre bienestar de los países industrializados y
> justicia del orden planetario [...].[22]

Pero, como era de esperar, eran las mesas y sus ponentes quienes definían
el tono del Congreso; en ellas se expresaban los objetivos que deseaban
lograr sus auspiciadores, y eran los panelistas los escogidos para ello. Al
igual que en la segunda mesa, en la quinta dedicada a "Los intelectuales y
la memoria", que tuvo lugar el miércoles 17 de junio, se repitió el esquema
ya conocido: coordinador, Jorge Semprún, panelistas: Guillermo Cabrera
Infante, Jorge Edwards, Antonio Tabucchi, Mario Vargas Llosa y Krzystof
Pomian.

Con machacona insistencia, para obligar a los presentes a marcar el paso,
volvió Vargas Llosa en su intervención a centrar el discurso en las diferencias
entre lo que llamó "sociedades abiertas y cerradas", estas últimas, muy fácil
de identificar en su maniqueo concepto del mundo, aquellas donde "[...] el
poder no sólo se arroga el privilegio de controlar las acciones de los hombres, lo que hacen y lo que dicen, aspira también a gobernar su fantasía, sus
sueños y, por supuesto, su memoria".[23] Después, como era de esperar, habló
el polaco Pomian, expulsado del Partido Obrero Unificado Polaco en 1966,
criticó, por supuesto "[...] la memoria de la izquierda, concretamente el ala
más izquierdista del comunismo y de los intelectuales comunistas [...],"[24]
proclamando además que:

> [...] tenemos obligaciones y deberes hacia esas memorias [...], ocasiona-
> ron tanto fluir de sangre que tenemos que intentar liberarnos de ellas,
> pues este tipo de memoria siempre queda mutilada, deformada y some-
> tida a censuras y falsificaciones [...]. Pero este coraje falta también a

algunos intelectuales que no siendo miembros del partido, sin embargo, se dedican a dar una imagen suave y falsa de la izquierda.[25]

No se podía ser más directo, pero quedaba en evidencia la división de los papeles asignados a cada uno de los panelistas de la mesa cinco. Sólo que encontraron resistencia, como en los criterios expresados por Manuel Vázquez Montalbán:

> Estamos asistiendo a un replanteamiento de aquel Congreso [el de 1937].
>
> [...]
>
> En cuanto a este Congreso, en sí mismo, a la memoria que está creando, en parte implica eso: ¿qué va a hacer con el del 37?, ¿cómo lo va a dejar a las próximas generaciones?; pero también, él mismo, ¿para qué va a servir? Si va servir solamente para ese lavado de la imagen del de 1937, si va a servir solamente para acercarlo de manera lúcida a cuáles fueron exactamente sus reales dimensiones [...].
>
> Yo creo que este Congreso tiene que aportar a la memoria futura el que ha abordado las cosas de hoy, los problemas de hoy y lo que preocupa realmente a la conciencia social de hoy, y lo que se convierte en el nuevo desorden, connotado de manera diferente a lo que podría ser el desorden del año 36 [...]. Ese desorden aún no ha aparecido [en las deliberaciones del Congreso], no ha aparecido simplemente por negativa y por una insistente y constante defensa ya alerta sobre los peligros de las sociedades cerradas, y sobre lo que ha dicho Vargas Llosa [...].
>
> Creo en la necesidad [...] de denunciar las sociedades cerradas, pero creo que nos interesa [...] saber cómo se hace la falsificación en las sociedades abiertas [...].
>
> [...] yo quiero plantear que, a partir de ahora, tengamos como propósito añadido a los que ya tenemos, muy loables, que los temas derivados de la contemplación-observación, denuncia y juicio del desorden, del desorden real del mundo actual, formen parte de nuestras deliberaciones [...].[26]

Es interesante constatar la reacción a estas palabras. Sirve para desentrañar la manera en que se diseñó el Congreso y a quiénes se asignó la tarea de apagar cualquier brote de fuego ideológico que se pudiese avivar en las discusiones. La reacción del equipo de los apaciguadores que marcaba el paso del cónclave fue rápida y muy ilustrativa:

- Jorge Semprún: "Lo que acabas de decir es interesante e incluso aceptable, lo que lamento es que no lo hayamos visto en el Comité preparatorio del Congreso, del cual formas parte [...]".[27]
- Mario Vargas Llosa:

> [...] la descripción de los riesgos que conlleva una sociedad cerrada es siempre necesaria [...].
>
> [...] el peligro de una sociedad cerrada es un peligro [...] hacia el cual soy particularmente sensible [...]. Soy particularmente sensible porque soy peruano y soy latinoamericano [...].
>
> [...]
>
> [...] es muy importante para un escritor latinoamericano que cree en la legalidad, que cree en el pluralismo, que cree en la libertad, estar continuamente hablando de estos temas, a riesgo de parecer, como te he parecido a ti, un machacón.[28]

A esta altura del debate, de manera "inesperada", Hans Christoph Buch, desde el público, secundado rápidamente por Octavio Paz, propuso que el Congreso enviase un telegrama de protesta a Pinochet (lo cual era comprensible, pues apenas catorce años antes había encabezado un cruento golpe militar fascista, causante directo de cientos de muertes en Chile), y otro a Gorbachov (lo cual era más difícil de explicar, pues no tenía responsabilidad directa con hechos sucedidos hacía más de treinta años en su país) pidiéndole la rehabilitación pública de los desterrados al Goulag. Téngase en cuenta que semejante proceder pondría a los soviéticos ante un reclamo de los intelectuales del mundo que les exigía reexaminar su pasado en medio de los procesos de la *perestroika*. Sacrificar a Pinochet, notoriamente desprestigiado, con tal de debilitar a los soviéticos o de probar hasta dónde sería capaz de actuar Gorbachov, bajo presión, resultó una jugada astuta, y a la vez, transparente, la que evidenciaba premeditación y alevosía. A propósito, ninguna de aquellas voces esclarecidas se levantó para exigir explicaciones a Reagan por las víctimas de Hiroshima o Nagasaki, causadas por una decisión de Truman, por citar un solo ejemplo.

El festín tan cuidadosamente planeado continuó con ponencias como la de la checa Mira Liehm titulada "Dirigentes —amos y mandados-sirvientes". La idea inicial era previsible e ilustraba de manera clara y convincente las coordenadas que se esperaban de ella:

> La primera experiencia que tuvimos los "intelectuales-novatos" de mi generación, viviendo en países llamados "democracias populares", fue una profunda decepción frente a la actitud de los intelectuales ya instalados que deberían habernos servido de maestros e incluso, de ejemplos. Hablamos de la generación que creció en la primera mitad de los cincuenta, en su ambiente de ardor intelectual-fanático-dogmático y de negación creciente de los valores intelectuales [...].
>
> Nos sentimos traicionados por los que pretendían ser la conciencia del pueblo y asumir la misión de civilizar el mundo mientras veían sin pestañear a los intelectuales de otras opiniones encarcelados o silenciados.[29]

Este "desengaño" de algunos intelectuales de Europa del Este, en opinión de Mira Liehm, les inducía a culpar al socialismo de todos los males mientras exculpaba de cualquier defecto al capitalismo. Esta curiosa y muy selectiva lógica explicaba afirmaciones tan paradójicas y manipuladoras, como la siguiente, un intento de programa máximo para los intelectuales de la época, que hubiese hecho las delicias de Daniel Bell:

> Lo que vivimos hoy no es una crisis del capitalismo, como lo preveía la generación anterior, sino la crisis de una sociedad industrializada cuyos problemas son mucho más complicados [...]. Ahora los *mass-media* se han convertido en los "dirigentes-amos" [...]. [Hoy los intelectuales] ante la elección ontológica de J. P. Sastre, prefieren la elección rigurosa de Julien Benda; desconfían de las causas justas de las cuales podrían abusar; se lucha para casos concretos de violación de los derechos del hombre y se implican en asuntos políticos solamente en los raros casos donde hay un gran problema moral. Se habla más de integridad y menos de responsabilidad [...].
>
> Muchos de los llamados intelectuales contemporáneos tratan de ayudar a personas muy concretas que son oprimidas en los llamados países socialistas [...].[30]

En la misma línea aparece otra ponencia, la de Enrique Lihn Carrasco, titulada "Antifascismo ahora: defensa de la cultura contra la trinchera", dedicada a "fundamentar" el carácter apolítico del arte y la cultura, así como la inutilidad de la militancia política de los intelectuales:

> Los congresos de artistas e intelectuales [...] no se caracterizan por su utilidad práctica. A menos que se trate de acontecimientos ligados académicamente a la ciencia de la literatura [...].
>
> [...]
>
> Los refuerzos y apoyos que vienen de afuera distorsionan el campo cultural. Así la politización de la cultura o la política cultural que inscribe a la cultura en la batalla ideológica o en la lucha armada.
>
> La lucha política en el frente cultural es una batalla alegórica que no ha ganado ninguna guerra, justamente, la defensa de la cultura en 1937, en Valencia, significa la adhesión necesaria, pero inútil, de muchos artistas e intelectuales por una causa perdida [...].
>
> El arte y la literatura vigilados de los países aislados en que se construye el socialismo, prueban hasta la saciedad, que la politización de la cultura, en el mejor de los casos, la suspende y la congela.
>
> [...]
>
> Los artistas e intelectuales debemos defender en la cultura la libertad [...].[31]

Tales fueron los aires predominantes en aquel Congreso, y también la de aquellos años, antesala de los dramáticos cambios que barrerían la experiencia socialista europea e instaurarían, durante más de una década, una especie de ola polar o de glacial en los ambientes intelectuales del mundo coincidiendo, no por casualidad, con la "revolución conservadora" de Reagan, primero, y el ascenso del movimiento neoconservador, después. No debe asombrar a nadie que criterios peyorativos y estigmatizantes como el de Roberto Mesa, ponente en la mesa novena, que tuvo lugar el viernes 19 de junio, bajo la coordinación de Manuel Vázquez Montalbán, se hayan impuesto, aunque no sin oposición: "La experiencia demuestra hasta la saciedad que el individuo pensante, si se pone al servicio de un partido político o de cualesquiera otra formación, deviene progresivamente en un funcionario de la cultura, de una cultura entrecomillada".[32]

Esta novena mesa desarrolló el tema de "Los intelectuales, las violencias y las nuevas conciencias críticas", y contó con las intervenciones de Roberto Mesa, María Antonietta Macciocchi, Francisco Carrasquer, Roger Bartra, Jon Iuaristi, Carlos Franqui, Marta Frayde y Daniel Cohn-Bendit, entre otros. A pesar de la claridad conceptual del coordinador, una de las voces más honestas y coherentes del Congreso; a pesar de sus esfuerzos iniciales por salvar el sentido que debió tener este encuentro, condenando lo condenable y defendiendo lo justo, poco podía hacerse contra la corriente impuesta por los organizadores, y por el aporte jubiloso de muchos de los delegados, cuidadosamente escogidos y estratégicamente ubicados en los momentos estelares del Congreso.

Desde el inicio de la mesa Vázquez Montalbán recordó: "El motivo original de este Congreso fue la conmemoración de otro anterior, de hace cincuenta años, que tuvo una motivación fundamental violenta: un alzamiento militar y una respuesta popular y legítima para defender [...] los valores democráticos acuñados por la II República".[33]

La escritora italiana María Teresa Macciocchi se alejó prontamente de la caracterización de la violencia como justa e injusta propuesta por Vázquez Montalbán, y se adentró en la crítica de Sartre y Fanón, en tanto exponentes de lo que llamó "enorme virulencia contra la sociedad occidental" que caracterizó durante décadas la lucha contra la violencia colonialista de los pueblos del Tercer Mundo que, como era de esperar, se mantiene fuera de cualquier análisis o crítica. En contraposición a estas posturas, a las que se declara superadas, se propone la de Michel Focault, por ubicar la lucha en el terreno ambiguo y casi místico de la liberación del hombre, por sí mismo, "[...] de las ataduras internas que él mismo se produce".[34] No debe asombrarnos, en consecuencia, que se repute al polaco Lech Walesa como el paradigma revolucionario de los nuevos tiempos, símbolo del poder de acciones no violentas "[...] que introducen en sus acciones una dimensión totalmente desconocida hasta entonces y es la de la espiritualidad en política".[35]

A la luz de todo lo ya revelado acerca de este paradigmático "revolucionario" y la manera en que millones de dólares del gobierno de Reagan garantizaron su "revolución política espiritual", estas afirmaciones resultan ingenuas o cínicas, dependiendo del grado de conocimiento de la realidad polaca que hubiese tenido la Macciocchi. Pero en 1987 pesaron, y no poco, en los resultados del Congreso.

El tema Cuba, por fuerza estalló tras las palabras de Carlos Franqui y Marta Frayde, incluidos en la mesa, como no lo fueron los representantes de la Revolución cubana. Las respuestas de Lisandro Otero y Pablo Armando Fernández no se hicieron esperar. La situación fue subiendo de tono hasta casi desembocar en un enfrentamiento entre partidarios y enemigos de la Revolución cubana, el cual se extendió luego a partidarios y enemigos del gobierno español. Este momento, curiosamente, fue el que provocó la mayor confrontación del Congreso, los intercambios donde mejor se pudo apreciar las dos tendencias que se enfrentaban en su seno, la luchadora y revolucionaria, y la claudicante y conciliadora.

Cuando Lisandro Otero dice indignado que "[...] en las pocas horas que le quedan a este Congreso se debería recapacitar e intentar recobrar su objetividad, bastante cuestionada en este momento"[36] expresaba el sentir de muchos que no quedaban satisfechos con las evidentes manipulaciones de los temas tratados, ni con el carácter tendencioso que se intentaba dar a sus conclusiones. Se produjo entonces una interesante intervención de Daniel Cohn-Bendit, que retrató de manera exacta la situación:

> La idea o el concepto que más interesante ha sido para mí en los últimos años es el de "paria", es decir, el individuo que, frente a lo universal, defiende una idea y lucha por ella [no importa cuán justa o verdadera sea dicha idea].
>
> [Sastre] ha sido un oportunista en la política y sobre todo frente a [...] los movimientos sociales [...].
>
> Los intelectuales deben decir la verdad, no suplir el papel de los movimientos sociales.
>
> Sobre esto yo quisiera decir algo a los camaradas cubanos. Cuando una persona me dice "yo critico al Estado que represento", entonces yo escucharé lo que tenga que decir. Estoy harto de personas que defienden. Ante los norteamericanos siempre defenderé a Nicaragua o a Cuba, pero nunca dejaré de denunciar el totalitarismo en Nicaragua ni el de Cuba.
>
> Y ya que hablamos del papel de los intelectuales, quisiera darles aquí el ejemplo de un intelectual al que admiro profundamente por su coraje político [...]. Se llama Adam Mishnick, y está en Polonia [...].[37]

Los puntos de vista de Cohn-Bendit, tan valientes para agradar a los patrocinadores de Mishnick, y justificar las agresiones contra Cuba y Nicaragua con los mismos argumentos que los funcionarios de Reagan utilizaban para ello, fue interrumpida por el repudio de buena parte de los presentes, pero acuñó una razón cínica que no ha dejado desde entonces de pretender un extraño equilibrio de juicio a la hora de optar entre verdugos y víctimas, poniéndolos, de manera aparentemente principista, en igualdad de condiciones, magnífica coartada para eludir la toma clara de postura, que podría acarrear, ya se sabe, más de un sinsabor. La respuesta vino del público, y no se hizo esperar, pues alguien desde el público exclamó:

> […] como aquí de lo que se trata es de criticar, no me voy a privar de la ocasión de criticar al Gobierno que ha organizado este Congreso porque me parece que ninguno de los intelectuales que ha participado, quizá alguno, pero uno o dos como mucho, se salven, pero todos los demás no tienen vergüenza […]. Han echado por tierra la memoria de la gente que vino de todo el mundo a dejarse la vida, y creo que no hay derecho.[38]

Carlos Serrano, también desde el público, reparó en las intenciones provocadoras escondidas que se observaban en la manera como se organizaron los debates y las invitaciones cursadas: "[…] yo creo que desde un principio esta tarde el debate empezó de una forma que parecía encauzada a que se produjera algún tipo de conflicto […] tampoco estaría yo en avalar […] un ataque sistemático contra Cuba".[39]

Un sencillo obrero, igualmente desde el auditorio, fustigó los continuos ataques anticomunistas de algunos delegados, siendo aplaudido por ello y afirmó con envidiable agudeza: "[…] me da la sensación […] de que al meter en el mismo saco el estalinismo y el comunismo, dos cosas muy distintas para cualquier comunista decente y honrado, el Congreso se ha convertido en un foro de sedicente propaganda anticomunista".[40]

Curiosamente, en la mesa nueve, donde los organizadores del Congreso se extremaron en preparar las condiciones para rematar el giro hacia la derecha que esperaban producir en la intelectualidad y los presentes, el resultado final fue muy diferente al deseado. Las opiniones desde el público se fueron radicalizando con críticas hacia el camino que se abandonaba y reclamando la toma de partido de los intelectuales y artistas ante los candentes problemas de la época. Arreciaron también las críticas hacia personajes como Savater, Semprún y Cohn-Bendit. Sobre este último uno de los presentes afirmó:

> [...] me parece que es muy peligroso decir cosas con la palabra y olvidarse de la ideología, y me parece que es una falacia equiparar, como ha hecho el señor Cohn-Bendit posiblemente amparado por la aureola que tenía antes, la cual yo también admiraba, querer equiparar [...] Nicaragua y Cuba con Chile, por ejemplo, o Paraguay. Esto me parece sumamente peligroso porque es, por un lado, el liberalismo en política e ideológicamente; y por otro lado, me parece que en este Congreso de Intelectuales es un modelo de intelectual, que es el crítico sin ideología, es decir, el tecnócrata, esa ideología hay que combatirla.[41]

El acto de clausura del Congreso tuvo lugar el sábado 20 de junio. En la presidencia se encontraban, entre otros, José María Maravall, ministro de Educación y Ciencia; Octavio Paz, presidente del Congreso; Ricardo Muñoz Suay, coordinador general; Juan Gil-Albert, Joan Fuster, Stephen Spender y Juan Cueto, siendo notoria la ausencia de Manuel Vázquez Montalbán.

Maravall expresó:

> En el dilatado intervalo de 50 años muchos desplazamientos se han producido en el seno de la cultura. El concepto cerrado de cultura [...] se ha ido abriendo progresivamente. Hoy ya no hay certidumbres sobre la *cultura* sino acaso sobre las culturas [...]. Los intelectuales ya no son los únicos que dicen lo verdadero a quienes lo ignoran ni hablan en nombre de quienes no pueden hacerlo.
>
> Cualquier actitud que reclame el acuerdo ciego, negando o ignorando el derecho a disentir, combate por una causa innoble y debe llenar de vergüenza al intelectual.
>
> [...]
>
> La tolerancia, la disidencia, la libre circulación de las ideas y la crítica [...] aparecen en la actualidad como valores que la inteligencia debe hacer perdurar.
>
> Debemos volver a pensar serenamente con qué actitudes y con qué métodos cerramos el paso al totalitarismo.

Tal vez esta condena, junto con la afirmación de la democracia, como actitudes que merecen ser defendidas hoy, sean por el momento las únicas coincidencias posibles entre nosotros, entre gentes libres que piensan.[42]

Cuando Octavio Paz tomó la palabra para dar por concluida la ceremonia de clausura y con ella el propio Congreso, resumió de manera lúcida todo lo que lo separaba del realizado en 1937, del que, en su honor, se convocase 50 años después; y de paso, sintetizando la época en que este último tuvo lugar expresó:

[…] la diferencia esencial entre el Congreso de hoy y el Congreso de ayer es que, el primero fue un acto muy hermoso de solidaridad, estuvo presidido por la idea de unanimidad, por la idea de totalidad, mientras que este Congreso de hoy ha estado regido por la diversidad y por la pluralidad. El mal moderno de nuestras sociedades ha sido la idea del "uno" y la idea del "todo", la hegemonía de estos dos fantasmas ideológicos sobre la diversidad y la pluralidad de la vida […]. Han habido pequeños excesos pasionales, afortunadamente […]. Ha habido también la supervivencia de algunas actitudes ideológicas que creíamos enterradas para siempre. No importa. Si el pasado está vivo también el futuro amanece.[43]

Transcurridos 17 años desde la celebración de aquel segundo Congreso de Valencia, en Caracas, Venezuela, en medio de la revolución bolivariana conducida por Hugo Chávez, tuvo lugar en diciembre de 2004, otro Congreso de Artistas e Intelectuales bajo el lema "En Defensa de la Humanidad".

Contrariamente a la aversión que decía sentir Cohn-Bendit por quienes defienden algo, cientos de intelectuales de todo el mundo consideraron su deber asistir y construir una plataforma común para defender a la humanidad de los crecientes peligros que no supo, no quiso o no pudo enfrentar aquel de Valencia.

No supo Octavio Paz el alcance de la profecía que efectuase en la misma Valencia que vio defendida por milicianos en 1937, cuando 50 años después afirmó que "si el pasado está vivo también el futuro amanece".

El Congreso de Caracas lo demostraría, con creces.

REFERENCIAS

1. "Cinco notas de presentación". En: Álvarez Valencia, Joan, comp. Congreso Internacional de Intelectuales y Artistas: 50 años después. Valencia: Generalitat Valenciana, Consellería de Cultura, Educació i Ciencia, 1989. t. 1, p. 8.

2. Muñoz Suay, Ricardo. "La organización del Congreso". Ídem, p. 16.

3. Ídem, pp. 16-17.

4. "Versión definitiva". Ídem, pp. 27-28.

5. "Acto de inauguración. Lunes 15 de junio, 12 horas". Stephen Spender. Ídem, pp. 33-34.

6. Octavio Paz. Ídem, pp. 39-40, 42-44, 48.

7. Joan Lerma. Ídem, p. 47.

8. "Segunda mesa. Tema: 'Los intelectuales y la Historia'. Martes 16 de junio, 10:30 horas". Fernando Savater. Ídem, p. 125.

9. Ídem.

10. Ídem, p. 126.

11. Hans Christoph Buch. Ídem, p. 129.

12. Cornelius Castoriadis. Ídem, pp. 133-138.

13. Fernando Claudín. Ídem, pp. 140-143.

14. Giovanni Levi. Ídem, p. 143.

15. Hans Christoph Buch. Ídem, p. 148.

16. André Schiffrin. Ídem, p. 149.

17. Cornelius Castoriadis. Ídem, p. 151.

18. Mario Vargas Llosa. Ídem, p. 153.

19. Ignacio Sotelo. Ídem, pp. 156-157.

20. [Yo soy un escritor…]. Ídem, pp. 161-162.

21. Gaos, Ángel. "Estrategia de la lucha por la cultura". Ídem, p. 258.

22. Strada, Vittorio. "El intelectual de izquierdas en el laberinto". Ídem, p. 281.

23. "Quinta mesa. Tema: 'Los intelectuales y la memoria'. Miércoles 17 de junio, 16:30 horas". Mario Vargas Llosa. Ídem, t. 2, p. 144.

24. Krzystof Pomian. Ídem, p. 147.

25. Ídem, pp. 149-150.

26. Manuel Vázquez Montalbán. Ídem, p. 161.

27. Jorge Semprún. Ídem, p. 162.

28. Mario Vargas Llosa. Ídem, pp. 163-164.

29. Liehm, Mira. "Dirigentes-amos y mandados-sirvientes". Ídem, p. 204.

30. Ídem, pp. 208-209.

31. Lihn Carrasco, Enrique. "Antifascismo ahora: defensa de la cultura contra la trinchera". Ídem, pp. 210, 216-217.

32. Mesa, Roberto. "Los intelectuales, las violencias y las nuevas conciencias críticas: retos y funciones en una sociedad distinta". Ídem, t. 3, p. 242.

33. "Novena mesa. Tema: 'Los intelectuales, las violencias y las nuevas conciencias críticas'. Viernes 19 de junio, 16'30 horas". Manuel Vázquez Montalbán. Ídem, p. 183.

34. María Antonieta Macciocchi. Ídem, p. 191.

35. Ídem, p. 192.

36. Lisandro Otero. Ídem, p. 225.

37. Daniel Cohn-Bendit. Ídem, pp. 228-229.

38. [Bueno aquí como…]. Ídem, p. 230.

39. Carlos Serrano. Ídem, p. 231.

40. [Soy un espectador…]. Ídem, pp. 231-232.

41. [Quisiera hacer una…]. Ídem, p. 237.

42. "Acto de clausura. Sábado 20 de junio, 12 horas". José María Maravall. Ídem, t. 4, pp. 12-13, 15.

43. Octavio Paz. Ídem, p. 120.

CAPÍTULO 12

RESURRECCIÓN DE PROMETEO

Una vez más, como en el caso del Congreso de Valencia de 1987, Cuba deslindaba los campos y medía.

En el 2003, en medio de una campaña de propaganda feroz contra la Revolución cubana, tras la adopción por esta de medidas de legítima defensa contra la contrarrevolución interna, alentada y pagada por el gobierno de los Estados Unidos, y para enfrentar intentos terroristas de crear una situación de ingobernabilidad en el interior del país mediante el secuestro de aviones y embarcaciones civiles, todo lo cual debía propiciar las condiciones para una intervención militar del mismo corte de la que acababa de tener lugar en Afganistán e Iraq, un importante grupo de intelectuales mexicanos, encabezados por Pablo González Casanova, inició un movimiento de solidaridad con el pueblo cubano, y en contra de la política imperialista del gobierno de Bush.

Sin proponérselo, aquel pequeño grupo inicial retomaba una tradición intelectual que se remontaba a los inicios del siglo XX, la misma que había enfrentado la barbarie de las guerras imperialistas y la solidaridad con la revolución de obreros y campesinos que triunfaba en Rusia; la que enfrentó, sin vacilación alguna el ascenso del fascismo y el nazismo en Europa y fue capaz de reunirse en 1935 en París, y sobre todo, en Valencia, en 1937, resistiendo con ideas, pero también con las armas en la mano, la embestida franquista, defendiendo la República española, esperanza de los mejores hombres y mujeres del mundo, en aquellos años; la que no dejó de luchar por un mundo mejor, aun en medio de las difíciles condiciones de la Guerra Fría, por la liberación de los pueblos coloniales, en defensa de la paz, contra las iniquidades del capitalismo, contra las agresiones imperialistas, en apoyo de la Revolución cubana, que triunfó en 1959.

Fue el renacer de una tradición combatida con saña por los conservadores de Reagan, y por los claudicantes que creyeron terminada la época de las revoluciones y las luchas, al venirse abajo la experiencia socialista de Europa del Este y ocurrir la desaparición de la URSS, y que se reunieron en Valencia, en 1987, escarneciendo la memoria del otro Congreso, celebrado 50 años antes, para intentar extender la carta definitiva de defunción del compromiso de los intelectuales con su época. Una tradición, en fin, que resistió aletargada, pero viva, el despliegue en la década de los 90 del mundo de pensamiento único, del mundo unipolar que se reputó entonces como eterno, inmutable, inconmovible, finalmente y para siempre, se decía, capitalista. La que comenzó a reaccionar ante las imágenes de las masacres en Afganistán e Iraq, las de una guerra de expansión y rapiña que, bajo el pretexto de acabar con el terrorismo, se desplegaba de espaldas y en contra de la opinión pública mundial. La que protagonizó la elaboración del documento "A la conciencia del mundo", leído por Pablo González Casanova, el 1ro de mayo de 2003, en la Plaza de la Revolución, en La Habana, ante más de un millón de cubanos y que, partiendo del análisis de la agresión contra Iraq, alertaba de una posible agresión contra Cuba. La que se levantaba para enfrentar el proyecto neoconservador del gobierno de Bush que intentaba ahogar a la Revolución cubana, por su significado moral, por su dimensión cultural, por su valor intelectual.

De aquel pronunciamiento inicial de apoyo a la Cuba revolucionaria y socialista, se pasó a una paciente labor de contacto con grupos semejantes en diversas latitudes del mundo, grupos combativos y resistentes que fueron saliendo del asilamiento y el asedio al que los había sometido el enemigo ideológico durante aquellos años duros, sumándose y constituyendo una red que pronto se llamaría "En Defensa de la Humanidad". El primer paso se dio en Ciudad México, los días 24 y 25 de octubre de 2003, en un encuentro de artistas e intelectuales del mundo convocado bajo esa misma idea central. La convocatoria destacaba que:

[...] el objetivo de tomar decisiones colectivas y delinear acciones contra la pretensión de Estados Unidos de imponer un único orden económico, cultural y militar en el mundo [...].

[...] conformar una red internacional de intelectuales que elabore propuestas y convoque a acciones a la par de los movimientos mundiales de resistencia.

[...] se analizará el carácter del nuevo imperialismo y sus esquemas de dominación y se discutirá qué hacer, es decir, las vías y los caminos que tienen las demás naciones para defender la humanidad.[1]

Entre los promotores se encontraban Horacio Labastida, Víctor Flores Olea, y Gilberto López Rivas, quienes declararon en conferencia de prensa que "[...] es urgente la toma de acciones de los intelectuales [...]",[2] subrayando que la convocatoria "[...] es una invitación a la conciencia colectiva. Se busca defender los valores internacionales ante el círculo de la brutalidad que se cierne sobre el mundo, pero sobre todo se tiene que defender la verdad y la moral mundial, así como el justo orden internacional que se pretende desdibujar".[3]

Al concluir exitosamente este encuentro se emitió una Declaración Final, que tuvo entre sus elementos fundamentales los siguientes:

La humanidad ha llegado a un punto crítico que entraña serios peligros. Asoma una nueva barbarie [...]. El sistema hegemónico opera como una máquina de exclusión social.

Una cantidad cada vez mayor de seres humanos ha sido declarada prescindible para el modelo en expansión [...].

Si importa poco el desatino de los excluidos, importan menos sus valores y culturas, sus identidades y comunidades, a menos que sean reducidos al imperativo del mercado.

El medio ambiente, la biodiversidad y los ecosistemas con los que ha convivido la humanidad a lo largo de milenios son convertidos en objeto de comercio y de acumulación, al servicio del interés privado [...]. El consumismo y el despilfarro son las normas promovidas por el capitalismo neoliberal.

[...]

[...] contra todo lo que los ideólogos de la globalización esperan, y pese al asedio neoliberal, asistimos a un renacimiento de las luchas étnico-nacionales en todo el mundo, con nuevos y promisorios horizontes liberadores que se unen a las luchas sociales.

[...] afirmamos que la diversidad del mundo es un valor en si mismo y una riqueza de la humanidad.

En los albores del siglo XXI, el imperialismo [...] se ha convertido en un mega-poder de carácter político militar en el que los estados nacionales renuncian al interés público.

[...]

El mesianismo ideológico que define al equipo político de la Casa Blanca representa un peligro para la paz mundial [...] y con su doctrina de "guerra preventiva" amenaza con llevar al mundo a interminables enfrentamientos militares.

[...]

[...] los responsables de los actos de terrorismo de Estado acusan de "terroristas" a los patriotas que luchan por la libertad de sus pueblos.

En 1989 las potencias imperialistas aseguraron que con la caída del Muro de Berlín el mundo entraría en una era de entendimiento y prosperidad asegurada. Sin embargo, otros muros conspiran contra este propósito: muros en la frontera de México con los Estados Unidos y en los territorios ocupados de Palestina; muros legales y raciales en legislaciones de los países de la Unión Europea [...], muros económicos de carácter proteccionista que bloquean el acceso al "mercado libre" predicado por el neoliberalismo [...]; muros de intolerancia [...]; muros político-económicos que marginalizan al continente africano.

En América Latina, los Estados Unidos sigue hostigando a Cuba, con el riesgo de una intervención militar directa [...] es necesario intensificar la solidaridad y estrechar los lazos con la isla asediada [...].

Por mediación del Área de Libre Comercio para las Américas (ALCA) [...] y del Plan Puebla-Panamá, el imperialismo pretende imponer sus propias "leyes" de mercado [...]. Está demostrado [...] que la democracia para el imperialismo tiene un valor instrumental [...].

[...]

Frente a estas políticas se alza en el mundo entero una nueva generación de intelectuales solidarios y luchadores sociales que han roto con
las maquinaciones de políticos profesionales corruptos.

[...]

Se pretende que el mundo de la globalización neoliberal es el único
posible, sin alternativa viable y que la única actitud ante la vida debe ser
el conformismo y la resignación.

[...]

No ignoramos que en los últimos lustros, bajo el influjo de las ideas
neoliberales, algunos intelectuales olvidaron su capacidad crítica y, en
ocasiones, incluso, se sumaron a los afanes del pensamiento único. Más
aún, tenemos en nuestros países una supuesta izquierda que al llegar
al gobierno repite los mismos preceptos y pone en práctica las mismas
fórmulas neoliberales.

En la etapa presente, valoramos el trabajo intelectual que se funda en
procedimientos rigurosos, y al mismo tiempo, es sensible a la injusticia
del mundo en que vivimos; que aprende de sectores en todas las regiones,
naciones y continentes que se levantan contra el orden establecido.[4]

De esta descripción de los agudos problemas que enfrentaba la humanidad,
y sobre la base del papel que debían, y estaban ya jugando los intelectuales
más comprometidos, los delegados al encuentro de México concluyeron
los debates con la adopción de una estrategia conjunta recogida en la
Declaración Final:

Constituir un comité coordinador internacional que se integraría con el
comité organizador de este encuentro [...].

Integrar comités promotores en unidad con los movimientos sociales
en defensa de la humanidad en los países, regiones y localidades [...]
gozando de autonomía plena para poner en práctica sus iniciativas y
formas de organización.

Establecer la red de redes en defensa de la humanidad que se
vincule con otras redes e iniciativas en marcha. Esta red se propone ar-
ticular a los intelectuales que trabajan en la academia, los centros de
investigación científica y humanística, las universidades e institutos de

educación media y superior, así como quienes trabajan en los medios de comunicación y cultura, los que forman parte de los movimientos sociales y organizaciones de la sociedad civil.

Constituir un comité que cubra un espectro amplio de temas y países y que pueda reaccionar de manera inmediata ante una emergencia que amerite el posicionamiento de nuestra red y las movilizaciones necesarias.[5]

Los objetivos específicos de la red que se apuntaron en la Declaración Final fueron:

a) analizar la realidad para aportar y difundir conocimientos, descubriendo lo que no es inmediatamente evidente;

b) deslegitimar el sistema dominante haciendo uso de métodos analíticos críticos al pensamiento único;

c) proponer alternativas fundadas en la acción comprometida en los movimientos y procesos sociales de nuestros pueblos y en el análisis de sus experiencias de resistencia e innovación;

d) identificar el común denominador de las luchas de resistencia para vincular el carácter local con la lucha global;

e) fomentar la resistencia al poder dominante mediante por medio del ejercicio del poder alternativo, la creación de redes interculturales y la difusión de voces múltiples y diversas de la humanidad.[6]

Junto con estos objetivos específicos de lucha, la Declaración Final concluía recogiendo otros más puntuales, entre ellos, el apoyo a iniciativas como la del Tribunal Permanente de los Pueblos, el Foro Social Mundial, el Foro Mundial de Alternativas y las redes contra la globalización neoliberal; aprovechar la existencia de publicaciones y medios de comunicación alternativos; repudiar la Resolución 1511 del Consejo de Seguridad de la ONU sobre Iraq, y proponer la creación de una universidad internacional para reunir a los humanistas, científicos y artistas del mundo dedicados a la lucha por la paz y un mundo más justo, "[…] desde perspectivas antiimperialistas, democráticas y socialistas".[7]

No era ese el lenguaje que los intelectuales solían usar en los últimos tiempos, ni la actitud que asumían, habitualmente, tras los acontecimientos de las últimas décadas. Algo muy profundo había ocurrido en el mundo en el tiempo que mediaba entre Valencia, 1987 y México, 2003.

Las ideas de lucha que habían triunfado en México, estuvieron circulando con antelación a la cita en un anteproyecto constitutivo de este movimiento donde se daban a conocer los siguientes enunciados programáticos:

"En Defensa de la Humanidad" aspira a ser un factor más de movilización mundial en contra del neoliberalismo, destructor de las relaciones sociales, responsable del empobrecimiento de los pueblos, de la negación de la democracia, de la devastación de los valores culturales universales, nacionales y regionales.

[…]

El mundo se ve así sometido a las corporaciones trasnacionales, a los gobiernos que las representan y a los ejércitos a su servicio.

Ha llegado el momento de que la humanidad tome la iniciativa para defenderse y avanzar, no sólo rechazando el sistema depredador, sino proponiendo alternativas que hagan "otro mundo posible" en el cual prevalezcan la justicia, la paz, y la plena realización libre y democrática del hombre y sus civilizaciones.

La lucha es universal, pero también es nacional, local y comunitaria, y ha de incorporar a todos los grupos sociales que hasta ahora, en la historia, han sido explotados, excluidos, marginados.

Será un movimiento plural de convergencia que reconozca en la práctica la diversidad de luchas y los problemas y que, al revés del neoliberalismo destructor, rechace y niegue la existencia del "pensamiento único". En esta hora se precisa buscar la unidad dentro de la pluralidad.

Una vez más se trata de transformar el mundo […] y no simplemente de comentario […].

[…]

[…] será imprescindible avanzar en el planteamiento y en la lucha por soluciones cada vez más radicales […].

[…]

Hasta este momento el imperialismo ha tomado la iniciativa histórica. Pero las fuerzas de la oposición se han desarrollado también con gran amplitud y fuerza. En sólo cuatro años hemos visto que los movimientos que se han manifestado en Seattle, Porto Alegre, Génova y Praga, pasando por Argentina, Bolivia y Venezuela, y desde luego, por Nueva Delhi y la Selva Lacandona [...] por citar sólo algunos casos, han crecido con extraordinaria pujanza y cada vez con mayor efectividad, claridad radical e impacto internacional. "En Defensa de la Humanidad" se propone contribuir con los nuevos movimientos sociales y con las organizaciones de la sociedad política alternativa a la organización de las fuerzas transformadoras que en cada país, en cada región, en cada localidad y comunidad hagan realidad "Otro Mundo Posible".[8]

El terreno sobre el cual levantaba su propuesta este movimiento, como evidenciaban los resultados alcanzados en el encuentro mexicano, había sido fertilizado pacientemente por intelectuales que no se rindieron, que resistieron con estoicismo y fidelidad a sus ideas y a su lucha los momentos más duros de la ofensiva reaccionaria. Intelectuales de la talla de Alfonso Sastre, uno de los más importantes dramaturgos de Hispanoamérica, tenazmente reprimido, censurado y silenciado por la "democracia española", había caracterizado exactamente los rasgos de los intelectuales claudicantes, los que se entregaron al enemigo con armas y bagajes, los que serían también descritos en la Declaración Final de México, con la ponencia "Los intelectuales y la práctica", presentada en abril de 2003 en la Semana de la Filosofía de Pontevedra:

El buen intelectual es hoy un ser humano políticamente correcto.

[...]

El buen intelectual está contra toda violencia, venga de donde venga.

[...]

El buen intelectual es tolerante.

[...]

El buen intelectual es ciudadano del mundo.

[...]

El buen intelectual es pacifista.

[...]

El buen intelectual es demócrata.

[...]

El buen intelectual prefiere la injusticia al desorden.[9]

Compárese la figura de este intelectual adocenado, tan exactamente caracterizado por Sastre, con la de aquellos que se movilizaron tras el Anteproyecto del movimiento "En Defensa de la Humanidad" y en su primer encuentro internacional. Estos respondieron al llamado que hacía Sastre al final de su discurso en Pontevedra:

> El texto anterior está escrito antes de la agresión y la ocupación terrorista-militar de Iraq por las tropas norteamericanas y británicas [...]. La faz del imperialismo se ha mostrado en toda su descarnada crudeza [...]. ¿Qué hacer los intelectuales y los artistas del mundo en un trance como este? A mí no se me ocurre otra cosa que propugnar una implicación, palabra que me gusta más que compromiso, en el descubrimiento y la revelación pública de las verdades que los dominadores tratan de ocultar con todos sus medios mediáticos y sus sobornos.[10]

En algo parecido había concluido el razonamiento de Edward Said cuando, durante la guerra en Kosovo, los Estados Unidos y la OTAN bombardeaban Yugoslavia:

> ¿Van los Estados Unidos y sus sórdida política económico-militar, que sólo conocen el oportunismo y la ganancia, a dominar el mundo, o se podría desarrollar una resistencia intelectual y moral lo suficientemente poderosa a sus políticas? Para aquellos de nosotros que vivimos en su esfera o somos ciudadanos, el primer deber es el de desmitificar el lenguaje y las imágenes devaluadas usadas para justificar las prácticas y la hipocresía norteamericana, el relacionar las políticas de los Estados Unidos en lugares como Burma, Indonesia, Irán e Israel, con lo que están haciendo ahora en Europa, haciéndola segura para las inversiones norteamericanas, y el mostrar que esas políticas son básicamente las mismas, aunque las hagan parecer como diferentes. No puede haber resistencia sin memoria y sin universalismo [...]. No puede haber estándares dobles.
>
> Finalmente, si la vida humana es sagrada, entonces no debe ser cínicamente sacrificada si las víctimas resultan no blancas y europeas [...].

> Llegados a este punto, sólo encontramos la traición de los intelectuales y la total bancarrota moral.[11]

El 10 de febrero de 2004, en el marco de la celebración de la XIII Feria Internacional del Libro de La Habana fue constituido el capítulo cubano de la red "En Defensa de la Humanidad". En dicho acto se declaró que se hacía un llamado a luchar contra el neoliberalismo, se denunció el peligro que representa para la humanidad el régimen de terror impuesto por Estados Unidos y sus aliados. Se enfatizó en la necesidad de perfilar las estrategias defensivas de los pueblos y países, amenazados por esta nueva forma de fascismo que pone al mundo al borde de la destrucción total, explicando que la única forma de lograr la supervivencia es la unión de todas las fuerzas progresistas, para crear un frente antiimperialista que reafirme el derecho de los pueblos a la vida.[12]

Este núcleo inicial cubano estuvo formado por 26 destacados artistas e intelectuales que habían participado antes en el encuentro de escritores cubano-venezolano y en el celebrado en México, entre ellos, Alpidio Alonso, Eduardo Heras León, Eusebio Leal, Fernando Martínez Heredia, Guillermo Rodríguez Rivera, Lisandro Otero, Luis Suardíaz, Miguel Barnet, Reynaldo González, Roberto Fernández Retamar, Rolando González Patricio, Reynaldo García Blanco, Manuel Henríquez Lagarde y Víctor Casaus.

El movimiento que fue tomando cuerpo alrededor de la defensa de la Cuba revolucionaria, y que tenía también entre sus principales objetivos hacer lo mismo con la revolución bolivariana del presidente Hugo Chávez, convocó al Encuentro de Intelectuales y Artistas "En Defensa de la Humanidad", que se celebraría en Caracas, Venezuela, entre el 1ro y el 5 de diciembre de 2004. Como su nombre lo indicaba, esta nueva cita marcaba un punto de inflexión con respecto a aquella de Valencia 1937: sus delegados deberían ocuparse no sólo de defender la cultura amenazada, ahora por el imperialismo neoliberal y el imperialismo, como entonces lo era por el ascenso del fascismo y el avance del franquismo, sino a la humanidad, en su conjunto, a la propia supervivencia de la especie humana, igualmente en riesgo.

La convocatoria al Encuentro reiteraba algunas ideas expresadas por la Declaración Final de México, a manera de continuidad, e incorporaba otras que habían surgido en debates y encuentros posteriores, entre ellas:

[…] el intento imperialista de globalizar su hegemonía está creando una globalización de la resistencia y de la lucha.

Junto al crecimiento de la resistencia de los pueblos se ha multiplicado la participación de los sectores intelectuales en la denuncia del orden existente y del proyecto imperial y en pensar ese otro mundo posible que resulta, también, impostergable.[13]

Llegado el mes de diciembre de 2004, como antes lo fueron París y Valencia, se convirtió Caracas en el destino de intelectuales llegados de todos los rincones del mundo.

Diez fueron las mesas o comisiones en las que se dividieron los delegados para analizar los problemas de la época y, en primer lugar, el papel de los propios intelectuales de cara a los retos del siglo XXI:

Mesa 1: "En defensa de nuestro planeta para todos".
Mesa 2: "En defensa de la integración de los pueblos".
Mesa 3: "En defensa de una economía emancipadora y solidaria".
Mesa 4: "En defensa de la soberanía y la legalidad internacional".
Mesa 5: "En defensa de la unidad en la diversidad y de la cultura para todos".
Mesa 6: "En defensa del conocimiento para todos".
Mesa 7: "En defensa de la participación popular".
Mesa 8: "En defensa de la veracidad y la pluralidad informativa".
Mesa 9: "En defensa de la memoria".
Mesa 10: "En defensa de la paz".

Cientos de intelectuales progresistas y revolucionarios, llegados de todos los continentes, arribaron a Caracas para atender la convocatoria. Entre los más destacados estaban Adolfo Pérez Esquivel, Pablo González Casanova, Danny Glover, Ernesto Cardenal, Alfonso Sastre, Tariq Alí, Ignacio Ramonet, Françoise Houtard, Atilio Boron, Theotonio Dos Santos, Miguel Bonasso, Gilberto López y Rivas, James Petras, Fernando Solanas, Volodia Teitelboim, Thiago de Melo, Saul Landau, Luis Britto García, Ahmed Ben Bella, Gianni Miná, James D. Cockroft, Pascual Serrano, Belén Gopegui, Carlos Frabetti, Tristan Bauer, Andrés Sorel, Keith Ellis, Armando Hart, Fidel Castro Díaz-Balart, Abel Prieto, Francisco Sesto, Carlos Fernández Liria, Hans Otto Hill,

Héctor Díaz-Polanco, Osvaldo Martínez, Pablo Armando Fernández, Pablo Guayasamín, Lisandro Otero, Tomás Borge, Roy Brown, Miguel Barnet, Juan Madrid, Fernando Morais, Michell Colon, Stella Calloni, Richard Mathew Stallman, Isabel Parra, Manuel Cabieses Donoso, Genaro Carotenuto, Eva Forrest, Daniel Chavarría, Carmen Bohórquez, Estela Bravo, Edmundo Aray, Ralph Niemeyer, Sergio Briceño y Martha Harnecker.

La sola presencia de tantas figuras que decían presente a una convocatoria de este tipo; que respondían al llamado para restablecer las redes solidarias y combativas destruidas con especial cuidado por los ideólogos del imperio, del capitalismo y del mundo unipolar; que desmentían, con su masiva presencia en Caracas, el mito del aislamiento y soledad definitiva de los intelectuales revolucionarios, tras la derrota de la experiencia socialista europea y la instauración del pensamiento único, la teoría neoconservadora del "fin de la Historia", y lo "políticamente correcto"; que se enrolaban a plenitud en la defensa y promoción de proyectos revolucionarios, como el cubano y el venezolano, tan estigmatizados y acosados por el imperio y sus lacayos; que se aliaban, sin dogmatismos ni remilgos con los nuevos movimientos sociales, organizaciones no gubernamentales y partidos políticos heterogéneos, pero luchadores por un mundo mejor, hacían del encuentro caraqueño una importante victoria, aun antes de que se iniciasen los debates.

Para entender a plenitud esta afirmación deben situarse en perspectiva los objetivos que se trazaba este Encuentro y la rebeldía de los intelectuales presentes en Caracas 2004, con el triste papel al que había sido relegada la intelectualidad mundial, en los últimos 15 años, el lapso que mediaba entre la caída del muro de Berlín y esta nueva cita.

En 1989, no por casualidad, un oscuro funcionario del Departamento de Estado norteamericano llamado Francis Fukuyama, militante del movimiento neoconservador y uno de sus ideólogos, había intentado dar continuidad a la saga de Daniel Bell, autor de *El fin de las ideologías*, en una coyuntura de cambio anterior. En esta ocasión, y con mucho menos brillo y rigor intelectual, este trasnochado burócrata, amante de la fotografía y la restauración de muebles antiguos, publicó en 1989 la segunda parte de aquel vaticinio mediante un artículo titulado "El fin de la Historia", que daría origen, en 1992, a un libro titulado *El fin de la Historia y el último hombre.* Deslumbrado por la crisis y caída del socialismo europeo, corroído por sus contradicciones internas, Fukuyama estaba deseoso de extender el certificado de defunción de toda rebelión contra el capitalismo y el orden establecido, que se soñaba entonces eterno. Convencido de que lo que suponía desaparición definitiva de la idea socialista significaba el triunfo final del capitalismo y de la llamada "democracia liberal", Fukuyama declaraba agotada la era de las revoluciones y la lucha ideológica. Los rasgos definitivos que, en su opinión, caracterizarían a toda la humanidad en esta nueva época eran la economía de mercado, la democracia representativa y el estado de derecho.

Junto con estos puntos de vista, Fukuyama representó también a quienes defendían como ineluctable la expansión avasalladora y totalitaria de la cultura norteamericana, de la mano de la globalización, tal como declaró en entrevista concedida a Pavlos Papadopoulos. Al ser interrogado acerca de si la globalización es sinónimo de "americanización", Fukuyama respondió:

> Creo que lo es, y es por eso que a muchas personas no les gusta. Creo que debe ser "americanización" porque, en algunos aspectos, Estados Unidos es la sociedad capitalista más avanzada del mundo, y sus instituciones representan el lógico desarrollo de las fuerzas del mercado. Si son las fuerzas del mercado las que empujan la globalización, es inevitable que la "americanización" acompañe a la globalización.[14]

Junto al decreto de Fukuyama mediante el cual se remataban definitivamente las luchas y las utopías, intento neoconservador de desterrar del ámbito del pensamiento a sus antiguos oponentes, declarándolos fuera de la ley postmoderna, florecía otra manera sutil de ejercer la censura y represión ideológica disfrazada de consenso y de ejercicio del sentido común: lo "políticamente correcto".

La labor de pacificación y domesticación del pensamiento disidente y rebelde en las sociedades capitalistas de los 80 y 90 escogió como campo de batalla, no sin razón, al terreno del lenguaje. A la par de la ofensiva conservadora y reaccionaria protagonizada por Ronald Reagan y Margaret Thatcher en el ámbito de la economía, las políticas sociales, y las relaciones internacionales, la represión contra toda crítica o rebeldía se reflejó en el ámbito de su expresión. Con todo cálculo se intentaba pasar de la pacificación del lenguaje a la domesticación del pensamiento, y de ahí a la instauración de la mayor obediencia y pasividad posibles.

Lo "políticamente correcto" significó una manera de reprimir el disenso intelectual profundo, desgastando a sus manifestaciones escritas u orales en la obligatoriedad de utilizar eufemismos ridículos y superficiales que eludiesen llamar a los fenómenos de la realidad por su verdadero nombre, con tal de evitar el deseo de transformarlos. Y lo peor de todo, el colmo del cinismo de sus ideólogos era que todo aquello se hacía a nombre de los intereses de las minorías, de los explotados y humillados del sistema, de sus derechos conquistados a través de las luchas reivindicativas de los 60 y 70. Sobre este fenómeno recoge la Wikipedia:

> Es llamado lenguaje políticamente correcto aquel que es acorde con las normas sociales de corrección de actitud y pensamiento. Su violación lleva a la condena y exclusión social.
>
> El origen de dicha práctica es la obligatoriedad de usar un lenguaje que no ofenda a ningún colectivo.
>
> […]
>
> El uso de este tipo de forma de habla desvía el auténtico problema de discriminación u ofensa hacia las palabras en vez de adentrarse en las verdaderas causas de las mismas.[15]

Según definición en la misma Wikipedia: "Los eufemismos […] son comunes en la política, con el fin de camuflar o hacer que suenen más naturales las políticas impopulares o una crisis económica […]".[16] Ejemplos de semejantes retruécanos verbales son mujer pública por prostituta, conflicto bélico por guerra, daños colaterales por víctimas civiles, neutralizar por matar, hombre de color por negro, desendeudar por pagar una deuda, especialmente al FMI, etcétera.

Esta perniciosa práctica, que llegó a ser usada como una herramienta de terrorismo político para neutralizar y amedrentar, para acallar y desfigurar las denuncias y actitudes antisistema, fue definida por un especialista de la talla de Vladimir Volkoff, autor de *Le desinformation par l'image,* en entrevista con Marc Vittelio, de la siguiente manera:

> Lo políticamente correcto, tal y como lo conocemos en la actualidad representa la entropía del pensamiento político […]. Si comparamos el

hundimiento del comunismo con una explosión atómica, diríamos que [...] constituye la nube radioactiva que sigue a la hecatombe.

Lo políticamente correcto consiste en la observación de la sociedad y la historia en términos maniqueos.

[...] nace como consecuencia de la decadencia del espíritu crítico de la identidad colectiva [...].

[...] es de uso común entre los intelectuales desarraigados [...].

[...] nació en determinadas universidades norteamericanas [...].

[...] prepara el terreno de forma ideal para las operaciones de desinformación y para la expansión de la mundialización. Cuando todo el mundo crea que las verdades pueden ser objetos de trueques, de que no existen ni verdades ni mentiras, el mundo estará preparado para recibir la misma propaganda, de participar en la misma pseudo-opinión pública fabricada para consumo universal. Y esta pseudo-opinión pública aceptará cualquier acción, incluidas las más brutales que indefectiblemente irán en beneficio de los manipuladores.[17]

El último elemento de la tradición dominante contra la cual se alzaban los asistentes al Encuentro de Caracas 2004 era la de los "intelectuales públicos", concepción que emanaba del ambiente académico norteamericano, como mismo había ocurrido con lo "políticamente correcto". Esta figura había motivado un erudito estudio en el 2001 de Richard A. Posner, juez conservador de la Corte de Apelaciones del Séptimo Circuito, publicado por Harvard University Press bajo el título de *Public Intellectuals.* La visión de los intelectuales que esta concepción intentaban fijar, partía de analizar estadísticamente las intervenciones de los intelectuales más activos, de aquellos que intentaban influir sobre la opinión pública en temas de candente actualidad o emitir vaticinios creíbles. Posner analizaba los pronunciamientos de los intelectuales a través del prisma del mercado, de la relación entre oferta y demanda, y no partiendo del compromiso ético o político con su tiempo, ni con la propia realidad. Un ejemplo de la metodología seguida por Posner en su análisis es observable cuando intenta establecer diferenciaciones dentro de los mismos intelectuales públicos:

Oponer un dogma a otro es una forma de oposición. Siempre han sobrado los intelectuales públicos dogmáticos, llamados también "intelectuales orgánicos". Pero opositores, en el sentido estricto del término, fueron Orwell y Camus, que escribieron desde las márgenes de sus sociedades, y tenían claros a qué se oponían y a favor de qué estaban. Su negatividad y autoconciencia marginal los distingue de críticos sociales al estilo de Sartre, que basaban su criticismo en dogmas.[18]

Escandalizado por lo que llama "fallas en el mercado de los intelectuales públicos", o por la escasa calidad de sus intervenciones en ramas de las que no son especialistas, a pesar de hacer creer al público lo contrario, Posner propuso erradicar la "falta de control" sobre ellas creando un mecanismo en las universidades a las que estuviesen vinculados para evaluar dichas intervenciones extraacadémicas, o dicho de manera más directa, un mecanismo de control y censura que, a la larga, bajo el pretexto de velar por la calidad, redujese y penalizase tales pronunciamientos públicos, desalentándolos, al final. Posner afirmaba:

> El examen deberá incluir la transcripción de las grabaciones de todas las intervenciones de los intelectuales públicos en la radio o la televisión, y de todos los testimonios que hayan brindado [...].
>
> [Ello deberá revertirse] en un freno a las intervenciones irresponsables de los académicos en las controversias públicas".[19]

Teniendo en cuenta el hegemonismo que ostentaban, antes de Caracas 2004, las concepciones del "fin de la Historia", lo "políticamente correcto", y la reciente instauración en el debate de la figura del "intelectual público", como sustituto del intelectual comprometido, se comprenderá mejor el relieve que adquiere este Encuentro, y por qué es continuador de las tradiciones intelectuales más revolucionarias acumuladas durante el siglo XX.

Después de las deliberaciones correspondientes, y el cumplimiento de una agenda de intenso trabajo, que incluyó el desplazamiento de los delegados hacia zonas donde se llevaban a cabo las misiones sociales del gobierno bolivariano, los delegados provenientes de 52 países aprobaron el "Llamamiento de Caracas", cuyos reclamos esenciales fueron:

> [...] coincidimos en la necesidad de construir una barrera de resistencia frente a la dominación mundial que hoy se pretende imponer.
>
> Vivimos en una época donde la Carta de la ONU no es respetada [...].

La invasión y devastación de Iraq, las amenazas contra otras naciones del Oriente Medio, el martirio del pueblo palestino, las intervenciones de las grandes potencias en África revelan la decisión de imponer a sangre y fuego un orden basado en la fuerza.

Gran parte de las agresiones tienen por objeto apropiarse de las reservas [...] de los países menos desarrollados. Apoyamos el derecho de los pueblos a mantener el control sobre tales recursos y a repeler las intervenciones expropiadoras.

Los crímenes contra el pueblo iraquí demuestran hasta qué extremos pueden llegar medios y gobiernos que se proclaman defensores de los derechos humanos.

Parte de este proyecto de dominación es el cobro de una deuda externa ilegítima y el intento de anexión económica de América Latina y el Caribe mediante el ALCA [...]. Las nociones de "guerra preventiva" y "cambio de régimen" proclamadas en la doctrina oficial del gobierno de Estados Unidos se alzan amenazantes frente a todo país que no se pliegue a los intereses imperiales o que tenga importancia estratégica [...]. Hoy más que nunca resulta necesario movilizar la solidaridad con Venezuela, Cuba y todas las causas populares del continente.

[...]

Un componente crucial de la lucha global [...] es sin duda la movilización de los sectores más conscientes del pueblo estadounidense.

Rechazamos que se llame terrorismo a las luchas de resistencia de los pueblos y guerra contra el terrorismo a las agresiones de los opresores.

Mientras se dilapidan recursos incalculables en la industria militar, otro exterminio silencioso y devastador tiene lugar cotidianamente a causa del hambre, los problemas sociales, la pobreza extrema, las enfermedades curables y las epidemias [...]. La ausencia de programas para la solución real de estos problemas es otro signo de la deshumanización que caracteriza a nuestra época.

Apoyamos y nos comprometemos con las reivindicaciones de quienes defienden sus derechos y su identidad frente a las pretensiones totalitarias y homogeneizadoras de la globalización neoliberal.

Urge impedir que la OMC, en su política por transformar al mundo en mercancía, aniquile la diversidad cultural.

La concentración de la propiedad de los medios masivos de comunicación convierte la libertad de expresión en una falacia. El poder mediático, al servicio del proyecto hegemónico, distorsiona la verdad, manipula la historia, fomenta la discriminación […] y promueve la resignación ante el actual estado de cosas presentándolo como el único posible.

Es necesario pasar a la ofensiva en acciones concretas. La primera de ellas, decidida en este Encuentro, consiste en crear una red de redes […] [que] garantice la continuidad de estos esfuerzos y su articulación en un movimiento internacional "En Defensa de la Humanidad".

Es fundamental contrarrestar la propaganda de los centros hegemónicos haciendo circular las ideas emancipatorias a través de todas las vías […] para que puedan convertirse en referentes de la reconstrucción de las utopías que impulsan la historia.

La realidad venezolana demuestra que la movilización popular es capaz de conquistar y mantener el poder para el pueblo y defender grandes transformaciones en su beneficio.

En esta hora de especial peligro renovamos la convicción de que otro mundo no es sólo posible sino imprescindible y nos comprometemos y llamamos a luchar por él con más solidaridad, unidad y determinación. En defensa de la humanidad reiteramos nuestra convicción de que los pueblos dirán la última palabra.[20]

El ciclo se cerraba, la serpiente se mordía la cola, regresaba el compromiso de los intelectuales con las causas palpitantes de su tiempo, volvían a andar las calles y los campos de la mano de aquellos que sin serlo, tratan de transformar el mundo y hacerlo más humano. Se levantaba un valladar contra las fuerzas desatadas, casi impunes del imperialismo, en una retaguardia que se creía definitivamente corrompida, sometida, domesticada, fragmentada, conquistada. Las ideas adquirían nuevo brillo, salían del mercado adonde las confinasen las maquinaciones de Fukuyama y Posner, rompían los moldes asfixiantes de lo "políticamente correcto", corrían de nuevo, como savia vital, irrigando los tejidos sociales, alzando a los esclavos contra los opresores, como tantas veces antes habían hecho a través de la Historia.

Al clausurarse aquel Encuentro histórico, un deseo batallador inundaba la sala del Teatro "Teresa Carreño", de Caracas, haciendo brillar los ojos de los intelectuales presentes, muchos de ellos, quizás, recordaban las persecuciones, las campañas de descrédito, censuras y aislamiento, las cárceles y los exilios, las angustias de la vida de los que no se rindieron, ni descansaron, cuando se declaraba cerrado el período de las revoluciones y los sueños, cuando tantos abjuraron y se entregaron dócilmente al enemigo de las vísperas.

Hugo Chávez, en uno de sus encuentros anteriores con los delegados había sentenciado y solicitado de los presentes, pasar a la ofensiva:

La idea de la ofensiva en defensa de la humanidad está cada día más engranada con la realidad que estamos viviendo en el mundo […].

[…]

[…] uno percibe el resurgimiento de una fuerza creciente cada día y en todas partes.

Ese brillo en los ojos, de esa fuerza que uno percibe de norte a sur y de este a oeste, por todas partes del planeta, en unos sitios más y en unos sitios menos, pero ahí anda esa fuerza, hay como un resurgimiento, como un renacimiento moral, humano, político […].

[…]

No hace falta ser militar para saber que la mejor defensa es el ataque. Por eso la humanidad debe pasar a la ofensiva. Pero toda ofensiva requiere un plan, una estrategia, unos actores coordinados, estructurados, conscientes. Y también se requiere saber hacia dónde va la ofensiva, quién es el oponente principal o los oponentes principales.[21]

Uno de los delegados presentes en Caracas, el escritor italiano Carlo Frabetti, residente en España, aquilató de manera exacta lo que allí, ante sus ojos, y ante los de tantos, se había gestado, al llamar al movimiento que nacía de aquel histórico encuentro "el comienzo de la edad postcontemporánea", reivindicando una vieja verdad que de tan antigua parecía que jamás había sido dicha:

La función del intelectual no es ni puede ser otra que la de buscar, difundir y defender la verdad. Y la verdad es revolucionaria, como nos recuerda Lenin. El intelectual, si no es un impostor, está, por definición, al servicio de la revolución […].

[…]

Huelga señalar que un intelectual tiene una responsabilidad muy especial y mucho trabajo por hacer. Y su primera obligación es la de formarse e informarse debidamente […]. Hay que salir de las torres y de los claustros. Hay que apearse de los púlpitos y de las cátedras. Hay que asumir todos los riesgos […].[22]

Mario Benedetti extendía un certificado de convalecencia al compromiso de los intelectuales con las causas de su época, al afirmar:

La pregunta pertinente sería tal vez con quién nos comprometemos, si con los que hacen la historia o con los que la deshacen […].

[…]

El intelectual comprometido es alguien que se niega a cerrar los ojos. Ve y dice lo que ve, aunque a veces le duela decirlo […]. Un intelectual para mí es esto: alguien que es fiel a una realidad política y social, pero que no deja de ponerla en duda.

[…]

Si bien es cierto que el socialismo real fracasó en Europa, en el Tercer Mundo lo que ha fracasado es el capitalismo real, ya que evidentemente no ha podido (y lo que es más grave, no ha querido) dignificar el nivel de vida y de muerte de tres cuartas partes de la humanidad.

[…]

En un mundo donde el hombre se entienda cada vez más y mejor con las máquinas, pero se desentiende del semejante, el compromiso es uno de los últimos enclaves de la solidaridad. Y como tal hay que defenderlo.[23]

Los dioses omnipotentes del Olimpo postmoderno, extinguido el socialismo europeo, condenaron al Prometeo pensante y creador a lo que creían sería un suplicio eterno, para que pagase así por la epopeya intelectual que protagonizase, especialmente como heraldo revolucionario del siglo XX. Encadenado y torturado por llevar el fuego redentor a los mortales, por protagonizar un gesto solidario, por demostrar que se puede romper con los inmortales poniéndose al servicio de los pobres de la tierra, se vio escarnecido durante los años en que la ola polar del capitalismo neoliberal alcanzó su cota más alta, caído el muro de Berlín, y renació, haciendo añicos sus cadenas, cuando los pueblos se pusieron de nuevo en movimiento.

Una humilde mujer valenciana de pueblo, cuentan, recorría cada año, en silencio y sola, con una rosa roja en la mano, la misma ruta que seguían las grandes columnas obreras durante los desfiles del Primero de Mayo, prohibidos por el franquismo. Caída la dictadura volvieron los desfiles, las marchas, las columnas obreras, se retomaron las antiguas rutas, como si nada hubiese pasado, como si mediasen apenas unos días, entre la muerte y la resurrección, y no lustros, como en realidad habían transcurrido.

Nadie recogió para la Historia el nombre de aquella anónima luchadora que con su gesto callado, arrostrando todos los peligros, supo resguardar una chispa viva del fuego en medio de la helada. Pero sin ella el milagro de la continuidad en el tiempo no hubiese sido tejido.

El Prometeo pensante ha regresado.

REFERENCIAS

1. Muñoz Ríos, Patricia. Intelectuales de todo el mundo se reúnen en la Ciudad de México en un encuentro "En Defensa de la Humanidad".
   En: http://www.rebelion.org/sociales/031015munoz.htm
   Ver también: *La Jornada* (México) 15 oct. 2003.

2. Ídem.

3. Ídem.

4. Encuentro Internacional "En Defensa de la Humanidad".
   En: http://alainet.org/active/show_text.php3?key=4874
   Declaración final.

5. Ídem.

6. Ídem.

7. Ídem.

8. Para la organización mundial "En Defensa de la Humanidad".
   Anteproyecto (documento interno de trabajo).

9. Sastre, Alfonso. Los intelectuales y la práctica. En: http://rebelion.org

10. Ídem.

11. Said, Edward. La traición de los intelectuales.
En: http://home.swipnet.se/nuevaradio/said.html

12. Creado Comité Cubano "En Defensa dela Humanidad".
En: http://www.bnjm.cu/librinsula/2004/marzo/09/noticias/noti48.htm

13. Convocatorias. Encuentro "En Defensa de la Humanidad".
En: http://laventana.casa.cult.cu/modules.php?name=news&file=articl...

14. Papadopoulos, Pavlos. La globalización es aún muy superficial.
En: http://usuarios.lycos.es/politicasnet/autores/fukuyama.htm
   Entrevista a Francis Fukuyama.

15. Lenguaje políticamente correcto.
En: http://es.wikipedia.org/wiki/lenguaje_pol%C3%ADticamente_correcto

16. Eufemismo. En: http://wikipedia.org/wiki/Eufemismo

17. Vittelio, Marc. La esencial intolerancia del pensamiento políticamente correcto.
En: http://www.harrymagazine.com/200403/la_esencial_intolerancia_de...
Entrevista a Vladimir Volkoff.

18. Posner, Richar A. *Public Intellectualls: A Study of Decline.* Cambridge,
Massachussetts, London, England: Harvard University Press, 2001. p. 32.

19. Ídem, p. 390.

20. Llamamiento de Caracas. Encuentro Mundial de Intelectuales y Artistas "En
Defensa de la Humanidad", Caracas 2004.

21. [Fragmentos del discurso del presidente Hugo Chávez]. *En Defensa de la
Humanidad. Encuentro Mundial de Intelectuales y Artistas en Defensa de la
Humanidad.* [Caracas]: Publicación del Ministerio de Comunicación
e Información, 2005. pp. 11-12, 14.

22. Frabetti, Carlo. Movimiento internacional den defensa de la humanidad:
el comienzo de la edad post-contemporánea.
En: http://www.quehacer.com.uy/nuestra_america/

23. Benedetti, Mario. Convalecencia del compromiso.
En: http://www.cubaliteraria.com/deberes_inteligencia/benedetti.asp

CHE DESDE LA MEMORIA
Los dejo ahora conmigo mismo: el que fui
Por Ernesto Che Guevara

Che desde la Memoria es una visión intimista y humana del hombre más allá del icono; es una extraordinaria fuente histórica que conjuga fotografías y textos de Che Guevara convertidos en testimonio y memoria de su reflexiva mirada sobre la vida y el mundo. Cartas, poemas, narraciones, páginas de sus diarios, artículos de prensa y fotos tomadas por él mismo, nos permitirán conocer su vida, sus proyectos y sus sueños.

305 páginas, ISBN 1-876175-89-3

CHE GUEVARA PRESENTE
Una antología mínima
Por Ernesto Che Guevara

Una antología de escritos y discursos que recorre la vida y obra de una de las más importantes personalidades contemporáneas: Ernesto Che Guevara. *Che Guevara Presente* nos muestra al Che por el Che, recoge trabajos cumbres de su pensamiento y obra, y permite al lector acercarse a un Che culto e incisivo, irónico y apasionado, terrenal y teórico revolucionario, es decir, vivo.

453 páginas, ISBN 1-876175-93-1

AMÉRICA LATINA
Despertar de un continente
Por Ernesto Che Guevara

La presente antología lleva al lector de la mano, a través de un ordenamiento cronológico y de diversos estilos, por tres etapas que conforman la mayor parte del ideario y el pensamiento de Che sobre América Latina.

495 páginas, ISBN 1-876175-71-0

EL DIARIO DEL CHE EN BOLIVIA
Edición autorizada
Por Ernesto Che Guevara
Prólogo por Camilo Guevara, Introducción por Fidel Castro

El último de los diarios del Che, encontrado en su mochila en octubre de 1967, se convirtió de forma instantánea en uno de sus libros más célebre. La edición que se le entrega al lector ha sido revisada e incluye un prefacio de su hijo, Camilo Guevara, así como algunas fotos inéditas de la contienda.

291 páginas, ISBN 1-920888-30-6

NOTAS DE VIAJE
Diario en motocicleta
Por Ernesto Che Guevara
Prólogo por Aleida Guevara

Vívido y entretenido diario de viaje del joven Che. Esta nueva edición incluye fotografías inéditas tomadas por Ernesto a los 23 años, durante su travesía por el continente, y está presentada con un tierno prólogo de Aleida Guevara, quien ofrece una perpectiva distinta de su padre, el hombre y el icono de millones de personas.

168 páginas, ISBN 1-920888-12-8

PASAJES DE LA GUERRA REVOLUCIONARIA
Edición autorizada
Por Ernesto Che Guevara
Prefacio por Aleida Guevara

Un escrito clásico que recuenta la guerra popular que transformó a un pueblo entero, y transformó al mismo Che — desde médico de las tropas a revolucionario reconocido a través del mundo. Con un prefacio por Aleida Guevara, hija de Che Guevara, y una nueva edición que incluye las corrécciones propias del autor.

320 páginas, ISBN 1-920888-36-5

APUNTES CRÍTICOS A LA ECONOMÍA POLÍTICA

Por Ernesto Che Guevara

La edición de los Apuntes económicos del Che, que se publica con el nombre de *Apuntes críticos a la Economía Política*, ha sido durante años uno de sus textos más esperados y posiblemente el que más polémica ha suscitado.

En la actualidad, cuando muchas de las críticas premonitorias expuestas por el Che se han cumplido de modo indubitable, el análisis y estudio del debate que desde Cuba preconizó, nos permite dimensionar la herencia conceptual que dejara.

En un comentario, inédito, sobre el libro de Paul Baran, *La economía política del crecimiento*, apuntaba la necesidad de un "…análisis crítico de las relaciones de los países socialistas con los subdesarrollados. Ese es un libro que falta escribir, y lo debe hacer un comunista".

Por su contenido los *Apuntes* no es una obra acabada ni agotada en sus presupuestos, sin embargo, queda el desafío a especialistas y en general a los estudiosos de su obra, que hagan suya la propuesta de investigar cómo asumir la transición socialista y la verdadera esencia de su economía política, y que sientan como propio el reto de emprender la gran obra del socialismo del siglo XXI y la apertura a un mundo nuevo.

430 páginas, ISBN 1-920888-63-2

EL GRAN DEBATE

Sobre la economía en Cuba

Por Ernesto Che Guevara

Con la tónica de una fraterna confrontación de ideas, abierta, profunda, flexible y fundamentalmente desde posiciones revolucionarias, para perfeccionar el socialismo desde la izquierda, se desarrolló el Debate que recoge este libro. Estamos seguros que será de inmensa utilidad en las condiciones actuales, en los inicios del siglo XXI.

416 páginas, ISBN 1-876175-68-0

CUBA Y VENEZUELA
Reflexiones y debates
Por Germán Sánchez

Cuba y Venezuela es un resumen analítico sobre la Revolución cubana, y a la vez una comparación histórica entre la misma y el proceso de cambios que hoy acontece en Venezuela con la Revolución bolivariana. A través de entrevistas, artículos de prensa y materiales sobre temas comunes a ambos países en el ámbito cultural, comercial, diplomático, políticos y otros, el autor nos lleva paso a paso a descubrir los fundamentos y los principios de los vínculos entre los pueblos venezolano y cubano en este inicio de milenio.

324 páginas, ISBN 1-920888-34-9

CHÁVEZ: UN HOMBRE QUE ANDA POR AHÍ
Una entrevista con Hugo Chávez por Aleida Guevara

Aleida Guevara, médico pediatra e hija mayor del Che Guevara, entrevistó al Presidente Hugo Chávez en febrero del 2004. La entrevista lleva al lector a descubrir la Revolución bolivariana y a la vez toda la falsedad que esgrimen sus enemigos. Cubre el proceso bolivariano que intenta darle una vida digna a los que por siglos han sido olvidados y explotados.

145 páginas, ISBN 1-920888-22-5

FIDEL EN LA MEMORIA DEL JOVEN QUE ES
Por Fidel Castro

Este libro recoge, por primera vez en un solo volumen, los excepcionales testimonios que en contadas ocasiones el propio Fidel ha dado sobre su niñez y juventud.

183 páginas, ISBN 1-920888-19-5

CHE EN LA MEMORIA DE FIDEL CASTRO
Por Fidel Castro

Por primera vez Fidel Castro habla con sinceridad y afecto de su relación con Ernesto Che Guevara, Castro presenta una imagen viva del Che, el hombre, el revolucionario y el pensador.

206 páginas, ISBN 1-921235-02-0

LIBROS DE OCEAN SUR

MANIFIESTO
Tres textos clásicos para cambiar el mundo
Por Ernesto Che Guevara, Rosa Luxemburgo, Carlos Marx y Federico Engels
Prefacio por Adrienne Rich, Introducción por Armando Hart

"Si es curioso y sensible a la vida que existe a su alrededor, si le preocupa por qué, cómo y por quiénes se tiene y se utiliza el poder político, si siente que tienen que haber buenas razones intelectuales para su intranquilidad, si su curiosidad y sensibilidad lo llevan a un deseo de actuar con otros, para 'hacer algo', ya tiene mucho en común con los autores de los tres ensayos que contiene este libro." —Adrienne Rich, Prefacio a *Manifiesto*

186 páginas, ISBN 1-920888-13-6

REBELIÓN TRICONTINENTAL
Las voces de los condenados de la tierra de Asia, África y América Latina
Editado por Ulises Estrada y Luís Suárez

"No ha existido ninguna batalla legítima ni causa que reclame justicia en Africa, Asia o América Latina, donde haya faltado el mensaje de apoyo y aliento de los luchadores del Tercer Mundo que militan en las filas de la solidaridad tricontinental, organizados en la OSPAAAL." —Fidel Castro

Una amplia selección de trabajos publicados en la revista *Tricontinental* que agrupa por primera vez lo major del pensamiento radical sobre las luchas y problemas más significativos del movimiento revolucionario del tercer mundo de la década de los 60 hasta el presente.

500 páginas, ISBN 1-920888-58-6

CHILE: EL OTRO 11 DE SEPTIEMBRE
Una antología acerca del 11 de septiembre de 1973
Editado por Pilar Aguilera y Ricardo Fredes

Una antología acerca del 11 de septiembre de 1973 que incluye trabajos de Ariel Dorfman, Salvador Allende, Víctor Jara, Joan Jara, Beatriz Allende, Mario Benedetti y Fidel Castro. "No es la primera vez. Para mí y para millones de otros seres humanos el 11 de Septiembre viene siendo hace vientiocho años una fecha de duelo." —Ariel Dorfman

88 páginas, ISBN 1-920888-81-0

AMÉRICA, MI HERMANO, MI SANGRE
Un canto latinoamericano de dolor y resistencia
Por Oswaldo Guayasamín y Pablo Neruda

En una colaboración histórica entre la Fundación Guayasamín, la Fundación Pablo Neruda y las editoriales Ocean Press y Ocean Sur, se unen por vez primera la obra de dos de los artistas más importantes de América Latina, el poeta Pablo Neruda y el pintor Oswaldo Guayasamín.

Con texto bilingüe en inglés y español, este libro utiliza extractos de la obra magistral de Neruda, *Canto General*, junto con pinturas de todos los periodos claves de la obra de Guayasamín a través de su larga carrera artística. *América, Mi hermano, Mi sangre* da vida a las batallas, derrotas, victorias y héroes de la historia de resistencia de América Latina.

120 páginas, ISBN 1-920888-73-X

AMÉRICA LATINA ENTRE SIGLOS
Dominación, crisis, lucha social y alternativas políticas de la izquierda
Por Roberto Regalado

América Latina entre siglos sintetiza las vivencias y reflexiones acumuladas por un testigo privilegiado, activo participante durante más de 30 años en los debates de la izquierda latinoamericana y caribeña. Cuatro procesos —concluye el autor— caracterizan la situación latinoamericana en el tránsito entre los siglos XX y XXI: la sujeción a un esquema de dominación foránea cualitativamente superior al de posguerra; el agravamiento de la crisis capitalista; el auge de las luchas populares; y las redefiniciones estratégicas y tácticas de los partidos y movimientos políticos de izquierda.

277 páginas, ISBN 1-921235-00-4

ocean
sur
www.oceansur.com
www.oceanbooks.com.au